KB127253

_____ 님의 소중한 미래를 위해
이 책을 드립니다.

60 일 만에 마스터하는

수능필수
영단어
1200

60 일 만에 마스터하는

수능필수 영단어

1200

정승익 지음

원앤원에듀

원앤원에듀 우리는 책이 독자를 위한 것임을 잊지 않는다.
우리는 독자의 꿈을 사랑하고,
그 꿈이 실현될 수 있는 도구를 세상에 내놓는다.

60일 만에 마스터하는 수능 필수 영단어 1200

초판 1쇄 발행 2017년 6월 26일 | **초판 5쇄 발행** 2024년 2월 5일 | **지은이** 정승익
펴낸곳 ㈜원앤원콘텐츠그룹 | **펴낸이** 강현규·정영훈
편집 안정연·최주연 | **디자인** 최선희
마케팅 김형진·이선미·정채훈 | **경영지원** 최향숙
등록번호 제301-2006-001호 | **등록일자** 2013년 5월 24일
주소 04607 서울시 중구 다산로 139 랜더스빌딩 5층 | **전화** (02)2234-7117
팩스 (02)2234-1086 | **홈페이지** matebooks.co.kr | **이메일** khg0109@hanmail.net
값 15,000원 | **ISBN** 979-11-6002-073-1 43740

이 도서의 국립중앙도서관 출판시도서목록(CIP)은 e-CIP홈페이지(http://www.nl.go.kr/ecip)에서 이용하실 수 있습니다.(CIP제어번호: CIP2017012738)

필경 노력하지 않는 천재보다는
노력하는 둔재가 더 많은 일을 해낼 것이다.

• 존 아쉐부리(영국 저술가) •

수험생들에게 가장 필요한 영단어책

올해로 학교와 강의 현장에서 학생들을 만난 지 10년이 지났습니다. 10년 동안 수많은 학생들을 가르치면서 선생님으로서 끝없이 고민했던 문제가 있습니다.

'어떻게 가르쳐야 아이들이 영어를 잘할 수 있을까?'

세상에 영어를 잘할 수 있는 방법은 너무나 많습니다. 인터넷 검색만으로도 영어를 정복할 수 있는 가지각색의 공부법을 쉽게 얻을 수 있지요. 이런 시대에 살고 있는 학생들은 모두 영어를 잘할 것 같지만, 현실은 그렇지 못합니다. 아직도 학교에는 영어를 잘하는 학생보다는 영어를 어려워하거나 심지어 영어 과목 자체를 포기하는 학생들이 훨씬 많습니다. 무엇이 문제일까요?

대부분의 영어 공부 성공 비법들은 하나같이 많은 노력과 끈기를 요구합니다. 하지만 요즘 학생들은 집중할 수 있는 시간이 예전보다 길지 않습니다. 인터넷강의 사이트의 동영상들의 길이가 점점 짧아지는 것이 그 증거죠. 짧은 시간 내에 효율적으로 집중력을 발휘해야 할 학생들에게 많은 노력과 집중, 시간을 요구하는 공부법이 범람하고 있는 요즘입니다.

'더 쉽게, 더 간단하게, 더 효율적으로!'

앞으로의 영어 교육은 학생들의 특성을 반영해야 한다고 생각합니다. 꼭 필요한 내용만을 학생들의 입맛에 맞게 효율적으로 가르쳐야 합니다. 그래서 이 단어책을 만들게 되었습니다.

『60일 만에 마스터하는 수능 필수 영단어 1200』은 공부하기에 부담이 없습니다. 단어와 함께 쓰이는 문장의 최소한의 덩어리, 즉 콜로케이션으로 단어를 학습하기 때문에 수월하게 공부해 나갈 수 있습니다. 또 학생들이 끝까지 포기하지 않고 공부할 수 있도록 배려했습니다. 중간 중간 명언을 통해 동기부여를 한 것도 계속 공부할 수 있는 용기를 주기 위함이었습니다. 스트레스를 받지 않고 하루하루 학습을 하다 보면 어느덧 책의 마지막 장에 도달해 있을 것입니다.

『60일 만에 마스터하는 수능 필수 영단어 1200』은 효율적입니다. 수능을 준비하는 학생이라면 수능에 출제된 단어를 우선적으로 공부해야 합니다. 이것은 당연한 진리입니다. 그래서 수능을 준비하는 학생들에게 가장 효율적인 전략은 '기출단어'를 외우는 것입니다. 이 단어책에 등장하는 단어들은 이미 수능에 출제가 되었고, 출제 빈도가 높은 단어들입니다. 1994년부터 시작된 수능 영어 시험에 등장했던 주요 단어들을 모두 모은 다음, 그 중에서도 반복적으로 등장하고 현재까지도 중요한 의미를 가진 단어 1,200개를 직접 선정했습니다. 물론 1,800개, 3천 개를 외우면 더 좋겠지만, 너무 많은 단어를 외우다가 도중에 포기하는 일이 없도록 우선시되는 1,200개를 선정했습니다. 이 단어들만 외워도 놀랄 만큼 영어 공부가 쉬워집니다. 기출 단어 1,200개는 수능을 준비하는 학생들에게 최고의 무기가 될 것입니다.

『60일 만에 마스터하는 수능 필수 영단어 1200』은 아날로그한 단어장입니다. 알파고가 무시무시한 성능을 발휘하는 요즘 시대에 컴퓨터 프로그램을 이용하면 단어장 1권을 만드는 작업은 굉장히 쉬운 일일 것입니다. 하지만 저는 학생을 생각하는 선생님의 마음과, 10년 동안 교단에 섰던 경험을 아직은 컴퓨터가 이길 수 없다고 생각하고 있습니다. 단어 선정에서부터 예문을 가다듬고, 문장을 만들기까지 모든 과정을 혼자 진행했습니다. 다소 무식한 과정이었지만, 좀더 수능에서 많이 쓰이는 의미로 단어의 의미들을 수정했고, 어려운 예문은 쉬운 것으로 바꾸었습니다. 철저하게 학생들의 입장에서 더 쉽게 단어 공부를 할 수 있도록 수없이 수정을 거듭했습니다. 선생님의 마음으로 만든 단어책이기에 화려하지 않고 컴퓨터 같은 정밀함은 없지만, 공부하면서 따뜻한 마음과 정성을 느낄 수 있을 것이라고 기대합니다.

끝으로 저는 이 책을 지금 제가 가르치는 고3 아이들에게 선물하기 위해서 만들었습니다. 영어가 여전히 어렵고, 영어 수업 시간에 안절부절 못하는 아이들이 기초가 될 단어부터 시작할 수 있도록 따뜻한 책을 선물하고 싶었습니다. 아이들이 더 쉽게, 더 효과적으로 영어를 공부할 수 있도록 다듬고 또 다듬어서 탄생한 단어책입니다. 저의 제자들에게 떳떳하게 선물할 수 있도록 많은 정성을 쏟았습니다. 이제 그 아이들에게 제 마음을 선물하려 합니다.

인생은 작은 계기로 예상치 못한 방향으로 흘러가서 상상도 못한 결과를 만들기도 합니다. 영어 공부로 지쳐 있는 아이들에게 손바닥만한 이 작은 책이 기적 같은 결과를 안겨주기를 기원합니다. 지금까지 영어 공부가 힘들고, 영어 수업 시간이 지루하고 때로는 두려웠던 학생들이라면, 저와 함께 시작해 봅시다. 나비의 날갯짓이 지구 반대편에서는 태풍을 불러올 수도 있습니다. 여러분과 함께 날갯짓을 시작하고 싶습니다.

It has been said that something as small as
the flutter of a butterfly's wing can ultimately
cause a typhoon halfway around the world.
나비의 날갯짓처럼 미약한 어떤 힘이
지구의 반대편에서는 태풍을 일으킬 수 있다.

정승익

이렇게 읽어주세요

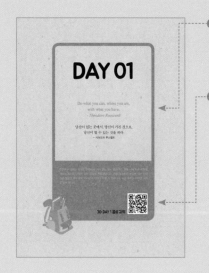

❶ 각 장의 시작마다 명언으로 공부의 동기를 부여해줍니다. 또한 명언과 함께 선생님의 응원 글을 통해 60일 동안 포기하지 않고 꾸준히 공부할 수 있는 용기를 얻을 수 있습니다.

❷ QR코드로 해당 단원의 음성 강의를 제공합니다. 책으로만 공부하기 힘들 때, 더 상세한 설명이 필요할 때면 언제든지 QR코드를 통해 선생님의 강의를 들을 수 있습니다.

❸ 1일부터 30일까지의 단어가 31일부터 1회 더 반복되어서 자연스럽게 2회 반복해 학습할 수 있습니다. 영어 단어 암기의 비결은 반복학습입니다. 이 책은 1,200개의 단어를 2회 반복해서 학습할 수 있도록 구성되어 있습니다.

❹ 1일부터 30일까지는 단어의 최소한의 덩어리인 콜로케이션으로 학습을 합니다.

❺ 31일부터 60일까지는 영어의 문장 단위로 수준 높은 학습을 할 수 있습니다.

⑥ 각 장별로 수능기본영단어와 수능고급영단어로 구분해 기초가 되는 어휘와 수준이 높은 어휘를 순차적으로 학습할 수 있습니다.

⑦ 발음 기호를 모르는 학생들을 위해서 한글 발음을 함께 제공합니다. 글씨의 굵기로 발음의 강세를 보기 쉽게 표현했습니다. 영어 단어는 발음과 함께 외우면 훨씬 더 기억에 오래 남습니다.

⑧ 해당 단어가 실제 수능에 출제된 년도를 표기해, 수능에서는 단어가 어떻게 쓰이고 활용되었는지 참고할 수 있도록 구성되어 있습니다.

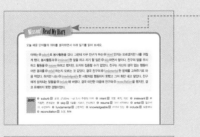

⑨ 1일부터 30일까지는 장별로 일기장의 형식으로 재미있게 외운 단어들을 복습할 수 있습니다.

⑩ 31일부터 60일까지는 장별로 문장의 빈칸을 채우는 미션을 활용해 복습하며 영어 실력을 크게 향상시킬 수 있습니다.

차 례

DAY 01

Do what you can, where you are,
with what you have.
- *Theodore Roosevelt*

당신이 있는 곳에서, 당신이 가진 것으로,
당신이 할 수 있는 것을 하라.
- 시어도어 루스벨트

주변과 비교하는 것만큼 인생에서 의미 없는 일도 없습니다. 현재 나에게 주어진 환경에서 최선을 다하는 것이 성공의 지름길입니다. 지금 여러분의 눈앞에 있는 단어책을 정성껏 외우세요. 여러분의 미래가 바뀔 수 있습니다. 지금 우리는 위대한 시작을 함께 합니다.

>>> DAY 1 음성 강의

gather [ɡǽðər, 개더]
동 모으다, 자료·정보를 모으다, 얻다

2011 gather up her courage
그녀의 용기를 모으다

punctuate
[pʌ́ŋktʃuèit, 펑츄에이트]
동 구두점 찍다, 중단하다

2014 are punctuated by slips
작은 실수에 의해서 중단되다

prescription
[priskrípʃən, 프리스크립션]
명 처방, 처방전

2006 write a prescription
처방전을 쓰다

turn [təːrn, 턴―]
명 회전, 변환, 전환

2011 at each turn in the story
이야기가 전환될 때마다

skip [skip, 스킵]
동 (일을) 거르다, 건너뛰다

2015 make him skip the day
그가 그 날을 거르게 하다

loneliness
[lóunlines, 론리니스]
명 외로움

2003 feelings of longing and loneliness
그리움과 외로움

knowledgeable
[nʌ́lidʒəbəl, 날리저블]
형 지식이 있는

1999 knowledgeable people
지식이 있는 사람들

fundamental
[fʌ́ndəmentl, 펀더멘틀]
형 근본적인

2015 fundamental nature of causality
근본적인 인과관계의 특징

수능에서 정말
중요한 단어!

force
[fɔːrs, 폴―스]
명 힘, 세력

2002 opposing forces
대립하는 힘

up to
~에 달려 있는, ~까지

2012 the choice is up to you
선택은 당신에게 달려 있다

regular
[régjələːr, 레귤러-]
형 정규의, 정식의

2002 their regular jobs
그들의 정규적인 직업

attract
[ətrǽkt, 어트랙트]
통 끌어당기다

2009 attract insects
곤충을 유인하다

irrelevant
[iréləvənt, 이레러번트]
형 부적절한, 관계없는

2009 irrelevant data
관계없는 자료

include
[ɪnklúːd, 인클루-드]
통 포함하다

2015 include smell, touch, and hearing
후각·촉각·청각을 포함하다

반의어 exclude
(제외하다, 배제하다)

firm [fəːrm, 펌-]
형 굳은, 변치 않는
명 회사

2003 firm determination
확고한 결심

형용사, 명사의 의미가 완전히 달라요!

concept [kánsept, 컨셉트]
명 개념, 생각

2009 concept of war
전쟁의 개념

solution [səlúːʃən, 솔루-션]
명 용해, 해결

2001 a very simple solution
매우 간단한 해결책

still [stil, 스틸]
형 정지한, 조용한, 잔잔한
부 여전히, 아직도

2002 still waters
잔잔한 물들

형용사, 부사의 의미가 완전히 달라요!

mobile
[móubəl/-bail, 모우벌/바일]
형 이동성이 있는

2011 mobile phone companies
휴대전화 회사

bend
[bend, 벤드]
통 구부리다, (머리를) 숙이다

2012 through a bending of space and time
공간과 시간의 구부러짐을 통해

reconciliation
[rèkənsiliéiʃən, 레컨실리에이션]
몡 조정, 화해

2009 a spirit of reconciliation
화해 정신

resume [rizú:m, 리쥼—]
통 다시 시작하다

2010 resume delivery
배달을 다시 시작하다

assemble [əsémbəl, 어셈블]
통 모으다, 집합시키다

2010 assemble groups of students
학생 무리들을 모으다

abundance
[əbʌ́ndəns, 어번던스]
몡 풍부, 많음

2009 an abundance of resources
자원의 풍부함

prospect
[prɑ:spekt, 프라—스펙트]
몡 가능성, 예상, 전망

2016 prospect of repaying
갚으려는 예상

suburb [sʌ́bə:rb, 서벌—브]
몡 교외, 근교(the ~s) 도시 주변의 지역

2012 an entire block of homes in the suburbs
교외에 있는 한 블록의 집 전체

pierce [piərs, 피얼스]
통 꿰뚫다, 관통하다

2013 pierce their membranes
그들의 세포막을 뚫다

anatomy
[ənǽtəmi, 어내토미]
몡 해부학, 해부

2010 the anatomy of a frog
개구리의 해부

sabotage
[sǽbətà:ʒ, 새버타—쥐]
통 고의로 방해하다

2012 sabotage academic performance
학업을 방해하다

ambiguity
[æmbígju:əti, 앰비규어티]
몡 모호성

2016 without any distortion or ambiguity
어떤 왜곡이나 모호성 없이

함께 외우기 ambiguous (애매모호한)

intersection
[ìntərsékʃən, 인털섹션]
명 교차, 횡단

2001 approach an intersection
교차로에 이르다

probability
[prὰbəbíləti, 프라버빌러티]
명 있음직함, 확률

2012 a high probability of selling
팔릴 가능성이 아주 높음

descent [disént, 디센트]
명 하강, 가계, 혈통, 출신

2012 east African descent
동아프리카계 사람들

contend
[kənténd, 컨텐드]
동 논쟁하다, 주장하다

1994 contend with differences
차이점에 대해 논쟁하다

insightful
[ínsàitfəl, 인사이트풀]
형 통찰력이 있는

2011 receive insightful suggestions
통찰력 있는 조언을 얻다

entail [intéil, 인테일]
동 일으키다, 수반하다

2012 what perception entails
인식이 수반하는 것

> 수반한다는 건 어떤 일이 더불어 생긴다는 뜻!

involve
[inváːlv, 인발브]
동 포함하다

2016 involve interpretation
해석을 포함하다

manipulation
[mənipjəléiʃən, 매니퓰레이션]
명 조작, 속임

2010 carry out a successful manipulation
성공적으로 속임수를 수행하다

> 함께 외우기 manipulate (교묘하게 다루다, 조종하다)

heritage
[héritidʒ, 헤리티쥐]
명 상속 재산, 유산

2010 the heritage of his culture
그의 문화의 유산

intent
[intént, 인텐트]
명 의향, 목적, 의도

2005 artist's original intent
예술가의 원래 의도

> 함께 외우기 intend(의도하다)

오늘 배운 단어들의 의미를 생각하면서 아래 일기를 읽어 보세요.

어제는 ❶ suburb로 봉사활동을 갔다. 그런데 자꾸 친구가 무슨 ❷ intent인지는 모르겠지만 나를 귀찮게 했다. 봉사활동과 ❸ irrelevant한 말을 하고 자기 할 일은 ❹ skip하면서 말이다. 친구의 말을 무시하고 활동을 ❺ resume하려고 했지만, 도저히 집중할 수가 없었다. 친구는 자신의 생각 없는 행동이 어떤 결과를 ❻ entail하는지 모르는 것 같았다. 결국 친구의 ❼ fundamental한 문제를 고쳐주기로 마음 먹었다. 하지만 나는 ❽ knowledgeable한 사람처럼 행동하지 못했고 그저 화만 내고 말았다. 친구에게 상처되는 말들을 ❾ include해 버렸다. 결국 미안한 마음에 친구와 ❿ reconciliation을 했지만, 결코 유쾌하지 못한 경험이었다.

Answer ❶ suburb 명 교외, 근교(the ~s) 도시 주변의 지역 ❷ intent 명 의향, 목적, 의도 ❸ irrelevant 형 부적절한, 관계없는 ❹ skip 동 (일을) 거르다, 건너뛰다 ❺ resume 동 다시 시작하다 ❻ entail 동 일으키다, 수반하다 ❼ fundamental 형 근본적인 ❽ knowledgeable 형 지식이 있는 ❾ include 동 포함하다 ❿ reconciliation 명 조정, 화해

Memo

DAY 02

Build your own dreams,
or someone else will hire you to build theirs.
- Farrah Gray

스스로의 꿈을 키우지 않는다면
다른 사람의 꿈을 키우기 위해서 고용될 것이다.
– 파라 그레이

여러분은 어떤 꿈을 가지고 있나요? 꿈을 꾸지 않는 사람은 다른 사람들의 꿈을 도
와주는 역할밖에 하지 못합니다. 지금 큰 꿈을 꾸세요. 여러분은 무엇이든 할 수 있
습니다.

>>> DAY 2 음성 강의

tragedy
[trǽdʒədi, 트래지디]
명 비극(적인 사건)

2013 after this tragedy
이러한 비극이 있고 난 후

widespread
[wáidspred, 와이드스프레드]
형 널리 퍼진

2015 much more widespread
훨씬 더 널리 퍼진

severe
[sivíər, 시비-어]
형 극심한, 심각한

2004 a severe disease
심각한 질병

therapy
[θérəpi, 떼러피]
명 치료

2006 musical therapy
음악 치료

racial
[réiʃəl, 레이셜]
형 인종의, 종족의, 민족의

1994 racial group
인종적 집단

함께 외우기 race(인종)

typical
[típikəl, 티피컬]
형 전형적인

2012 a typical role for young men
젊은이의 전형적인 역할

modern
[mάdərn, 마-던]
형 현대의

2015 modern era
현대 시대

specific
[spisífik, 스피시픽]
형 구체적인, 특정한

2011 have specific rules
구체적인 규칙들을 가지다

immediate
[imíːdiət, 이미-디어트]
형 즉시의, 당면한

2005 his immediate problem
그의 당장의 문제점

함께 외우기
immediately (즉시, 즉각)

22

messy [mési, 메시]
형 어질러진, 더러운

2011 a messy desk
지저분한 책상

character [kǽriktər, 캐릭터]
명 성격, 특성, 사람, (등장)인물

1998 a man of sound character
건전한 성격을 가진 남자

boredom [bɔ́ːrdəm, 볼―덤]
명 권태, 지루함

2003 the boredom of long trips
긴 여행의 지루함

vertical
[vɔ́ːrtikəl, 벌―티클]
형 수직의, 세로의

2009 vertical line
수직선

함께 외우기
horizontal(수평의, 가로의)

rough [rʌf, 러프]
형 거친

2011 travel through rough seas
거친 바다를 항해하다

path [pæθ, 패쓰]
명 길, 통로, 진로, 행로

2006 children's career path
아이들의 진로

numerous
[núːmərəs, 누―머러스]
형 수많은

2015 numerous colorful butterflies
수많은 화려한 나비들

steep [stiːp, 스팁―]
형 가파른, 깎아지른 듯한

2014 the slope is too steep.
경사지가 너무 가파르다.

limit
[límit, 리밋]
명 한계(선), 한도 통 제한하다

2002 a speed limit
속도 제한

humid
[hjúːmid, 휴―미드]
형 습기 있는

2006 humid environment
습기 찬 환경

numerical
[numérikəl, 누메리컬]
형 수의, 숫자상의

2008 numerical system
숫자로 나타낸 체계

metaphor [métəfɔ̀:r, 메터폴―]
명 은유

2013 rhetorical vagueness and metaphor
화려하면서 애매모호한 표현과 은유적 표현

fatality
[feitǽləti, 페이탤러티]
명 불운, 재난, 사망자(수)

2012 road accident fatalities
도로상의 사고로 인한 사망자수

integrated
[íntəgrèitid, 인터그레이티드]
형 통합된

2014 the integrated and interactive media
통합적인 대화형 매체

함께 외우기 integrate (통합시키다)

competence
[kámpətəns, 캄퍼턴스]
명 적성, 능력

2008 key social competence
중요한 사교 능력

incorporate
[inkɔ́:rpərèit, 인콜―퍼레이트]
통 통합하다, 포함하다

2010 incorporate their ideas
그들의 아이디어들을 통합하다

verdict
[və́:rdikt, 벌―딕트]
명 (배심원의) 평결, 결정

2012 generate its verdict automatically
무의식적으로 결정을 내리다

pledge [pledʒ, 플레쥐]
명 맹세, 서약, 언질

1995 pledges of money
돈을 기부하는 서약

resent [rizént, 리젠트]
통 분개하다

2010 resent constant interruptions
자꾸 방해받는 것에 분개하다

formidable
[fɔ́:rmidəbl, 폴―미더블]
형 무서운, 만만찮은, 어마어마한

2011 the peak's formidable defenses
정상의 어마어마한 방어

brutal [brú:tl, 브루―틀]
형 잔혹한, 야만스런

2012 a brutally competitive business
잔인하게 경쟁적인 사업

24

cohesion
[kouhíːʒən, 코우히-젼]
명 결합, 응집(력)

2010 build social cohesion
사회적 응집력을 구축하다

accommodation
[əkὰmədéiʃən, 어카머데이션]
명 거처, 숙소, 숙박 시설

2009 accommodation expenses
숙박비용

worship [wɜːrʃɪp, 월-쉽]
명 숭배 통 숭배하다

2016 worship youth
젊음을 숭배하다

constitute
[kάnstətjùːt, 칸스터튜-트]
통 구성하다

2012 constitute very different versions
아주 다른 견해를 구성하다

livestock
[láivstὰk, 라이브스탁]
명 가축

2010 tend livestock
가축을 돌보다

greed [griːd, 그리-드]
명 탐욕, 욕심

2011 as a result of human greed
인간의 탐욕의 결과로

> 함께 외우기
> greedy(탐욕스러운)

outlet [áutlet, 아웃렛]
명 배출구, 출구

2012 have no outlet
출구가 없다

evolution
[èvəlúːʃən, 에볼루-션]
명 발전, 진화(론)

2014 the evolution of science
과학의 발전

> 수능에서 단골 소재인
> evolution!

outbreak
[áutbrèik, 아웃브레이크]
명 발발, 갑작스러운 분출

2014 outbreaks of infectious diseases
전염성 질병의 발발

bias
[báiəs, 바이어스]
명 편견, 편향

2012 reduce bias in their experiments
그들의 실험에서 편견을 줄이다

> bias는 심리학 지문에서
> 너무나 중요한 단어!

오늘 배운 단어들의 의미를 생각하면서 아래 일기를 읽어 보세요.

오늘 뉴스에서 영화에서나 볼법한 ❶ tragedy와 같은 사건이 보도되었다. 오늘 새벽에 한 ❷ accommodation 시설이 무너져서 ❸ numerous한 사람들이 다치거나 사망했다. 현재까지 확인된 ❹ fatality만 50명이 넘었다. 건물이 무너진 이유는 숙박 시설 주인이 돈을 벌겠다는 ❺ greed 때문에 기초 공사를 제대로 하지 않아서였다. 수많은 사람들이 어떻게 건물이 무너지는 일이 ❻ modern 대한민국 사회에서 일어날 수 있냐며 ❼ resent했다. 이 사고의 ❽ outbreak는 우리가 ❾ immediate한 대책을 마련해야 한다는 것을 의미한다. 정부 차원에서 ❿ specific한 대책을 반드시 마련해야 두 번 다시 이런 사고가 발생하지 않을 것이다.

Answer
❶ tragedy 몡 비극(적인 사건) ❷ accommodation 몡 거처, 숙소, 숙박 시설 ❸ numerous 혱 수많은
❹ fatality 몡 불운, 재난, 사망자(수) ❺ greed 몡 탐욕, 욕심 ❻ modern 혱 현대의 ❼ resent 톰 분개하다
❽ outbreak 몡 발발, 갑작스러운 분출 ❾ immediate 혱 즉시의, 당면한 ❿ specific 혱 구체적인, 특정한

Memo

DAY 03

I didn't fail the test.
I just found 100 ways to do it wrong.
- *Benjamin Franklin*

나는 시험에서 떨어지지 않았다.
다만 100가지의 틀릴 수 있는 경우를 찾았을 뿐이다.
– 벤자민 프랭클린

사람은 누구나 실패를 합니다. 누군가는 실패에 좌절하지만, 누군가는 거듭되는 실패
에도 긍정의 마음을 잃지 않는답니다. 긍정의 힘은 언제 어디서나 중요합니다., 여러
분도 실패에 무릎 꿇지 않는 긍정의 힘을 가져야 합니다.

>>> DAY 3 음성 강의

formal [fɔ́:rməl, 포-멀]
형 정식의, 형식적인

2007 its formal patterns or originality
그것의 형식적인 패턴 또는 독창성

shortage [ʃɔ́:rtidʒ, 숄-티지]
명 부족, 결핍

2003 labor shortage
노동력 부족

colonize
[kálənàiz, 칼러나이즈]
동 식민지로 만들다

2013 be colonized 45,000 years ago
4만 5천 년 전에 식민지로 개척되다

absence
[ǽbsəns, 앱선스]
명 결석, 부재, 결핍

2000 the absence of other
information
다른 정보의 부재

> 학교에서의 absence는 '결석'
> 이지만, '무언가가 없음'을 나
> 타낼 때도 쓰입니다.

edible [édəbəl, 에더블]
형 먹을 수 있는

2005 edible produce
먹을 수 있는 농산물

eyesight [áɪsaɪt, 아이사이트]
명 시력, 시각

2003 poor eyesight
나쁜 시력

structure
[strʌ́ktʃə:r, 스트럭철-]
명 구조, 구조물, 건축물

2013 the twenty-by thirty-foot structure
가로 20ft, 세로 30ft의 구조물

physical [fízikəl, 피지컬]
형 육체(신체)의, 물질의

2014 children's physical development
아이들의 신체적 발달

rate [reɪt, 레이트]
명 속도, 비율

2015 at different rates
다른 비율로

> birth rate는 출생률,
> death rate는 사망률!

thick [θik, 씨크]
형 두꺼운, 굵은, 진한

2013 thick seed coats
두꺼운 씨앗 껍질

potential
[poutén ʃəl, 포우텐셜]
명 잠재력, 가능성

2001 a small part of their potential
그들의 잠재력의 작은 부분

considerable
[kənsídərəbəl, 컨시더러블]
형 중요한, 상당한

1994 considerable success
상당한 성공

consider(고려하다)와는 다른 의미!

analysis
[ənǽləsis, 어낼러시스]
명 분석, 분해

2006 closer analysis
더 상세한 분석

notably
[nóutəbli, 노우터블리]
부 뚜렷하게, 특히

2015 most notably
가장 뚜렷하게

defense
[diféns, 디펜스]
명 방위, 방어, 수비

1995 nation's defense
국가 방어

function
[fʌ́ŋkʃən, 펑션]
명 기능 통 기능(작용)하다

2013 impact product or service functions
상품이나 서비스 기능에 영향을 미치다

arrangement
[əréindʒmənt, 어레인지먼트]
명 배열, 배치

2009 flower arrangement
꽃꽂이

invisible
[invízəbəl, 인비저블]
형 눈에 보이지 않는

2008 the invisible wall
보이지 않는 벽

alienation
[èiljənéiʃən, 에일리어네이션]
명 멀리함, 소외

2009 a sense of alienation from the society
사회와의 단절감

anecdote
[ǽnikdòut, 애닉도우트]
명 일화

2011 biographical anecdotes
전기적 일화

수능고급영단어

simultaneously
[sàiməltéiniəsli, **사이멀테이니어스리**]
부 동시에

2010 simultaneously all over the world
전 세계적으로 동시에

variance [vériəns, 베리언스]
명 변화, 변동, 불일치

2011 at variance with the truth
진실과 일치하지 않는

imitate [ímitèit, 이미테이트]
동 모방하다, 흉내 내다

2010 observe and imitate adults
성인을 관찰하고 모방하다

disengage
[dɪsɪngéɪdʒ, 디스인게이쥐]
동 풀다, 풀리다, (사람을) 해방하다

2011 figure out how to disengage
결별 방식을 알아내다

resist [rɪzɪst, 리지스트]
동 저항하다

2015 resist easy measurement
쉬운 측정에 저항하다

myriad [míriəd, 미리어드]
형 무수한, 가지각색의

2012 the complex and myriad differences
복잡하고 무수한 차이점들

requirement
[rikwáiəːrmənt, 리콰이얼-먼트]
명 필요조건, 자격

1994 salary requirement
급여 요구조건

emerge
[imə́ːrdʒ, 이멀-쥐]
동 나타나다

2012 gradually emerge through the mist
안개를 뚫고 점차 모습을 드러내다

subscription
[səbskrípʃən, 섭스크립션]
명 기부금, 구독(료)

1994 membership subscription
회원 기부금

함께 외우기 subscribe
(구독하다, 가입하다)

comparison
[kəmpǽrisən, 컴패리즌]
명 비교, 대조

2007 price comparison site
가격 비교 사이트

30

burrow [bə́ːrou, 버-로우]
명 (여우·토끼의) 굴, 은신처
통 굴을 파다

2012 wash out his burrow
그의 굴(은신처)을 휩쓸어버리다

enhance [enhǽns, 인핸스]
통 향상시키다, 높이다

2006 enhance subtle information
미묘한 정보를 부각시키다

feminine
[fémənin, 페머닌]
형 여자의, 여성의

1994 feminine gender
여성

be engrossed in
~에 몰두하다

2014 is so engrossed in play
놀이에 너무나 몰두해 있다

suspicion
[səspíʃən, 서스피션]
명 혐의, 의심

1994 suspicion or tension
의심 또는 긴장

outline [áutlàin, 아웃라인]
명 개요, 윤곽
통 개요를 서술하다, 윤곽을 보여주다

2014 the problems we have just outlined
우리가 방금 기술한 문제들

inspire
[inspáiər, 인스파이얼]
통 고무(격려)하다, 영감을 주다

2012 inspire a whole range of questions
온갖 질문이 떠오르게 하다

compensation
[kὰmpənséiʃən, 캄펀세이션]
명 배상, 보충

2012 pay compensation
배상하다

함께 외우기
compensate(보상하다)

cherish
[tʃériʃ, 체리쉬]
통 소중히 하다

2011 evoke both cherished memories and painful memories.
소중한 기억과 아픈 기억을 모두 불러일으키다

geological
[dʒìːəlάdʒikəl, 지-얼라지컬]
형 지질학의

2013 are geologically trapped
지질학적으로 갇혀 있다

오늘 배운 단어들의 의미를 생각하면서 아래 일기를 읽어 보세요.

> 오늘 사회·문화 시간에는 갈등론적 관점에 대해 배웠다. 나는 집에서 이를 복습하면서, 우리 사회
> ❶ structure가 가진 문제점에 대해 생각했다. 세상에는 ❷ myriad한 사람들이 있다. 그들 한 명 한 명
> 은 ❸ invisible한 ❹ potential을 가지고 있다. 하지만 사회경제적인 지원의 ❺ absence로 그 잠재력을
> 마음껏 발휘할 기회를 가지지 못한다. 또 우리 사회는 수많은 ❻ requirement를 사람들에게 제시하고,
> 사람들 간의 ❼ comparison을 통해 더 우수한 사람을 선발하려고만 한다. 그러다 보니 ❽ considerable
> 한 사람들이 경쟁에서 밀려나고, 경쟁에서 뒤쳐진 사람들은 먹고 사는 것조차 어려운 문제가
> ❾ emerge한다. 나는 우리 사회가 구성원들 모두의 삶의 질을 ❿ enhance할 수 있는 방법을 연구해야
> 한다고 생각한다.

Answer   ❶ structure 몡 구조, 구조물, 건축물   ❷ myriad 혱 무수한, 가지각색의   ❸ invisible 혱 눈에 보이지 않는
❹ potential 몡 잠재력, 가능성   ❺ absence 몡 결석, 부재, 결핍   ❻ requirement 몡 필요조건, 자격
❼ comparison 몡 비교, 대조   ❽ considerable 혱 중요한, 상당한   ❾ emerge 툉 나타나다   ❿ enhance
툉 향상시키다, 높이다

Memo

DAY 04

I have learned over the years that
when one's mind is made up, this diminishes fear.
- Rosa Parks

마음만 먹으면 모든 두려움이 사라진다는 것을
나는 지난 몇 년 동안 배워왔다.
– 로자 파크스

1955년 미국의 인종분리 시대를 겪은 로자 파크스는 마음만 먹으면 모든 두려움이
사라진다고 이야기했어요. 공부도 마찬가지예요. 마음 먹기에 따라 공부 역시 두려움
이 아니라 즐거움이 됩니다. 우리는 얼마든지 두려움과 맞설 수 있답니다.

>>> DAY 4 음성 강의

desperate
[déspərit, 데스퍼리드]
형 필사적인, 절박한

2009 desperate struggle
필사적인 투쟁

orchard [ɔ́:rtʃərd, 올―철드]
명 과수원

2012 along the wall of our orchard
우리 과수원 담을 따라

annoy [ənɔ́i, 어노이]
통 짜증나게 하다, 귀찮게 하다

2009 annoy mother
엄마를 성가시게 하다

depression
[dipréʃən, 디프레션]
명 침울, 우울(증), 불경기

2011 combat depression
우울증과 맞서 싸우다

감정의 우울함이나 불경기를
나타내는 단어!

degree
[digríː, 디그리―]
명 지위, 학위, 도(온도), 정도

2014 the degrees and forms of
people's actual responses
사람들의 실제 반응의 정도와 형식

degree는 '각도, 온도,
정도' 등 다양한 의미
가 있어요!

innocent [inəsnt, 이노슨트]
형 악의 없는, 순수한, 무죄인

2003 innocent habit
악의 없는 습관

muscle [mʌ́səl, 머슬]
명 근육, 힘줄

2001 relax muscles
근육을 풀어주다

personnel
[pə̀:rsənél, 펄―스넬]
명 직원, 인원, 인사과

1994 personnel director
인사 부장

intentional
[inténʃənəl, 인텐셔널]
형 계획적인, 고의의

2013 this intentional error
이러한 고의적인 오류

subject [sʌ́bdʒikt, 섭직트]
명 주제, 과목
형 ~의 영향을 받기 쉬운

2001 a particular subject
특정한 과목

함께 외우기 subject to
(~의 대상인, ~에 걸리기 쉬운)

mist		
[mist, 미스트]	2006	a light mist
명 (엷은) 안개		옅은 안개

location		
[loukéiʃən, 로우케이션]	2001	location of discount store
명 장소, 위치		할인점의 위치

breathe		
[briːð, 브리-드]	2013	burn all the oxygen we breathe in
동 호흡하다		우리가 호흡하는 모든 산소를 태우다

stripe		
[straip, 스트라이프]	2007	stripe pattern
명 줄무늬, 줄		줄무늬

tune [tjuːn, 튠-]		
동 가락을 맞추다, (악기를) 조율하다	2013	tune their instruments
		그들의 악기의 음을 맞추다

age [eidʒ, 에이지]		
명 나이, 시기, 시대	2015	age biologically
동 나이가 들다		생물학적으로 나이가 들다

attend [əténd, 어텐드]		
동 참석하다, 출석하다	2001	attend the school festivals
		학교 축제에 참여하다

appointment		
[əpɔ́intmənt, 어포인트먼트]	1996	business appointments
명 임명, 지명, 약속		사업 약속

document		
[dáːkjumənt, 다-큐먼트]	2011	document personal history
명 서류 ,문서 동 증명하다, 기록하다		개인의 역사를 기록하다

share		
[ʃɛəːr, 셰-어]	2016	share what we did well
명 몫, 배당 동 공유하다		우리가 잘한 것을 공유하다

donation
[dounéiʃən, 도네이션]
명 기증품, 기부금

1994 public donation
공공 기부금
함께 외우기 donate(기부하다)

graze [greiz, 그레이즈]
동 풀을 뜯어먹게 하다, 방목하다

2012 graze their animals free of charge
무료로 가축들을 방목하다

fierce [fiərs, 피얼스]
형 맹렬한, 격심한

1996 the fierce competition
격렬한 경쟁

impose [impóuz, 임포즈]
동 부과하다, 강요하다

1994 impose religion
종교를 강요하다
주로 힘들고 불쾌한 것을 억지로 부과!

patron [péitrən, 페이트런]
명 후원자

2014 the commissions from wealthy patrons
부유한 후원자로부터 받는 많은 위탁일

enrollment
[enróulmənt, 인롤먼트]
명 학교 등록(취학)

2009 school enrollment
학교 등록(취학)
함께 외우기 enroll(등록하다)

combustion
[kəmbʌ́stʃən, 컴버스쳔]
명 연소

2010 the internal combustion engine
내연기관

complain
[kəmpléin, 컴플레인]
동 불평하다, 항의하다

2016 complain about a lack of time
시간이 부족한 것에 대해 불평하다

modify [mádəfài, 마더파이]
동 수정(변경)하다

2007 genetically modified crops
유전자 변형작물

withdraw
[wiðdrɔ́ː, 윗드로–]
동 물러나다, 철수하다,
취소(철회)하다

2013 withdraw from the deal
거래를 철회하다

reputation
[rèpjətéiʃən, 레퓨테이션]

명 명성, 신망

2007 his medical reputation
그의 의학적 명성

sanitation
[sǽnətéiʃən, 새너테이션]

명 (공중) 위생

1996 worsening sanitation
악화되는 위생

aboriginal
[ǽbərídʒənəl, 애버리저널]

형 호주 원주민의, 원주민의

2013 Australian aboriginal technology
호주 원주민들의 기술

impression
[impréʃən, 임프레션]

명 인상, 감명

2008 the impression of a forgotten city
잊혀진 도시라는 인상

deny [dinái, 디나이]

동 부정하다

2010 deny all previous value
이전의 모든 가치를 부정하다

evidence [évidəns, 에비던스]

명 증거, 증언

2003 lack of evidence
증거 부족

proactive
[prouǽktiv, 프로우액티브]

형 사전 예방적인

2014 a proactive effort
사전예방적인 노력

optimistic
[ǽptəmístik, 압터미스틱]

형 낙관적인, 낙천적인

2014 the students' optimistic attitudes
낙관적인 학생들의 태도

반의어 pessimistic(비관적인)

conducive
[kəndjúːsiv, 컨듀-시브]

형 도움이 되는

2010 be conducive to health
건강에 도움이 되다

reunion
[riːjúːnjən, 리-유-니언]

명 재결합, 재합동, 재회

1995 this joyful reunion
이런 즐거운 재회

Misson! Read My Diary

오늘 배운 단어들의 의미를 생각하면서 아래 일기를 읽어 보세요.

> 오늘 우리 동네 공원의 ❶ sanitation을 위해 도움을 주겠다는 ❷ patron이 나타났다. 공원은 제대로 관리가 되지 않아 황량한 상태였다. 과거에는 빼어난 자연 경관을 갖고 있다는 ❸ reputation을 가졌는데, 특히 여름 장미로 유명했다. 후원자는 예전에 그 공원에서 봤던 장미꽃을 다시 보고 싶다는 ❹ innocent한 마음으로 ❺ donation을 주는 것을 결심했다고 한다. 그래서 오늘부터 그의 회사의 ❻ personnel들이 '공원 다시 살리기 프로젝트'를 시작한다고 한다. 공원에 대해 ❼ depression만을 느꼈던 주민들이 공원에 ❽ conducive한 일을 하기 위해 각자 할 일을 ❾ share했다. 그는 프로젝트가 다 끝나면 공원을 방문하겠다고 ❿ appointment를 했다. 예쁜 장미를 얼른 보고 싶다!

Answer ❶ sanitation 몡 (공중) 위생 ❷ patron 몡 후원자 ❸ reputation 몡 명성, 신망 ❹ innocent 혱 악의 없는, 순수한, 무죄인 ❺ donation 몡 기증품, 기부금 ❻ personnel 몡 직원, 인원, 인사과 ❼ depression 몡 침울, 우울(증), 불경기 ❽ conducive 혱 도움이 되는 ❾ share 몡 몫, 배당 됭 공유하다 ❿ appointment 몡 임명, 지명, 약속

Memo

DAY 05

It does not matter how slowly you go
as long as you do not stop.
- *Confucius*

멈추지 않으면 얼마나 천천히 가는지는
문제가 되지 않는다.
– 공자

공부는 끈기와 노력의 문제입니다. 천천히 가도 괜찮습니다. 포기하지 않고 꾸준히 가는 것이 공부에서 가장 중요합니다. 단어 외우기도 때로는 힘들겠지만 멈추지 말고 계속해 나아갑시다.

>>> DAY 5 음성 강의

reasonable
[ríːzənəbəl, 리-저너블]
형 합리적인, 분별 있는

2006 seemingly reasonable
겉보기에는 합리적인

수능에서 정말 중요한 단어!

object [ábdʒikt, 아브직트]
명 물건, 물체, 목적, 목표

2009 natural objects
자연 물체

뜻이 상당히 많은 단어!

beverage [bévəridʒ, 베버리지]
명 마실 것, 음료

2006 popular beverages
대중적인 음료

appliance
[əpláiəns, 어플라이언스]
명 가전 기구

1996 home appliances
가전제품

rest [rest, 레스트]
명 휴식, 나머지 동 쉬다, 휴식하다

2015 the rest of the world
세계의 나머지

souvenir
[sùːvəníəːr, 수-버니-어]
명 기념품, 선물

2008 souvenir shop
기념품 가게

trace [treis, 트레이스]
명 발자국, 자취, 흔적
동 추적하다, 찾아내다

2012 the traces of dissolved salts
용해된 소금의 잔존물

명사와 동사 모두에 주목!

professional
[prəféʃənəl, 프로페셔널]
형 직업의, 직업적

2005 professional advancement
직업상의 승진

wilderness
[wíldərnis, 윌덜니스]
명 황야, 황무지

2014 wilderness dining
야생에서의 식사

achievement
[ətʃíːvmənt, 어취-브먼트]
명 성취, 달성

2010 a key factor in high achievement
큰 성공에서 중요한 요인

article [áːrtikl, 알-티클]
명 (신문·잡지의) 글, 기사, 물품(물건)

2004	newspaper articles
	신문기사

square
[skwɛəːr, 스퀘-어]
명 정사각형, 광장

2009	open square
	열린 광장

handicapped
[hǽndikæpt, 핸디캡트]
형 장애가 있는, 불구의

1995	handicapped people
	장애인

universal
[jùːnəvə́ːrsəl, 유-니버-설]
형 우주의, 보편적인

2003	universal truths
	보편적인 진리

함께 외우기 universally
(보편적으로, 어디서나)

admission
[ədmíʃən, 어드미션]
명 입장, 인정, 입장료

2003	pay admission
	입장료를 지불하다

despair
[dispéər, 디스패어]
명 절망, 자포자기

2001	sources of despair and anger
	좌절과 분노의 원천

telescope
[téləskòup, 텔러스코우프]
명 망원경

1995	a giant telescope
	거대한 망원경

unjust [ʌndʒʌ́st, 언저스트]
형 부정한, 부당한

2010	unjust criticism
	부당한 비판

반의어 just(공정한)

tempt
[tempt, 템트]
동 유혹하다, 부추기다, 마음을 끌다

2013	tempting those seeking to understand
	이해하려고 시도하는 이들을 유혹하면서

circumstance
[sɜːrkəmstæns, 썰-컴스탠스]
명 환경, 상황

2016	the immediate circumstances
	즉각적인 환경

intrigue
[intríːg, 인트리-그]
동 강한 흥미(호기심)를 불러일으키다

2014 always intrigue researchers
항상 연구자들의 호기심을 자아내다

함께 외우기 intriguing (아주 흥미로운, 호기심을 자극하는)

---

subconscious
[sʌbkánʃəs, 서브칸셔스]
형 잠재의식의

1996 subconscious thought
잠재의식적인 생각

심리학에서 매우 중요한 단어!

---

defect [difékt, 디펙트]
명 결점, 결함

2009 a defect in products
상품들의 결함

---

instinct [ínstiŋkt, 인스팅트]
명 본능

2006 follow instincts
본능을 따르다

---

attain [ətéin, 어테인]
동 이루다, 성취하다

2015 attain some extrinsic reward
약간의 외적인 보상을 성취하다

---

pitfall
[pítfɔːl, 피트폴]
명 함정

2013 a transcendence of the pitfalls
함정의 초월

---

subtract
[səbtrǽkt, 서브스트랙트]
동 빼다, 감하다

1994 subtract a few subjects
몇몇 주제를 빼다

산수에서 '빼기'가 subtraction!

---

divert
[daivɔ́ːrt, 다이벌-트]
동 (관심을) 돌리다, 전환하다

2014 divert him from finding the solution
그가 해결책을 찾아내는 것을 방해하다

---

literacy
[lítərəsi, 리터러시]
명 글을 읽고 쓸 줄 아는 능력

1997 information literacy
정보처리능력

---

embed [imbéd, 임베드]
동 (단단히) 박다, 끼워 넣다

2010 embed stones in the earth
땅에 돌을 박아 놓다

encounter
[ɪnkáuntər, 인카운터]

명 접촉, 만남 **동** 우연히 만나다

2004 the close encounter
근접한 만남

hue [hjuː, 휴―]

명 색조, 빛깔

2014 warm and cool hues
따뜻하고 시원한 색조

recognition
[rèkəgníʃən, 레커그니션]

명 인지, 승인, 인정

2009 an increased recognition
of patient individuality
환자 개인적 특성에 대한 인식의 증가

함께 외우기 recognize
(알아보다, 인정하다)

shrink [ʃriŋk, 쉬링크]

동 오그라들다, 움츠리다

2011 shrink rather than grow
성장하기보다는 위축되다

conflict
[kánflikt, 칸플릭트]

명 충돌, 대립, 갈등

2009 heated conflicts
가열되는 갈등

prejudice
[prédʒudis, 프레쥬디스]

명 편견, 선입관

2006 dependent on the prejudices
편견에 의존하는

identify
[aidéntəfài, 아이덴터파이]

동 확인하다, 식별하다, 동일시하다

2016 identify and relate to a new
architectural trend
확인해서 새로운 건축학의 동향과
관련짓다

뜻이 정말 많은 매우
중요한 단어!

implication
[ìmpləkéiʃən, 임플리케이션]

명 영향, 함축, 암시

2010 the implication in his article
그의 글에 함축된 내용

함께 외우기 imply
(암시하다, 의미하다)

molecule
[máləkjùːl, 말러큘―]

명 분자

2010 unlock secrets of the DNA molecule
DNA 분자의 비밀을 풀다

monetary
[mánətèri, 마너테리]

형 화폐의

1999 International Monetary Fund
국제통화기금(IMF)

오늘 배운 단어들의 의미를 생각하면서 아래 일기를 읽어 보세요.

오늘 신문에서 굉장히 흥미로운 ❶ article을 읽었다. 목표를 ❷ attain하기 위해서는 무조건 열심히 하기보다는 ❸ rest가 필요하다는 내용이었다. 나는 지금까지 ❹ object를 달성하기 위해서는 놀지 않고 열심히 하는 것이 ❺ universal하다고 여겼었다. 놀고 싶은 ❻ instinct를 억제하고 노력하는 것이 당연하다고 생각했었는데 이것이 ❼ pitfall이라고 한다. 우리가 너무 심한 압박과 부담 ❽ encounter하게 되면 우리 마음은 극심한 ❾ conflict를 겪게 되면서 정신이 ❿ shrink된다고 한다. 두 발 앞으로 가기 위해서는 한 발 후퇴할 필요가 있다고 하니, 정말 세상에는 알아야 할 것이 많은 것 같다!

Answer ❶ article 몡 (신문·잡지의) 글, 기사, 물품(물건) ❷ attain 통 이루다, 성취하다 ❸ rest 몡 휴식, 나머지 통 쉬다, 휴식하다 ❹ object 몡 물건, 물체, 목적, 목표 ❺ universal 혱 우주의, 보편적인 ❻ instinct 몡 본능 ❼ pitfall 몡 함정 ❽ encounter 몡 접촉, 만남 통 우연히 만나다 ❾ conflict 몡 충돌, 대립, 갈등 ❿ shrink 통 오그라들다, 움츠리다

Memo

DAY 06

People often say that motivation doesn't last.
Well, neither does bathing.
That's why we recommend it daily.
- Zig Ziglar

사람들은 종종 동기부여가 오래가지 않는다고 한다.
목욕하는 것도 마찬가지다.
그래서 그것을 매일 하도록 권하는 것이다.
– 지그 지글러

목욕을 매일 해야 몸이 깨끗해지는 것처럼 동기부여도 매일매일 해주어야 효과가 있는 법입니다. 중간에 포기하거나 좌절하지 않도록 스스로에게 하루에 한 번 이상 동기부여하세요!

>>> DAY 6 음성 강의

notorious
[noutɔ́:riəs, 노우**터**-리어스]
형 악명 높은

2012 notoriously hard
악명이 높을 정도로 힘든

ambition
[æmbíʃn, 앰비-션]
명 야망, 포부

2016 realize human ambitions
인간의 야망을 깨닫다

available [əvéiləbəl, 어베일러블]
형 이용할 수 있는

1997 crop land available
이용 가능한 경작지

수능에서 정말 중요한 단어!

attractive
[ətrǽktiv, 어트랙티브]
형 매력적인

2001 attractive game
매력적인 경기

psychology
[saikάlədʒi, 싸이칼러지]
명 심리학

2014 take my positive psychology class
나의 긍정 심리학 수업을 듣다

enable
[ɪneɪbl, 인에이블]
동 가능하게 하다

2015 enable US citizens to interface with
미국 시민들이 접속하는 것을 가능하게 하다

함께 외우기 enable A to B
(A가 B하는 것을 가능하게 하다)

attempt
[ətémpt, 어템트]
명 시도 동 시도하다

2015 attempts to understand
이해하려는 시도

함께 외우기 [attempt to 동사]의 형태로 활용!

fiction [fikʃən, 픽션]
명 소설

2005 literary fiction
문학적인 소설

civil [sívəl, 씨벌]
형 민간의, 일반인의

1994 civil defense
민방위

trail [treil, 트레일]
명 자국, 발자국, 오솔길

2010 walk along a beautiful trail
아름다운 오솔길을 따라 걷다

basin [béisən, 베이슨]

명 물동이, 분지

2005	in the middle of a basin
	분지의 한복판에

collective

[kəléktiv, 컬렉티브]

형 집합적, 집단적

2013	a large enough collective brain
	충분히 거대한 집단적인 뇌

gain

[gein, 게인]

명 이익, 이득 동 얻다, 벌다

2012	maximize his gain
	그의 이익을 극대화하다

analyze

[ǽnəlàiz, 애널라이즈]

동 분석하다, 분해하다

2006	analyze the situation
	상황을 분석하다

internal

[intə́:rnəl, 인털-널]

형 내부의, 국내의

2014	rely on an internal clock
	체내 시계에 의지하다

fee [fi:, 피-]

명 요금, 수수료

2007	late fee
	연체료

각종 회비, 요금을 fee로 표현!

conclusion

[kənklú:ʒən, 컨클루-젼]

명 결론

2000	draw a conclusion
	결론을 이끌어내다

atomic [ətámik, 어타믹]

형 원자의

1999	atomic bomb
	원자폭탄

relation

[riléiʃən, 릴레이션]

명 관계, 관련

2015	relation to the crowd
	군중과의 관계

shift [ʃift, 시프트]

명 변천, 추이, 변화
동 옮기다, 이동하다

2009	shifts in policy
	정책의 변화

컴퓨터에서 'shift'키를 누르면
쌍자음으로 변하죠?

grain [grein, 그레인]
명 곡물, 곡류

1998 world grain production
세계 곡물생산량

avenger
[əvéndʒər, 어벤져]
명 복수하는 사람, 원수를 갚는 사람

2013 both protectors and avengers
보호자인 동시에 보복자

영화 '어벤져스'는 악의 세력에 '복수'하죠.

exaggerate
[igzǽdʒərèit, 이그재저레이트]
통 과장하다

2006 exaggerate differences
차이점을 과장하다

hesitate
[hézətèit, 헤저테이트]
통 주저하다

2015 hesitate to sign up
등록을 주저하다

함께 외우기 [hesitate to 동사]의 형태로 활용!

status [stéitəs, 스테이터스]
명 상태, 지위

2008 a status symbol
지위의 상징

accompany
[əkʌ́mpəni, 어캄퍼니]
통 동반하다, 동행하다

2010 accompany the expedition
그 원정에 동반하다

intrude [intrúːd, 인트루-드]
통 무리하게 강요하다, 방해하다

2012 intrude on all other attempts
모든 다른 시도를 방해하다

prevalent
[prévələnt, 프레버런트]
형 (널리) 보급된, 널리 행해지는

2009 the prevalent belief
널리 유행하는 믿음

impulsive [impʌ́lsiv, 임펄시브]
형 충동적인

2006 impulsive decision
충동적 결정

mandate [mǽndeit, 맨데이트]
명 권한
통 명령하다, 요구하다

2012 mandate seat belts
안전벨트를 의무화하다

deprivation
[dèprəvéiʃən, 데프러베이션]
명 박탈, 궁핍

2013 a life of self-deprivation
스스로 궁핍해지는 삶

> 함께 외우기 deprive
> (빼앗다, 박탈하다)

discipline
[dísəplin, 디서플린]
명 교과, 규율

2014 the seemingly practical disciplines
표면적으로 실용적인 교과

> 뜻이 많은 단어!

cast [kæst, 캐스트]
동 (빛을) 발하다,
(그림자를) 드리우다, 던지다

1996 cast their shadows
그림자를 드리우다

criticism
[krítisizəm, 크리티시즘]
명 비판, 비난

2015 unjustified criticisms
정당화되지 않은 비판

transfer
[trænsfɔ́ːr, 트랜스퍼-]
동 옮기다, 이동하다

2010 transfer the information
정보를 전달하다

deem [diːm, 딤-]
동 생각하다, 간주하다

2013 something that purists
deem important
순수주의자들이 중요하다고
여기는 것

> 은근히 자주 등장하는 단어!

endow
[ɪndaʊ, 인다우]
동 부여하다

2013 endow other mammals with brains
다른 포유류에게 두뇌를 부여하다

futile [fjúːtl, 퓨-틀]
형 쓸데없는, 무익한

2010 after several futile attempts
몇 번 시도가 실패한 뒤

shiver [ʃívə(r), 쉬벌]
동 (몸을) 떨다

2015 shiver behind the rock
바위 뒤에서 떨다

revenue
[révənjùː, 레버뉴-]
명 소득, 수입

2011 the company's dwindling revenue
회사의 감소되는 수익

오늘 배운 단어들의 의미를 생각하면서 아래 일기를 읽어 보세요.

나는 특별한 꿈을 가지고 있다. 나는 모두에게 ❶ attractive한 ❷ fiction을 쓰는 작가가 될 ❸ ambition을 가지고 있다. 좋은 소설을 쓰는 것이 쉬운 ❹ attempt는 절대 아니라고 생각한다. 나는 '사람들의 삶을 말하는 소설'을 쓸 것이다. 그래서 대학교에서 어떤 ❺ discipline을 공부할까 고민하다가 사람들의 생각을 연구하는 ❻ psychology를 공부하기로 결심했다. 주변 분들은 소설과 심리학이 ❼ relation이 없다고 ❽ deem하시면서 다른 길을 추천하시지만 나는 ❾ hesitate하지 않을 것이다. 나는 사람들의 마음을 이해하는 데 필요한 지식들을 ❿ gain해서 많은 사람들과 공감할 수 있는 소설을 쓸 것이다. Dreams come true!

Answer ❶ attractive 형 매력적인 ❷ fiction 명 소설 ❸ ambition 명 야망, 포부 ❹ attempt 명 시도 동 시도하다 ❺ discipline 명 교과, 규율 ❻ psychology 명 심리학 ❼ relation 명 관계, 관련 ❽ deem 동 생각하다, 간주하다 ❾ hesitate 동 주저하다 ❿ gain 명 이익, 이득 동 얻다, 벌다

Memo

50

DAY 07

You miss 100% of the shots you don't take.
- Wayne Gretzky

시도하지 않은 슛의 실패율은 100%다.
– 웨인 그레츠키

시도하지 않은 슛의 실패율은 당연히 100%이죠. 실패를 두려워하지 마세요. 지금 뭐든지 시도하세요. 아무리 작은 시도라도 시도하지 않는 것보단 낫습니다. 지금 이 순간, 단어 암기에 도전하고 있는 여러분 모두가 승리자입니다.

>>> DAY 7 음성 강의

quantity
[kwántəti, 퀀터티]
몡 양, 분량

1994 the quality and quantity
질과 양

함께 외우기 quality(질)

beloved [bilÁvid, 비러브드]
혱 사랑하는

2008 his beloved wife
그의 사랑하는 부인

reduction
[ridÁkʃən, 리덕션]
몡 감소, 절감

2012 see the promised reduction
기대한 만큼 감소하는 것을 보다

함께 외우기
reduce(줄이다)

stride [straid, 스트라이드]
몡 한 걸음(의 폭)

2014 measure the length of their strides
한 걸음의 폭을 측정하다

moderation
[màdəréiʃən, 마더레이션]
몡 적당, 중용

1997 "All things in moderation."
"모든 일은 중용 안에서."

suggestion
[səgdʒéstʃən, 서제스쳔]
몡 암시, 시사, 제안, 제의

2006 the suggestion of life
인생의 암시

reliance
[riláiəns, 릴라이언스]
몡 믿음, 의지

2009 heavy reliance
과도한 의존

gender [dʒéndər, 젠더]
몡 성, 성별

2009 gender equality
양성 평등

medical [médikəl, 메디컬]
혱 의학의, 의술의

2012 open a medical clinic
병원을 개원하다

manual
[mǽnjuəl, 매뉴얼]
몡 소책자, 입문서

1998 instruction manual
취급 설명서

submerge
[səbmə́:rdʒ, 서브멀−지]
통 물속에 잠그다

2012 was submerged beneath a lake
호수 아래로 잠겼다

retailer
[rí:teilər, 리−테일러−]
명 소매업자, 소매상(점)

1996 the largest retailer
가장 큰 소매점

renew
[rinjú:, 리뉴−]
통 갱신시키다

2013 renew your driver's license
너의 운전면허를 갱신시키다

relative
[rélətiv, 렐러티브]
명 친척, 친족

1998 the victim's relative
희생자의 친척

sprout
[spraut, 스프라우트]
통 싹이 트다, 발아하다

2013 sprout quickly
빠르게 싹이 트다

nurture
[nə́:rtʃə(r), 널−철−]
통 육성하다, 양육하다

2014 the nurturing and flowering of science
과학을 육성하고 꽃피우는 것

plot [plɑt, 플랏]
명 음모, 줄거리

2011 the general plot
전체적인 줄거리

crash [kræʃ, 크래쉬]
명 충돌, (비행기) 추락

2007 a motor-vehicle crash
자동차 충돌사고

businesslike
[bíznislàik, 비지니스라이크]
형 사무적인

2011 in a businesslike fashion
사무적인 방식으로

confidence
[kánfidəns, 칸피던스]
명 신뢰, 자신, 확신

2011 confidence in the claim
주장에 대한 자신감

distort [distɔ́ːrt, 디스톨트]
동 왜곡하다

2009 distort the truth
진실을 왜곡하다

함께 외우기 distortion
(왜곡, 찌그러뜨림)

exposure
[ikspóuʒər, 익스포우절]
명 노출

1996 regular exposure
정기적인 노출

함께 외우기 expose(노출시키다)

reinforce
[riːinfɔ́ːrs, 리-인폴-스]
동 강화하다, 보강하다

2010 reinforce a wall with mud
진흙으로 벽을 보강하다

수능에서 정말 중요한 단어!

merge [məːrdʒ, 멀-쥐]
동 합병하다, 융합되다

2010 merge into harmonious relationships
조화로운 관계로 융합되다

devour [diváuər, 디바우얼]
동 게걸스럽게 먹다

2010 devour the cookies
쿠키를 게걸스럽게 먹다

yield [jiːld, 이-일드]
명 산출량, 총수익
동 생산하다, 항복하다, 넘겨주다

2011 the decrease in agricultural yields
농작물 수확의 감소

다양한 뜻을 모두 기억하세요!

vulnerable
[vʌ́lnərəbl, 발너러블]
형 상처 입기 쉬운, 취약한, 연약한

2011 become more vulnerable
더 연약해지다

scrutiny
[skrúːtəni, 스크루-터니]
명 (면밀한) 조사, 감독

2011 a different critical scrutiny
다른 비평적 감시

nimble [nɪmbl, 님블]
형 날렵한, 민첩한

2015 a nimble b-boy
날렵한 비보이

equilibrate
[iːkwíləbrèit, 이-퀼러브레이트]
동 평형하게 하다

2010 the equilibrating process
평형을 유지하는 과정

odd [ɑd, 아드]
형 기묘한, 이상한

2009 something odd
이상한 점

indulge
[indʌ́ldʒ, 인덜쥐]
동 만족시키다, 충족시키다

2014 indulge fantasies of violence
폭력에 대한 공상을 충족시키다

prevail
[privéil, 프리베일]
동 널리 보급되다, 유행하다

2010 a prevailing method of interpretation
유행하는 해석 방법

be associated with
~와 관련 있다

2013 be associated with particular
frequency values
특정한 진동의 값과 관련 있다

수능에서 정말 중요한 단어!

compliment
[kάmpləmənt, 캄플러먼트]
명 경의, 칭찬

2009 a heartfelt compliment
마음에서 우러난 찬사

intricate
[íntrikət, 인트리컷]
형 뒤얽힌, 복잡한

2010 master intricate question
복잡한 문제를 정복하다

dilute
[dailúːt, 다이루―트]
동 묽게 하다, 희석하다

2013 dilute the exactness of mathematics
수학의 정확성을 약화시키다

expedition
[èkspədíʃən, 엑스퍼디션]
명 탐험, 원정

2011 the first expeditions to Everest
첫 에베레스트 등반대

term
[təːrm, 텀―]
명 기간, 조건, 용어

2016 interpret the term logical
논리적이라는 용어를 해석하다

다양한 뜻을 모두 기억하세요!

irrigation
[irəgéiʃən, 이러게이션]
명 물을 댐, 관개

2006 water for irrigation
관개를 위한 물

오늘 배운 단어들의 의미를 생각하면서 아래 일기를 읽어 보세요.

나는 여자라는 ❶ gender을 가지고 세상에 태어났다. 우리 어머니는 나를 ❷ nurture하시면서 ❸ relative들을 만날 때 나에게 굉장히 여성스러운 면을 강조하셨다. 항상 치마와 예쁜 옷을 입으라는 ❹ suggestion을 하셨고, 나는 어머니에게 절대적으로 ❺ reliance를 하기 때문에 그 말씀을 철저히 따랐다. 그런데 훗날 다 자라서 생각해 보니 이런 성장 환경이 나에게 ❻ distort한 생각을 심어주었다고 느낀다. 이 문제는 ❼ intricate하기 때문에 확실하게 말하기는 어렵다. 하지만 나는 부모님의 ❽ compliment를 받기 위해서 늘 사회에 ❾ prevail한 생각과 행동을 따랐다. 그런 과정에서 사회가 원하는 여성의 모습이 나에게 ❿ reinforce된 것이다. 나는 남자와 여자의 역할이 따로 정해져 있다고 생각하지 않는다. 언제쯤 이런 성역할에 대한 고정관념이 없어질까?

Answer ❶ gender 명 성, 성별 ❷ nurture 동 육성하다, 양육하다 ❸ relative 명 친척, 친족 ❹ suggestion 명 암시, 시사, 제안, 제의 ❺ reliance 명 믿음, 의지 ❻ distort 동 왜곡하다 ❼ intricate 형 뒤얽힌, 복잡한 ❽ compliment 명 경의, 칭찬 ❾ prevail 동 널리 보급되다, 유행하다 ❿ reinforce 동 강화하다, 보강하다

Memo

DAY 08

You can't fall if you don't climb.
But there's no joy in living your whole life on the ground.
- *Unknown*

오르지 않으면 떨어지지 않는다.
그러나 평생 땅에서 사는 것에는 즐거움이 없다.
– 미상

올라가다 보면 떨어질 수도 있습니다. 이처럼 공부에서도 좌절을 맛볼 수 있습니다. 하지만 이때 포기하면 고통은 없을지 몰라도 즐거움 역시 없을 것입니다. 실패와 좌절을 두려워하지 말고 함께 올라갑시다.

>>> DAY 8 음성 강의

수능기본영단어

unlike [ʌnlaɪk, 언라이크]
전 ~와 다른

2015 unlike the passage of time
시간의 경과와는 다른

반의어 like(~같은, ~처럼)

representative
[rèprizéntətiv, 레프리젠터티브]
명 대표자

1996 a sales representative
판매 대표자

generation
[dʒènəréiʃən, 제너레이션]
명 세대, 산출, 발생

2011 world electricity generation
세계 전력 생산

'세대 차이'는 generation gap

mirror [mírər, 미럴]
동 반사하다, 반영시키다

2011 mirror a reality
현실을 반영하다

affection [əfékʃən, 어펙션]
명 애정, 호의

2010 affection among group members
집단 구성원 간의 애정

dependent
[dipéndənt, 디펜던트]
형 의지하고 있는, 의존하는

2015 dependent on celebrity
유명인사에 의존하는

반의어 independent
(독립적인)

prominent
[prάmənənt, 프라머넌트]
형 현저한, 저명한

2014 one prominent scholar
한 저명한 학자

distinction
[distíŋkʃən, 디스팅션]
명 구별, 차이점

2012 distinction between denial and restraint
부인과 자제 사이의 차이점

peculiar
[pikjúːljər, 피큐-리얼]
형 독특한, 괴상한

2010 peculiar correlation
특이한 상관관계

progressive
[prəgrésiv, 프러그레시브]
형 진보적인, 점진적인

2001 the progressive process
점진적 과정

58

carving
[ká:rviŋ, 칼-빙]
명 조각(술), 조각품

₂₀₁₀ purchase the carving at a reasonable price
합리적인 가격에 조각을 구입하다

application
[æplikéiʃən, 애플리케이션]
명 적용, 신청

₂₀₀₄ application form
지원서

함께 외우기 apply(지원하다, 적용하다)

aisle [ail, 아일]
명 통로, 복도

₂₀₁₂ look at the jam aisle
잼 진열대를 보다

발음에 주의하세요!

penalize
[pí:nəlàiz, 피-널라이즈]
동 벌을 주다

₁₉₉₇ penalize individuals
개인들을 벌주다

trunk [trʌŋk, 트렁크]
명 (나무의) 줄기, (차의) 트렁크,
남성용 속옷

₁₉₉₆ trunk of a tree
나무의 줄기

detect [dɪtékt, 디텍트]
동 발견하다, 간파하다

₂₀₁₅ detect spoiled or toxic food
상하거나 독이 든 음식을 발견하다

수능에 정말 중요한 단어!

present
[prézənt, 프레전트]
형 현재의, 있는, 출석하고 있는

₂₀₀₉ the present moment
현재의 순간

무언가가 '존재'하면 present!

roast
[roust, 로우스트]
동 (고기를) 굽다, 익히다

₂₀₁₂ the roasting pan
구이용 냄비

income
[ínkʌm, 인컴]
명 수입, 소득

₁₉₉₄ reduced incomes
줄어든 수입

established
[istǽbliʃt, 이스태블리쉬트]
형 확립된, 확정된

₂₀₁₆ become established by experience
경험에 의해 확립되다

marine [məríːn, 머린-]
형 바다의, 해양의

2008 marine life
해양 생물

vary [veri, 베리]
동 변화를 주다, 다양화하다

2014 constantly vary your diet
지속적으로 너의 식단을 다양화하다

barter
[báːrtər, 발-털]
동 물물교환하다

1998 barter system
물물교환 시스템

barren [bǽrən, 배런]
형 척박한, 황량한, 메마른

2011 the barren landscapes
황량한 풍경

artificial
[àːrtəfíʃəl, 알-터피셜]
형 인공적인, 인위적인

2015 create an artificial split
인공적인 분열을 만들다

수능에서 정말 중요한 단어!

classify
[klǽsəfài, 클래서파이]
동 분류하다

2014 name and classify plants
식물을 명명하고 분류하다

gratitude
[grǽtətjùːd, 그래터튜-드]
명 감사

2003 express gratitude
감사를 표현하다

terrify [térəfài, 테러파이]
동 겁나게 하다, 놀래다

2011 the most terrifying experiences
가장 무시무시한 경험

contraction
[kəntrǽkʃən, 컨트랙션]
명 수축, 위축

2012 sustain repeated contractions
반복적인 수축을 견디다

elegance
[éligəns, 엘리건스]
명 우아, 고상, 기품

2011 because of the promise of elegance
우아함의 가능성 때문에

triumph [tráiəmf, 트라이엄프]
명 승리

2002 triumph and failure
승리와 실패

liken [láikən, 라이큰]
동 비유하다, 견주다(to)

2012 liken the eye to a camera
눈을 카메라에 비유하다

함께 외우기 [liken A to B]의 형태로 활용!

distress
[distrés, 디스트레스]
명 고통, 괴로움, 고충, 곤경

2013 cause distress in our relationships
우리 관계에 고통을 야기하다

likelihood
[láiklihùd, 라이크리후드]
명 있음직한 일, 가능성

2011 the great likelihood
큰 가능성

수능에서 정말 중요한 단어!

empower
[empáuər, 엠파우얼]
동 권한을 주다

2013 feel empowered
권한을 부여받았다고 느끼다

faulty [fɔ́:lti, 폴—티]
형 결함 있는, 잘못된

2012 faulty electrical wiring
결함 있는 전선

alternative
[ɔ:ltə́:rnətiv, 얼—털—너티브]
명 선택, 대안
형 양자택일의, 대안의

2002 genuine alternative
진정한 선택

initiative
[iníʃətiv, 이니셔티브]
명 계획, 주도권

2014 embrace fish welfare initiatives
물고기 후생사업 계획을 수용하다

resort [rizɔ́:rt, 리졸—트]
동 의지하다, 호소하다

2013 resort to salesmanship
판매술에 의지하다

함께 외우기
[resort to]의 형태로 활용!

exert
[igzə́:rt, 이그절—트]
동 발휘하다, 행사하다

2012 by exerting a force
힘을 발휘함으로써

권력, 영향력, 힘을 발휘한다는 의미!

오늘 배운 단어들의 의미를 생각하면서 아래 일기를 읽어 보세요.

오늘 나는 시상식에 다녀왔다. 내가 가장 많은 ❶ affection을 갖고 쓴 소설이 글쓰기 대회에서 대상을 수상했기 때문이다. 나는 ❷ marine 왕궁을 배경으로 현대 사회를 바다 속 세계에 ❸ liken하는 소설을 썼다. 한 심사위원께서는 현재 우리 ❹ generation이 갖고 있는 '경쟁, 빈익빈 부익부, 이기주의' 등 여러 사회적 문제를 소설 속에 잘 ❺ mirror했다고 평가하셨다. 다른 분께서도 이 점이 다른 소설과 내소설의 ❻ prominent한 ❼ distinction이라고 하셨다. 그동안 소설 창작을 하느라 ❽ distress가 심했는데, 소설을 위해 기울였던 내 모든 노력이 ❾ triumph로 변하는 순간이었다. 아직도 꿈만 같다. 모두에게 ❿ gratitude한 마음을 가지고 나는 또 멋진 소설을 쓰기 위해서 달려야겠다.

Answer ❶ affection 명 애정, 호의 ❷ marine 형 바다의, 해양의 ❸ liken 동 비유하다, 견주다(to) ❹ generation 명 세대, 산출, 발생 ❺ mirror 동 반사하다, 반영시키다 ❻ prominent 형 현저한, 저명한 ❼ distinction 명 구별, 차이점 ❽ distress 명 고통, 괴로움, 고충, 곤경 ❾ triumph 명 승리 ❿ gratitude 명 감사

Memo

DAY 09

Do your own thing on your own terms
and get what you came here for."
- Oliver James

자신의 일을 자신의 생각대로 해서
이곳에 온 목표를 이루어라.
– 올리버 제임스

공부에 있어서 스스로 동기부여를 하는 것보다 중요한 일은 없습니다. 자신과의 싸움에서 승리해서 최종 목표를 꼭 이룰 수 있기를 바랍니다.

>>> DAY 9 음성 강의

context
[kántekst, 칸텍스트]
명 문맥, 맥락, 상황

2011 in two social contexts
2가지 사회적 맥락 속에서

local [lóukəl, 로우컬]
형 지역의, 현지의

2002 local conflict
지역적 갈등

client [kláiənt, 클라이언트]
명 의뢰인, 고객

2011 keep her existing clients
그녀의 기존의 고객들을 유지하다

biological
[bàiəlάdʒikəl, 바이어라지컬]
형 생물학의

2014 the modern system of biological classification
생물학적 분류의 현대적 체계

bankrupt
[bǽŋkrʌpt, 뱅크럽트]
동 지급 불능으로 만들다, 파산시키다

2016 bankrupt the accounts
계좌를 지급 불능으로 만들다

stable [stéibl, 스테이블]
형 안정된, 견고한

2011 a stable condition
안정된 환경

반의어 unstable(불안정한)

ancient
[éinʃənt, 에인션트]
형 고대의

2015 ancient Greek painter
고대 그리스 화가

ordinary
[ɔ́:rdənèri, 올-더네리]
형 보통의

2009 ordinary consumers
일반 소비자

coordinate
[kouɔ́:rdənèit, 코우올-더네이트]
동 조정하다, 조화시키다

2014 coordinate their actions
그들의 행동을 조정하다

수능에서 정말 중요한 단어!

summit [sʌ́mit, 서미트]
명 정상, 꼭대기

2006 steepest at the summit
정상에서 가장 가파른

cooperation
[kouàpəréiʃən, 코우**아**퍼레이션]
명 협력, 협동

2010 the minimal cooperation
of children
아이들의 최소한의 협력

absent
[ǽbsənt, **앱**선트]
형 부재의, 결석의

2003 absent-mindedness
정신없는 상태

close
[klous, 클로우스 / klouz, 클로우즈]
형 가까운, 접근한 동 닫다

2004 close location
가까운 위치

legal [líɡəl, **리**걸]
형 법률상의

2004 legal authority
법적 권위

role [roul, **로**울]
명 역할, 임무

2003 their role models
그들의 역할 모델

electronic
[ilèktránik, 일렉트**라**닉]
형 전자의

2005 electronic media
전자 매체

rust
[rʌst, **러**스트]
명 녹 동 녹슬다, 부식시키다

2013 rust their proteins
그것들의 단백질을 부식시키다

tragic
[trǽdʒik, **트래**직]
형 비극의

2013 provide an extreme and tragic example
극단적이고 비극적인 사례를 제시하다

concentration
[kànsəntréiʃən, **칸**선트레이션]
명 집중

2003 poor concentration
약한 집중력

promise
[prάmis, **프라**미스]
명 약속, 가능성 동 약속하다

2012 with endless promises
끝없는 가능성과 함께

65

fuss [fʌs, 퍼스]
명 공연한 소란

2010 make a fuss about trifles
하찮은 일에 소란을 떨다

facility [fəsíləti, 퍼실러티]
명 편리함, 시설, 설비

2016 the quality of the roads and public facilities
도로와 공공시설의 질

terminal [tə́:rmənəl, 털-머널]
형 말기의, 불치의, 더이상 손을 쓸 수 없는

2012 seemingly terminal decline
외관상 가망 없는 쇠퇴기

fragment [frǽgmənt, 프래그먼트]
명 파편, 조각

2011 fragments from old songs
오래된 노래의 부분들

detached [ditǽtʃt, 디태치드]
형 떨어진, 분리한

2013 connected yet detached in virtuality
가상에서 관계를 맺었지만 분리된

함께 외우기 detatch (떼다, 분리하다)

soak [souk, 소우크]
통 담그다, 흠뻑 적시다

2015 your clothes soaked
흠뻑 젖은 너의 옷

expertise [èkspə:rtí:z, 엑스펄-티-즈]
명 전문 지식

2008 expertise in multiple area
여러 분야에서 전문 지식

intolerable [intálərəbəl, 인탈러러블]
형 견딜 수 없는

1995 an intolerable state
참을 수 없는 상태

superstition [sù:pərstíʃən, 수-펄스티션]
명 미신

2005 ancient superstition
고대의 미신

commitment [kəmítmənt, 커밋먼트]
명 약속, 전념, 헌신

2012 their commitment to positive behavior
그들의 바람직한 행동에 대한 몰두

gut [gʌt, 갓]
명 창자, 장

2012 smaller guts and mouths
더 작은 창자와 입

dismiss [dismís, 디스미스]
통 묵살하다, 해고하다

2012 dismiss the argument
주장을 묵살하다

diffusion
[difjúːʒən, 디퓨—전]
명 확산, 전파

2007 the extent of diffusion
확산의 범위

enthusiastic
[enθùːziǽstik, 엔쑤—지애스틱]
형 열정적인

2005 enthusiastic support
열정적인 후원

look up
사전을 찾다

2009 look up the word
어휘를 사전에서 찾다

monotonous
[mənátənəs, 머나터너스]
형 단조로운

2006 monotonous experience
단조로운 경험

currency
[kə́ːrənsi, 커—런시]
명 통화, 화폐

1996 currency : coins and bills
현금 : 동전이나 지폐

reflection
[riflékʃən, 리플렉션]
명 반사, 반영, 반성

2010 a reflection of its powerful strength
그것의 강력한 힘의 반영

수능에서 정말 중요한 단어!

omit
[oumít, 오우밑]
통 빼다, 빠뜨리다, 생략하다

1994 omit a word
한 단어를 생략하다

artifact
[áːrtəfὰkt, 알—터팩트]
명 인공물, 가공품

2009 physical artifacts
물리적인 인공물

오늘 배운 단어들의 의미를 생각하면서 아래 일기를 읽어 보세요.

오늘 우리 마을에 인공 폭포가 생겼다. 주민들이 여름에 시원하게 쉴 수 있도록 하기 위한 ❶ facility 인데, 나는 이 시설이 우리 마을의 모습과 ❷ coordinate하지 못한다고 생각한다. 우리 마을은 전통적인 모습을 갖추고 있었는데, 최근 들어 많은 ❸ artifact들이 생기면서 사람들 사이에서 마을이 전통을 잃어간다는 인식이 ❹ diffusion되고 있다. ❺ expertise를 갖춘 사람들은 이런 현상들에 대해서 대책을 세워야 한다고 마을 사람들의 ❻ cooperation을 요구하기도 했다. 하지만 이런 의견들은 개발을 원하는 세력들에 의해서 ❼ dismiss되고 있다. ❽ ancient 문화를 지켜나가는 것은 우리의 중요한 ❾ role이라고 생각한다. 아무리 시대가 발전해도 옛 문화를 무시하고 개발에만 ❿ concentration을 쏟는다면, 우리 미래는 결코 밝지 못할 것이다.

Answer ❶ facility 몡 편리함, 시설, 설비 ❷ coordinate 통 조정하다, 조화시키다 ❸ artifact 몡 인공물, 가공품 ❹ diffusion 몡 확산, 전파 ❺ expertise 몡 전문 지식 ❻ cooperation 몡 협력, 협동 ❼ dismiss 통 묵살하다, 해고하다 ❽ ancient 혱 고대의 ❾ role 몡 역할, 임무 ❿ concentration 몡 집중

Memo

DAY 10

Flatter yourself critically.
- *Willis Goth Regier*

자기 자신을 비판적으로 칭찬하라.
– 윌리스 고스 리기어

때로는 스스로를 비판해야 하지만, 또 때로는 스스로를 칭찬해주어야 합니다. 이 2가지를 동시에 해결하는 방법은 바로 자기 자신을 비판적으로 칭찬하는 것입니다.

>>> DAY 10 음성 강의

community
[kəmjúːnəti, 커뮤—너티]
명 지역사회, 공동체

2001 community baseball team
지역사회 야구팀

sequence
[síːkwəns, 시—퀀스]
명 연속적인 사건들, 순서

2016 have connection and sequence
연관성과 순서를 가지다

perform [pərfɔ́ːrm, 펄폼—]
동 수행하다, 공연하다

2003 performing arts
공연 예술

account
[əkáunt, 어카운트]
명 계좌, 장부, 설명

2008 open a bank account
은행 계좌를 개설하다

다양한 의미를 기억하세요!

annual
[ǽnjuəl, 애뉴얼]
형 매년의, 연례의

2015 annual change
해마다의 변화

narrow [nǽrou, 내로우]
형 폭이 좁은

1994 a narrow range
좁은 범위

breakdown
[bréikdàun, 브레잌다운]
명 고장, 파손

1997 breakdown of a bus
버스의 고장

drought [draut, 드라우트]
명 가뭄

1995 the drought victims
가뭄의 희생자

removal
[rimúːvəl, 리무—벌]
명 제거, 철수

2005 dirt removal
먼지 제거

modest [mádist, 마디스트]
형 겸손한, 알맞은, 적당한

1995 modest house
적당한 집

hang [hæŋ, 행]
동 매달다, 걸다

2011 hang in the back of a closet
벽장 뒤편에 걸려 있다

navigate
[nǽvəgèit, 내버게이트]
동 길을 찾다, 항해하다

2012 navigate while driving
운전하는 동안 길을 찾다

lease [liːs, 리-스]
명 임대차 계약
동 임대하다

1998 two year lease
2년 간의 임대

awesome
[ɔ́ːsəm, 어-썸]
형 엄청난, 굉장한

2007 the awesome feeling
굉장한 느낌

trigger
[trígəːr, 트리걸-]
동 일으키다, 유발하다

2014 trigger the problems
문제들을 일으키다

command [kəmǽnd, 커맨드]
명 명령, 지휘, 통솔
동 명령하다, 지휘하다

1997 someone in command
지휘하는 누군가

peel [piːl, 필-]
명 (과일의) 껍질
동 껍질을 벗기다

2007 the fruit peel
과일 껍질

input [inpùt, 인풋]
명 투입, 참여

2013 local citizen input and knowledge
지역 주민의 참여나 지식

property
[prápərti, 프라펄티]
명 재산

2007 property crime
재산 범죄

virtually
[vɔ́ːrtʃuəli, 별-츄얼리]
부 사실상, 거의, 가상적으로

2010 virtually impossible plan
사실상 불가능한 계획

수능이 사랑하는 부사에요!

identity
[aidéntəti, 아이덴터티]
명 신원, 신분, 정체, 일체성

1997 ethnic identity
인종적 정체성

반드시 외워야 하는 단어!

extend [ıksténd, 익스텐드]
통 연장하다

2015 extend his arm
그의 팔을 늘리다

geometry
[ʤiːámətri, 지-아머트리]
명 기하학

1998 geometry problems
기하학 문제

adversity
[ædvə́ːrsəti, 애드벌-서티]
명 역경, 불행

2007 great adversity
커다란 역경

transaction
[trænsǽkʃən, 트랜색션]
명 (업무)처리, 거래

2010 transaction between companies
기업 간의 거래

occasion [əkéiʒən, 어케이젼]
명 (특정한) 경우, 행사

2002 special occasion
특별한 행사

look forward to
~를 고대하다

2012 look forward to your response
당신의 답변을 고대하다

함께 외우기 [look forward to + 명사]의 형태로 활용!

dominate
[dámənèit, 다머네이트]
통 지배하다, 통치하다

2014 dominate their awareness
그들의 의식을 지배하다

precise [prisáis, 프리사이스]
형 정밀한, 정확한

2013 the precise frequencies
정확한 진동수

supposedly
[səpóuzdli, 서포우즈들리]
부 추측건대, 아마도

2013 is supposedly diminished
추측건대 감소되다

함께 외우기 suppose (생각하다, 추정하다)

crucially [kru:ʃly, 크루-셜리]

부 결정적으로

2016 becomes crucially important
결정적으로 중요해지다

determination

[ditə̀:rmənéiʃən, 디털-머네이션]

명 결심, 결단력

2003 firm determination
확고한 결심

glance [glæns, 글랜스]

명 흘끗 봄, 한 번 봄

2012 a glance at the shelves
선반을 슬쩍 보기만 함

uphold

[ʌdphóuld, 업호울드]

동 떠받치다, (들어)올리다

2011 the positive instances that uphold it
그것을 뒷받침하는 긍정적인 예

inherent

[inhíərənt, 인히런트]

형 내재하는, 고유한

2016 the inherent ambiguity and adaptability of
language
언어의 고유한 모호성과 적응성

reflect

[riflékt, 리플렉트]

동 반사하다, 반영하다, 반성하다

2003 reflect human achievements
인간의 업적을 반영하다

수능에서 매우 중요한 단어!

resilience

[rizíljəns, 리질리언스]

명 회복력, 복원력

2014 build positive resilience
긍정적인 회복력을 키우다

심리학에서 중요한 개념이죠!

physiology

[fiziálədʒi, 피지알러지]

명 생리학, 생리 기능

2011 the systems in animal
physiology
동물의 생리 체계

함께 외우기
physiological(생리학적인)

outcome

[áutkʌm, 아웃컴]

명 결과

2011 have control of the outcome
결과를 통제하다

take ~ for granted

~을 당연시하다

2012 take it for granted that~
~를 당연시하다

Misson! Read My Diary

오늘 배운 단어들의 의미를 생각하면서 아래 일기를 읽어 보세요.

오늘 '부정적인 생각이 자신을 ❶ dominate할 때 벗어나는 법'이라는 주제의 강연을 들었다. 연사님께서는 여러분들의 인생에서 ❷ crucially하게 생각하는 것이 무엇인지 생각해보라고 하셨다. 한 친구는 ❸ adversity라고, 또 다른 친구는 ❹ modest한 자세라고 했다. 연사님께서는 인생에서 중요한 것은 그런 ❺ narrow한 것이 아니라 내 안에 ❻ inherent한 나의 ❼ identity라고 하셨다. 내가 힘들 때 무너지지 않고 나를 ❽ uphold하는 것은 바로 내 안의 '나'라는 것이다. 그리고 우리의 인생을 공연에 비유하셨다. 내 인생의 공연을 ❾ awesome하게 ❿ perform할 수 있도록, 그 주인공인 '나'를 찾아야 한다고 말이다. 강연을 들은 후 나는 '나'를 찾기 위해 노력할 것을 다짐했다.

Answer ❶ dominate 통 지배하다, 통치하다 ❷ crucially 부 결정적으로 ❸ adversity 명 역경, 불행 ❹ modest 형 겸손한, 알맞은, 적당한 ❺ narrow 형 폭이 좁은 ❻ inherent 형 내재하는, 고유한 ❼ identity 명 신원, 신분, 정체, 일체성 ❽ uphold 통 떠받치다, (들어)올리다 ❾ awesome 형 엄청난, 굉장한 ❿ perform 통 수행하다, 공연하다

Memo

DAY 11

I have no special talent.
I am only passionately curious.
- Albert Einstein

나에게 특별한 능력은 없다.
다만 호기심에 대한 열정이 있을 뿐이다.
– 알버트 아인슈타인

천재 물리학자 알버트 아인슈타인도 자신에게는 특별한 능력이 없고 다만 호기심에 대한 열정이 있을 뿐이라고 했습니다. 여러분도 호기심에 대한 열정을 가지고 있나요? 그렇다면 학문에서 이룰 수 없는 것은 없습니다.

>>> **DAY 11 음성 강의**

masterpiece
[mǽstəːrpiːs, 매스털-피-스]
명 걸작

2010 the public's opinions of the masterpiece
걸작에 대한 대중의 의견

retrospect
[rétrəspèkt, 레트러스펙트]
명 회고, 회상

2014 in retrospect
돌이켜 생각해보면

faint [feint, 페인트]
형 어렴풋한, (빛이) 희미한

2011 the faint scent of pine
옅은 소나무 향

refute [rifjúːt, 리퓨-트]
동 반박하다, 이의를 제기하다

2013 the evidence that refutes it
그것에 반대되는 증거

put off
연기하다, 미루다

2009 put off doing his report
그의 과제 작성을 연기하다

함께 외우기 put on
(~을 입다/쓰다/걸치다)

crucial [krúːʃəl, 크루-셜]
형 결정적인, 중대한

2006 crucial decisions
중대한 결정

permanent
[pə́ːrmənənt, 펄-머넌트]
형 영구적인, 영속적인

2016 jobs may not be permanent
직업들은 영원하지 않을 것이다

remark
[rimáːrk, 리말-크]
명 발언, 말, 언급 **동** 말하다, 언급하다

1998 witty remarks
재치 있는 말

duration
[djuəréiʃən, 듀레이션]
명 내구, 지속

2008 the duration of the flight
비행의 지속

serious
[síəriəs, 시리어스]
형 진지한, 심각한

2013 serious environmental changes
심각한 환경의 변화들

fund [fʌnd, 펀드]
명 자금, 기금

2008 a fund-raising party
기금모금 파티

ease [iːz, 이-즈]
동 (아픔을) 덜다, 완화하다

1998 ease the tension
긴장을 풀다

vegetarian
[vèdʒətéəriən, 베저테리언]
명 채식주의자

2007 a vegetarian meal
채식주의자용 식사

sensible
[sénsəbəl, 센서벌]
형 분별력 있는

2005 sensible investment
분별력 있는 투자

함께 외우기 sensitive
(예민한, 섬세한)

consistent
[kənsístənt, 컨시스턴트]
형 일관된, 지속적인

2015 consistent research finding
일관된 연구 발견

수능에서 중요한 단어!

temporary
[témpərèri, 템퍼레리]
형 일시적인, 임시의

2010 a temporary remedy
일시적 치료

neutral
[njúːtrəl, 뉴-트럴]
형 중립의

2009 neutral territory
중립 지역

polar
[póulər, 포울럴]
형 북극(남극)의, 극지의, 정반대의

2007 polar bears
북극곰

ray
[rei, 레이]
명 광선

2012 light rays from the outside world
외부 세계로부터의 광선

stick to
~을 계속하다, 고집하다

1994 stick to academics
학문을 고집하다

ritual [rítʃuəl, 리츄얼]
명 (종교적) 의식, 예배식

1994 ritual of eating
식사 의례(의식)

dread [dred, 드레드]
동 두려워하다, 무서워하다

2014 dread going into his classroom
그의 교실에 들어가는 것을 두려워하다

interfere [intərfiər, 인털피얼]
동 간섭하다, 방해하다

2014 approve of the child's play without interfering
간섭하지 말고 아이의 놀이를 인정하다

besiege [bisí:dʒ, 비시—쥐]
동 포위 공격하다, ~을 에워싸다

2012 are besieged by information
정보에 둘러싸이다

hypothesis
[haipáθəsis, 하이파써시스]
명 가설, 가정

2012 the kinship-based alarm-calling hypothesis
친족에 근거한 경고음 가설

수능에서 정말
중요한 단어!

bilingual
[bailíŋgwəl, 바이링구얼]
형 2개 언어를 할 줄 아는, 이중 언어 사용자의

2006 bilingual program
2개 언어 프로그램

sacrifice
[sǽkrəfàis, 새크러파이스]
명 희생 동 희생하다

2015 sacrifice happiness for money
돈을 위해 행복을 희생하다

stake [steik, 스테이크]
명 이해관계, 내기에 건 돈

2009 the highest stakes
가장 높은 이해관계

composer
[kəmpóuzər, 컴포우절]
명 작곡가, 구성자

2003 a modern music composer
현대 음악 작곡가

함께 외우기 compose
(구성하다, 작곡하다)

perspective
[pəːrspéktiv, 펄—스펙티브]
명 관점, 시각, 균형감, 원근법

2005 perspective using geometry
기하학을 사용한 원근법

다양한 의미를 기억하세요!

dormant
[dɔ́ːrmənt, 돌—먼트]
형 잠자는, 정지한, 휴면중의

2013 remain dormant for months
여러 달을 휴면 상태로 남아 있다

reference
[réfərəns, 레퍼런스]
명 언급, 참조, 참고

2015 reference to the passage of time
시간의 경과에 대한 언급

parasitic
[pæ̀rəsítik, 패러시틱]
형 기생하는, 기생충의

2010 parasitic relationship
기생관계

mutual
[mjúːtʃuəl, 뮤—츄얼]
형 서로의, 상호간의

2009 mutual agreement
상호 동의

welfare
[wélfɛəːr, 웰페얼—]
명 복지, 후생, 행복

2004 social welfare
사회 복지

be charged with
~로 가득 채워지다,
~책임을 맡고 있다

2010 be charged with a task
일의 책임을 맡고 있다

dispersal
[dispə́ːrsəl, 디스펄—설]
명 분산, 확산

2012 this male-biased dispersal
이러한 수컷에 편향된 분산

outlook [áutlùk, 아웃룩]
명 관점, 세계관, 전망

2004 his mental outlook
그의 정신적 세계관

testimony
[téstəmòuni, 테스터모우니]
명 증언

2013 testimony from members
구성원들의 증언

법정 관련 단어에요.
witness(증인) 알죠?

literally [lítərəli, 리터럴리]
부 문자(말) 그대로

2013 both symbolically and literally
상징적으로, 그리고 말 그대로

오늘 배운 단어들의 의미를 생각하면서 아래 일기를 읽어 보세요.

오늘 유명 작가의 ❶ retrospect전에 다녀왔다. 이 작가는 수많은 ❷ masterpiece를 남긴 것으로 유명하다. 그는 회화 작품은 물론 좋은 시도 많이 남겼다. 그 중에서 나는 '우리의 삶 속에서 ❸ permanent 한 것들'이라는 시를 가장 좋아한다. 이 시를 ❹ literally하게 해석하면 사랑의 중요성을 논하는 것으로 보인다. 하지만 이 시는 사회의 ❺ crucial한 문제인 인간 삶의 질, 그리고 ❻ welfare에 대해 다룬다. 그의 작품에는 작가가 세상을 바라보는 ❼ perspective가 담겨 있다. 그는 사회적으로 의미 있는 활동을 많이 했는데, 기부를 위한 ❽ fund를 모으는 등 자신을 ❾ sacrifice해서 사회에 많은 선한 영향력을 미쳤다. 그는 늘 사회에 도움이 되겠다는 자신의 원칙에 ❿stick to했다. 나도 그처럼, 우리 사회에 도움이 되는 사람이 되고 싶다.

Answer ❶ retrospect 명 회고, 회상 ❷ masterpiece 명 걸작 ❸ permanent 형 영구적인, 영속적인 ❹ literally 부 문자(말) 그대로 ❺ crucial 형 결정적인, 중대한 ❻ welfare 명 복지, 후생 ❼ perspective 명 관점, 시각, 균형감, 원근법 ❽ fund 명 자금, 기금 ❾ sacrifice 명 희생 동 희생하다 ❿ stick to 동 ~을 계속하다, 고집하다

Memo

DAY 12

If there is no price to be paid,
it is also not of value.
- *Albert Einstein*

대가를 지불하지 않아도 되는 일은
아무런 가치가 없다 .
– 알버트 아인슈타인

가치 있는 일을 이루려면 분명히 대가가 따르는 법입니다. 지금 하고 있는 공부가 힘들고 귀찮을 수도 있지만 이는 그만큼 공부가 가치 있다는 증거랍니다. 달콤하고 편하기만 한 것들은 우리 인생에 도움이 되지 않아요.

>>> DAY 12 음성 강의

수능기본영단어

adjust
[ədʒʌ́st, 어드져스트]
동 맞추다, 조정하다

2011 adjust to Korean university life
한국의 대학 생활에 적응하다
수능에서 정말 중요한 단어!

diverse [daɪvɜ́ːrs, 다이벌-스]
형 다양한

2015 culturally diverse students
문화적으로 다양한 학생들

absorb [əbs(z)ɔ́ːrb, 어브솔-브]
동 흡수하다

2011 absorb heat
열기를 흡수하다

account for
설명하다, 차지하다

2011 account for over 40%
40% 이상을 차지하다
2가지 의미 모두 정말 중요한 단어!

nursing [nɔ́ːrsiŋ, 널-싱]
명 간호, 간호직 형 간호하는

2008 nursing home
요양소

prone [proun, 프로운]
형 ~하기 쉬운, ~의 경향이 있는

2012 be prone to anxieties
걱정에 빠지기 쉽다
함께 외우기 be prone to (~하기 쉽다)

asset [ǽset, 애셋]
명 자산, 재산

2010 abundant assets
풍부한 자산

tropical
[trápikəl, 트라피컬]
형 열대지방의

2006 the tropical island
열대지역 섬

sigh [sai, 사이]
동 한숨 쉬다 명 한숨

1998 a sigh of relief
안도의 한숨

offend [əfénd, 어펜드]
동 기분 상하게 하다

2015 offend the hearer
듣는 사람을 기분 상하게 하다

conference
[kánfərəns, 칸퍼런스]
명 회담, 협의

2000 international Tourism Conference
국제 관광사업 회의

nuclear

[njúːkliə:r, 뉴-클리-어]

형 핵의

2004 nuclear-explosion test
핵폭발 실험

scheme

[skiːm, 스킴-]

명 계획, 제도

2015 scheme of nature
자연의 계획

competitive

[kəmpétətiv, 컴페터티브]

형 경쟁의, 경쟁력 있는

2011 loosely structured, competitive community
느슨하게 조직된, 경쟁에 기반한 사회

broadcasting

[brɔ́ːdkæstiŋ, 브로-드캐스팅]

명 방송

2009 television broadcasting
텔레비전 방송

proper

[prápər, 프라퍼]

형 적절한, 적당한

2003 proper understanding
적절한 이해

successive

[səksésiv, 석세시브]

형 잇따른, 연속하는

2012 four successive marriages
4번의 연속된 결혼

'성공'이라는 의미가 아니에요!

private

[práivit, 프라이비트]

형 사적인, 개인에 속하는

2012 about the public and private self
공적 자아와 사적 자아에 관해

valid

[vǽlid, 밸리드]

형 유효한, 근거가 확실한

2014 university students with a valid ID
유효한 신분증이 있는 대학생

pupil

[pjúːpəl, 퓨-플]

명 학생, 문하생

1995 the parents of the pupils
학생의 부모들(학부모들)

attachment
[ətǽtʃmənt, 어태취먼트]
몡 접착, 애정, 애착

2011 form attachments to certain clothes
특정 옷에 대한 애정을 형성하다

flush [flʌʃ, 플러쉬]
통 붉어지다, 홍조를 띠다

1994 flush and falter
얼굴이 빨개지고 말을 더듬다

intervention
[intərvénʃən, 인털벤션]
몡 중재, 간섭

2012 the intervention of the camera
카메라의 개입

> 함께 외우기
> intervene
> (개입하다, 끼어들다)

salient [séiliənt, 세일리언트]
혱 가장 중요한, 핵심적인

2015 the salient object
중요한 물체

execute [éksikjùːt, 엑시큐―트]
통 (계획 따위를) 실행하다, 실시하다

2010 execute a plan
계획을 실행하다

> 너무나 중요한 단어!

underpin [ʌndərpín, 언덜핀]
통 뒷받침하다, 지지하다, 토대를 보강하다

2013 underpin online acquaintanceship
온라인상에서 아는 사이임을 지지하다

unparalleled
[ʌnpǽrəlèld, 언패럴렐드]
혱 비할 데 없는

2012 its unparalleled influence
그것의 비할 데 없는 영향력

precipitation
[prisipətéiʃən, 프리시퍼테이션]
몡 낙하, 강수량

2010 slight precipitation
적은 강수량

fulfill
[fulfil, 풀필]
통 이행하다, 완수하다

2001 fulfill roles
역할을 이행하다

noble
[nóubəl, 노우블]
혱 고상한, 숭고한

2003 one noble purpose
하나의 고상한 목적

sophisticated
[səfístəkèitid, 서피스터케이티드]
형 정교한, 세련된, 고급의

2012 use pretty sophisticated language
꽤 정교한 언어를 사용하다

수능에서 중요한 단어!

beneficial
[bènəfíʃəl, 베너피셜]
형 유익한, 수익을 얻는

2014 not beneficial to science
과학에는 이롭지 못한

verbal [və́:rbəl, 벌—벌]
형 말의, 구두의

2008 verbal contract
구두 계약

ambivalent
[æmbívələnt, 앰비벌런트]
명 양면 가치의

2013 those fruits are ambivalent
그러한 성과들은 양면적인 가치를 가진다

dwindle
[dwíndl, 드윈들]
동 줄다, 작아지다

2011 the company's dwindling revenue
회사의 감소되는 수익

함께 외우기
dwindling(줄어드는)

intense [inténs, 인텐스]
형 맹렬한, 강렬한

2011 intense programs of strength training
체력 훈련 집중 프로그램

evaluate
[ivǽljuèit, 이밸류에이트]
동 평가하다

2011 have your work evaluated
당신의 작품을 평가받다

함께 외우기
evaluation(평가)

vice versa
[váisə-vé:rsə, 바이서—벌—서]
반대로, 거꾸로, 반대로도 또한 같음

2012 rather than vice versa
그 반대의 경우보다는

astronomical
[æ̀strənámikəl, 애스트러나미컬]
형 천문학의, 어마어마한

2004 astronomical show
천문학의 쇼

starve
[stɑːrv, 스탈—브]
동 굶주리다, 굶어죽다

2008 starving children
굶주리는 아이들

오늘 배운 단어들의 의미를 생각하면서 아래 일기를 읽어 보세요.

오늘 인상적인 ❶ broadcasting 프로그램을 봤다. 제목은 '❷ tropical 사람들의 ❸ sigh'였다. 요즘 원주민들의 고유하고 ❹ diverse한 문화가 서양의 문화들에 ❺ absorb되고 있다고 한다. 조상들이 ❻ attachment를 가지고 수백 년간 보존해 온 ❼ salient한 문화가 후손들이 개발만을 추구하면서 파괴되고 있다. 원주민 대표는 "우리 고유의 문화를 잃고 있는 시점에서 ❽ beneficial한 ❾ scheme만을 세워서는 안 된다."라고 말했다. 어느 문화나 그 자체로 독립적이고 ❿ noble하다. 나는 세상의 모든 문화가 부디 잘 보존되기를 기원해 본다.

Answer ❶ broadcasting 명 방송 ❷ tropical 형 열대지방의 ❸ sigh 통 한숨 쉬다 명 한숨 ❹ diverse 형 다양한 ❺ absorb 통 흡수하다 ❻ attachment 명 접착, 애정, 애착 ❼ salient 형 가장 중요한, 핵심적인 ❽ beneficial 형 유익한, 수익을 얻는 ❾ scheme 명 계획, 제도 ❿ noble 형 고상한, 숭고한

Memo

DAY 13

A man is not finished when he is defeated.
He is finished when he quits.
- Richard Nixon

인간은 패배했을 때 끝나는 것이 아니다.
포기했을 때 끝나는 것이다.
– 리처드 닉슨

공부를 하다 보면 패배감이 느껴질 수도 있습니다. 하지만 리처드 닉슨의 말대로 사람은 패배하고 다시 일어서지 않고 포기했을 때, 그때가 바로 끝나는 시점입니다. 우리에게 포기는 없습니다.

≫ DAY 13 음성 강의

candidate
[kǽndidèit, 캔디데이트]
몡 후보자, 지원자

2012 attractive candidates
매력적인 후보자들

anticipate
[æntísəpèit, 앤티서페이트]
동 예상하다

2012 for an anticipated threat
예상된 위협에 대해

essential [isénʃəl, 이센셜]
혱 근본적인, 필수의

2001 essential skill
꼭 필요한 기술

financial [fainǽnʃl, 파이낸셜]
혱 재정상의

2003 financial crisis
재정적 위기

shame [ʃeim, 셰임]
몡 부끄럼, 수치, 창피

2012 from shame and guilt
수치심과 죄책감에서

nutrient
[njúːtriənt, 뉴-트리언트]
몡 영양소, 영양제

2011 rich in minerals and nutrients
무기질과 영양분이 풍부한

consumption
[kənsʌ́mpʃən, 컨섬션]
몡 소비, 소모

2002 the consumption of rice
쌀의 소비

함께 외우기 consume
(소모하다, 소비하다)

apology [əpálədʒi, 어팔러지]
몡 사과, 변명

2012 sincere apology
진지한 사과

interaction
[intərǽkʃən, 인터랙션]
몡 상호 작용

2017 on-line interaction with people
사람들과의 온라인 상호 작용

output
[áutpùt, 아웃풋]
몡 생산량, 산출량

2009 total output of all the periods
모든 시기의 총생산량

reaction [riːǽkʃən, 리-액션]
명 반응, 반작용

2009 negative reaction
부정적인 반응

volunteer
[vὰləntíər, 발런티어]
명 자원봉사자 통 자발적으로 하다

2001 coworkers and volunteers
동료노동자와 자원봉사자

primitive
[prímətiv, 프리머티브]
형 원시의, 원시시대의

1996 in primitive times
원시시대에

indicate
[índikèit, 인디케이트]
통 나타내다, 가리키다

2015 indicate the direction
방향을 가리키다

gust [gʌst, 거스트]
명 돌풍

1998 occasional gusts of wind
때때로 부는 돌풍

faith [feɪθ, 페이쓰]
명 믿음, 신뢰

2015 a similar faith
유사한 믿음

devotion
[divóuʃən, 디보우션]
명 헌신, 몰두, 전념

2015 devotion to each of his
paintings
그의 각각의 작품에 대한 헌신

함께 외우기 devote(헌신하다)

warehouse
[wέərhàus, 웨얼하우스]
명 창고, 저장소

1998 his company's warehouse
그의 회사 창고

objective
[əbdʒéktiv, 어브젝티브]
명 목적, 목표
형 객관적인

2005 objective of our committee
우리 위원회의 목적

consciousness
[kánʃəsnis, 칸셔스니스]
명 의식, 자각

2001 lose consciousness
의식을 잃다

absurd [əbsə́ːrd, 업설—드]
휑 불합리한, 터무니없는

1998 absurd situation
터무니없는 상황

assessment
[əsésmənt, 어쎄스먼트]
명 평가

2016 plan common assessments
공동의 평가를 계획하다

inevitable
[inévitəbl, 인에비터블]
휑 불가피한, 필연적인

2016 inevitable social and mental trauma
피할 수 없는 사회적·정신적 외상

elevation
[èləvéiʃən, 엘러베이션]
명 승진, 해발, 고도

2005 elevation of 1,350m
해발 1,350미터

vigor [vígər, 비걸]
명 활기, 활력, 생기

2011 set the stage for more vigor
좀더 활력을 불어넣기 위해 사전
준비를 하다

함께 외우기 vigorous
(활발한, 격렬한)

diminish [dimíniʃ, 디미니쉬]
동 감소시키다

2015 diminish learning
학습을 감소시키다

determine
[ditə́ːrmin, 디털—민]
동 결정하다

2013 determine the fact of given policy situation
주어진 정책 상황의 사실을 결정하다

contribution
[kɑːntribjúːʃn, 칸—트리뷰—션]
명 기여, 공헌

2004 a positive contribution
긍정적인 공헌

함께 외우기 contribute
(기여하다, ~한 원인이 되다)

authentic [ɔːθéntik, 어—쎈틱]
휑 믿을 만한, 진짜의

2014 develop authentic self-esteem
진정한 자존감을 키우다

delivery
[dilívəri, 딜리버리]
명 배달, 전달

2010 stop delivery to his home
그의 집으로 배달을 중단하다

mimic [mímik, 미믹]

동 흉내 내다

2010 mimic an accent
말씨를 흉내 내다

chronically

[kránikəli, 크라니컬리]

부 만성적으로

2012 have chronically high anxiety
만성적으로 많은 걱정을 하다

paralyze

[pǽrəlàiz, 패럴라이즈]

동 마비시키다

2007 paralyzed legs
마비된 다리

guarantee

[gæ̀rəntíː, 개런티-]

명 보장 동 보장하다

2002 guarantee their safety
그들의 안전을 보장하다

invariable

[ínveriəbl, 인배리어블]

형 변함없는, 변치 않는

2016 laws of space and time invariable
변함없는 공간과 시간의 법칙들

margin [máːrdʒin, 말-진]

명 가장자리, 여백(여지)

2013 provide individuals with a margin of safety
안전에 대한 여지를 제공하다

organism

[ɔ́ːrgənizəm, 올-거니즘]

명 생물체

2004 dead bodies of organisms
생물의 시체

perception

[pərsépʃən, 펄셉션]

명 지각, 인식

2008 perception of color
색의 인식

rhetorical

[ritɔ́ːrikl, 리토-리컬]

형 수사학의, 화려한

2013 rhetorical vagueness
화려하면서 애매모호한 표현

magnitudes

[mǽgnətjùːd, 매그너튜-드]

명 크기, 양

2009 equal magnitudes
동일한 크기

오늘 배운 단어들의 의미를 생각하면서 아래 일기를 읽어 보세요.

오늘 학교에서 안타까운 일이 있었다. 최근에 당선된 학생회장 ❶ candidate가 선거운동 준비 과정에서 발생한 비도덕적인 ❷ financial 문제에 대해서 공개적으로 ❸ apology했다. 아직 임기가 시작되지 않은 상황에서, 그들이 ❹ absurd하게 많은 비용을 선거에 사용했다는 게 밝혀졌다. 자신들의 선거를 도와주는 ❺ volunteer들에게 금전적인 대가를 제공하고 그동안 이 사실을 비밀로 한 것이다. 하지만 누구나 ❻ anticipate할 수 있듯이, 진실은 밝혀지기 마련이다. 결국 진실은 밝혀졌고, 당선된 학생회장은 학우들의 ❼ faith를 저버려 죄송하다며 선거 과정에서 발생한 ❽ inevitable한 비용 지출이었고 위법은 아니라고 해명했다. 친구들은 과연 그를 ❾ authentic한 학생회장으로 인정할까? 앞으로 그가 학교에 어떤 ❿ contribution을 할지 지켜봐야 하겠지만 이 사건은 영원히 그의 꼬리표가 될 것이다.

Answer
❶ candidate 몡 후보자, 지원자 ❷ financial 혱 재정상의 ❸ apology 몡 사과, 변명 ❹ absurd 혱 불합리한, 터무니없는 ❺ volunteer 몡 자원봉사자 ❻ anticipate 통 예상하다 ❼ faith 몡 믿음, 신뢰 ❽ inevitable 혱 불가피한, 필연적인 ❾ authentic 혱 믿을 만한, 진짜의 ❿ contribution 몡 기여, 공헌

Memo

DAY 14

Only one who devotes himself to a cause with
his whole strength and soul can be a true master.
For this reason mastery demands all of a person.
- Albert Einstein

어떤 일에 온 힘과 영혼을 부은 사람만이
진정한 전문가가 될 수 있다.
이런 이유로 숙달은 그 사람의 모든 것을 요구한다.
– 알버트 아인슈타인

진정한 전문가가 되기 위해선 온 힘과 영혼을 쏟아부어야 한다고 합니다. 여러분도
영어의 전문가가 되기 위해서는 자신의 모든 것을 쏟아부어야 합니다. 힘을 내세요!

>>> DAY 14 음성 강의

productive
[prədʌ́ktiv, 프러덕티브]
형 생산적인

²⁰⁰³ productive composer
많은 곡을 쓰는 작곡가

substitute
[sʌ́bstitjùːt, 섭스티튜-드]
통 대신하다, 대치되다

²⁰¹¹ substituting a more pleasant,
less objectionable way
더 듣기 좋고 불쾌감이 덜한
방식으로 대체하는 것

함께 외우기 substitute B for A
(A를 B로 대체하다)

general
[dʒénərəl, 제너럴]
형 일반의, 보통의

²⁰⁰⁴ general shape of body
신체의 일반적인 모양

capital [kǽpitl, 캐피틀]
명 수도, 자본, 대문자

¹⁹⁹⁸ venture capital
벤처 자본

뜻이 많은 단어!

violent [váiələnt, 바이얼런트]
형 폭력적인, 격렬한, 극심한

¹⁹⁹⁶ violent storm
심한 폭풍

announcement
[ənáunsmənt, 어나운스먼트]
명 알림, 공고

²⁰⁰⁹ continued announcement
계속되는 안내방송

cellular [séljələr, 셀룰러]
형 세포로 된

²⁰¹³ tiny cellular factories of energy
아주 작은 에너지 세포 공장

stem [stem, 스템]
명 줄기, 대 통 생기다, 유래하다

²⁰⁰⁴ the rotting tree stems
썩고 있는 나무 줄기들

함께 외우기 stem from
(~에서 생겨나다)

accuracy [ǽkjərəsi, 애큐러시]
명 정확, 정밀

²⁰¹² with great accuracy
아주 정확하게

함께 외우기 accurate
(정확한)

recruit
[rikrúːt, 리크루-트]
통 모집하다

²⁰¹⁴ recruit future leaders
미래의 지도자들을 모집하다

vivid [vívid, 비비드]
형 생생한, 생기에 찬

2009 vivid imagination
생생한 상상

thoughtful
[θɔ́ːtfəl, 쏘-우트플]
형 생각이 깊은

1999 thoughtful behavior
생각 깊은 행동

frustration
[frʌstréiʃən, 프러스트레이션]
명 좌절(감)

1997 frustrations in the class
수업 시간의 좌절감

urge [ə:rdʒ, 얼-쥐]
명 강한 충동, 몰아댐
동 재촉하다, 강요하다

2008 an irresistible urge
저항할 수 없는 충동

함께 외우기 urge A to B
(A가 B하도록 재촉하다)

aim [eim, 에임]
명 목적, 목표
동 겨누다, 목표 삼다

2018 the basic aim of a nation
한 나라의 기본적인 목표

confident
[kánfidənt, 칸피던트]
형 자신감 있는, 확신하는

2015 become more confident and active
더 자신감 있고 활동적으로 되다

optical [áptikəl, 압티컬]
형 눈의, 시각의

2014 many optical illusions
많은 시각적 착각

workforce
[wə:rkfɔ:rs, 월-크폴-스]
명 노동력, 노동자

2003 the required workforce
필요한 인력

witness
[wítnis, 위-트니스]
명 증인, 목격자 동 목격하다

2002 witness their struggles
투쟁을 목격하다

astonished
[əstániʃt, 어스타니쉬드]
형 깜짝 놀란

2003 astonished child
깜짝 놀란 아이

humble [hʌ́mbəl, 험블]
형 겸손한, 겸허한

1997 humble feeling
소박한 느낌

motivate
[móutəvèit, 모우터베이트]
동 동기를 주다, 자극하다

2013 motivate you to jump out
of the way 빨리 뛰쳐나오는
동기를 부여하다

함께 외우기 motivate A to B
(A가 B하도록 자극하다)

interpret
[intə́ːrprit, 인털-프리트]
동 해석하다

2011 interpret the events and motives
사건들과 동기를 해석하다

capacity
[kəpǽsəti, 커패서티]
명 용량, 수용력, 능력

2011 a large amount of their mental capacity
막대한 양의 정신 능력

experiment
[ikspérimənt, 익스페리먼트]
명 실험, 시험 동 실험하다

2015 his experiments with electricity and magnetism
그의 전기와 자성에 관한 실험

criteria
[kraitíəriə, 크라이티어리아]
명 표준, 기준

1997 vague criteria
애매한 판단기준

genuine
[ʤénjuin, 제뉴인]
형 진짜의

1998 a genuine opportunity
진정한 기회

consistency
[kənsístənsi, 컨시스턴시]
명 일관성

2016 the consistency with which
symbols are used
상징들이 사용되는 일관성

함께 외우기 consistent
(한결같은, 일관된)

advocate
[ǽdvəkit, 애드버키트]
명 옹호자 동 옹호(지지)하다

2015 advocate their own culture
그들 자신의 문화를 옹호하다

fury [fjʊəri, 퓨리]

명 분노, (전쟁·폭풍우 등의) 격렬, 맹위

2015 the fury of the elements
맹렬한 폭풍우

evaporation
[ivǽpəréiʃən, 이배퍼레이션]
명 증발

2012 the continued evaporation
계속된 증발

transition [trænzíʃən, 트랜지션]
명 변천, 변화, 과도기

2014 at least during the transition
적어도 과도기 동안에는

underlying
[ʌndərláiiŋ, 언덜라잉]
형 밑에 있는, 기초가 되는, 근원적인

2014 the invisible, underlying order
보이지 않는, 근원적인 질서

수능에서 정말 중요한 단어!

extent [ikstént, 익스텐트]
명 정도, 범위, 넓이

2014 to a large extent
상당 부분까지

pedestrian
[pədéstriən, 퍼데스트리언]
명 보행자

1997 the careless pedestrian
부주의한 보행자

improvement
[imprú:vmənt, 임프루―브먼트]
명 개량, 개선

2015 significant improvement of circumstances
상당한 환경의 개선

allocate [ǽləkèit, 앨러케이트]
통 할당하다

2011 allocate emissions cuts
배기가스 감축을 할당하다

applaud [əplɔ́:d, 어플로―드]
통 박수갈채하다, 성원하다

1998 applaud the performance
연기에 박수를 치다

extinct [ikstíŋkt, 익스팅트]
형 멸종된

2005 extinct species
멸종된 종

inexcusable
[inikskjú:zəbəl, 인익스큐―저블]
형 용서할 수 없는

2012 inexcusable and immoral
용서할 수 없고 비도덕적인

오늘 배운 단어들의 의미를 생각하면서 아래 일기를 읽어 보세요.

오늘 아주 충격적인 뉴스를 접했다. 한 회사에서 ❶ productive한 체계를 구축하기 위해 ❷ general한 측면에서 해고될 이유가 없는 노동자들을 일방적인 ❸ announcement만 하고 내쫓았다고 한다. 해고를 할 때 따라야 하는 ❹ criteria에 명백히 위반되는 일이었다. 이 사건은 노동자들 사이에서 큰 ❺ fury를 불러왔고, 그들이 ❻ violent한 투쟁을 하도록 ❼ motivate했다. 회사는 제품의 ❽ accuracy를 높이고 경쟁력을 갖추기 위해서는 불가피한 일이었다고 해명했지만, 아직도 다수의 노동자들은 부당해고에 항의하며 ❾ genuine한 해고 이유를 밝히라고 투쟁하고 있다. 나는 이 사건을 보면서 미래에 약한 자들의 ❿ advocate가 되어, 힘없는 그들의 목소리를 대변하는 사람이 되고 싶다고 느꼈다.

Answer ❶ productive 형 생산적인 ❷ general 형 일반의, 보통의 ❸ announcement 명 알림, 공고 ❹ criteria 명 표준, 기준 ❺ fury 명 분노, (전쟁·폭풍우 등의) 격렬, 맹위 ❻ violent 형 폭력적인, 격렬한, 극심한 ❼ motivate 통 동기를 주다, 자극하다 ❽ accuracy 명 정확, 정밀 ❾ genuine 형 진짜의 ❿ advocate 명 옹호자 통 옹호(지지)하다

Memo

DAY 15

People are like bicycles.
They can keep their balance only
as long as they keep moving.
- Albert Einstein

인간은 자전거와도 같다.
계속 움직여야 중심을 잡을 수 있기 때문이다.
– 알버트 아인슈타인

아인슈타인은 인간을 자전거에 비유합니다. 중간에 포기하지 않고 계속 움직여야 중심을 잡고 앞으로 나아갈 수 있기 때문이지요. 여러분도 포기하지 말고 앞으로 나아가길 바랍니다.

>>> DAY 15 음성 강의

수능기본영단어

avoidable
[əvɔ́idəbl, 어보이더블]
형 피할 수 있는

2002 avoidable accident
피할 수 있는 사고

함께 외우기 avoid(피하다)

merciful
[mə́:rsifəl, 멀―시펄]
형 자비로운

2005 the merciful god
자비로운 신

worn [wɔːrn, 원―]
형 닳은, 해진, 몹시 지쳐 보이는

2011 a worn-thin dress
닳아서 얇아진 드레스

bet [bet, 벳]
통 (돈 따위를) 걸다, 주장하다

2011 bet on a coin toss
동전 던지기 내기를 하다

sensibility
[sènsəbíləti, 센서빌러티]
명 감성, 감수성

2009 the artistic sensibilities
예술적 감수성

qualification
[kwàləfikéiʃən, 퀄리피케이션]
명 자격, 조건

2009 doctor's qualification
의사의 자격

revolution
[rèvəlúːʃən, 레벌루―션]
명 혁명, 변혁

1994 the greatest revolution
대변혁

characteristic
[kæ̀riktərístik, 캐릭터리스틱]
명 특징

2013 select for other characteristics
다른 특징들을 선택하다

bite [bait, 바이트]
명 물기, 한 입 통 물다, 물어뜯다

2012 at first bite
처음 한 입에는

celebration
[sèləbréiʃən, 셀러브레이션]
명 기념(축하)행사, 기념(축하)

2010 during significant celebration
중요한 행사 동안에

100

shore [ʃɔːr, 쇼—얼]
명 바닷가, 해안

2002 the opposite shore
건너편 해안

linger [líŋɡər, 링거]
통 남다, 계속되다

2011 linger on the dress
그 옷에 남아있다

substantial
[səbstǽnʃəl, 섭스탠셜]
형 실질적인, 상당한

2011 provide substantial production yields
상당한 생산물을 제공하다

anniversary
[æ̀nəvɔ́ːrsəri, 애너벌—서리]
명 기념일

2003 wedding anniversary
결혼기념일

silent
[sáilənt, 사일런트]
형 침묵하는

2011 stay silent after a meal
식사 후에 조용히 있다

mount
[maunt, 마운트]
통 오르다, (일을) 벌이다

2013 mount a huge public relations campaign
엄청난 선전 활동을 벌이다

trade [treid, 트레이드]
명 거래, 무역
통 거래하다, 사업을 하다

1998 trading objects
거래하는 물건

bulb
[bʌlb, 벌브]
명 전구

2008 electric bulb
전구

career
[kəríər, 커리어]
명 직업, 경력, 진로

2003 successful career
성공적인 경력

appropriate
[əpróupriət, 어프로우프리어트]
형 적합한, 적절한

2009 an appropriate position
적절한 위치

be due to
~할 예정이다

2014 was due to present my new idea
나의 새로운 아이디어를 발표할 예정이었다

reverse [rivə́:rs, 리벌ー스]
형 반대의, 거꾸로의
동 뒤집다, 반전시키다

2009 a reverse image
거꾸로 된 영상

persuasive
[pərswéisiv, 펄쉐이시브]
형 설득력 있는

2004 persuasive argument
설득력 있는 주장

함께 외우기 persuade(설득하다)

raw [rɔ:, 러ー]
형 익히지 않은, 날것의, 가공하지 않은

1999 raw material
가공하지 않은 재료

diabetes
[dàiəbí:tis, 다이어비ー티스]
명 당뇨병

2007 the risk of diabetes
당뇨병에 대한 위험

insult [ínsʌlt, 인설트]
명 모욕 동 모욕하다

2015 seem an insult
모욕처럼 느껴지다

permission
[pəːrmíʃən, 펄ー미션]
명 허가, 면허

1999 special permission
특별 허가

definition
[dèfəníʃən, 데퍼니션]
명 정의, 설명

2009 the simple definition
단순한 정의

engage in
~에 종사하다,
~에 참여하게 하다

2016 voluntarily engage in an activity
자발적으로 활동에 참여하다

reproduction
[ri:prədʌ́kʃən, 리ー프로덕션]
명 재생, 복제, 번식

2010 effective reproduction
process
효과적인 번식과정

함께 외우기 reproduce
(복사하다, 재생하다, 번식하다)

magnificent
[mægnífəsənt, 매그니퍼선트]
형 장대한, 장엄한

2009 magnificent sight
장엄한 광경

retiree
[ritaiərí:, 리타이어리-]
명 퇴직자, 은퇴자

1994 consist of retirees
퇴직자들로 구성되어 있다

함께 외우기 retire(은퇴하다)

take part in
참여하다

2014 take part equally in discussions
동등하게 논의에 참여하다

tendency
[téndənsi, 텐던시]
명 경향, 추세

2014 our tendency to focus on the end result
마지막 결과에 초점을 맞추는 우리의 경향

asymmetry
[eisímətri, æs, 에이시머트리]
명 불균형, 부조화

2012 this asymmetry
이러한 불균형

함께 외우기 symmetry(균형, 조화)

texture
[tékstʃəːr, 텍스철-]
명 직물, 감촉, 질감

2012 the smooth-textured strawberry jam
부드러운 질감의 딸기잼

rejoice
[ridʒɔ́is, 리조이스]
동 크게 기뻐하다

2015 rejoice in the poet and his work
시와 그의 작품에 크게 기뻐하다

unfit
[ʌnfit, 언피트]
형 부적당한, 어울리지 않는

2013 are unfit for any conversation
어떤 대화에도 어울리지 않다

habitat
[hǽbətæt, 해버태트]
명 서식지

2004 natural habitat
자연 서식지

bough [bau, 바우]
명 큰 가지

1998 broken boughs
부러진 나뭇가지

오늘 배운 단어들의 의미를 생각하면서 아래 일기를 읽어 보세요.

오늘 동아리 활동으로 한 사회복지사분과 인터뷰를 했다. 그녀는 ❶ merciful한 성격을 가진 분이셨다. 그녀는 ❷ diabetes를 앓다가 돌아가신 할아버지를 보고 사회복지사가 되기로 결심했다고 한다. 그녀가 ❸ engage in하고 있는 직업의 가장 큰 ❹ characteristic은 세상의 고통으로 인해 ❺ worn한 사람을 돕는 것이라고 했다. 그래서 그녀가 생각하기에 사회복지사에게 가장 필요한 ❻ qualification은 다른 사람과 공감할 수 있는 ❼ sensibility를 갖는 것이라고 했다. 명문대학을 필요한 그녀는 종종 좋은 학벌과 ❽ unfit하게 왜 그런 일을 하냐는 주변 사람들의 이야기를 들으면서 사람들이 돈만을 직업의 목적으로 좇는 ❾ tendency를 느낀다고 했다. 하지만 그녀는 자신의 도움에 ❿ rejoice하는 사람들을 보면 큰 보람을 느낀다고 한다. 자신만의 길을 걸어가는 그녀가 정말 멋져 보였다.

Answer ❶ merciful 형 자비로운 ❷ diabetes 명 당뇨병 ❸ engage in 통 ~에 종사하다, ~에 참여하게 하다 ❹ characteristic 명 특징 ❺ worn 형 닳은, 해진, 몹시 지쳐 보이는 ❻ qualification 명 자격, 조건 ❼ sensibility 명 감성, 감수성 ❽ unfit 형 부적당한, 어울리지 않는 ❾ tendency 명 경향, 추세 ❿ rejoice 통 크게 기뻐하다

Memo

DAY 16

A window of opportunity won't open itself.
- *Dave Weinbaum*

기회의 창은 스스로 열리지 않는다.
– 데이브 웨인바움

기회의 창은 스스로 열리는 것이 아니라 준비된 사람을 위해서만 열립니다. 기회의 창이 열리게 하려면 여러분은 어떻게 해야 할까요? 포기하지 말고 60일까지 공부하며 노력합시다. 그것이 준비된 사람이 되는 첫걸음입니다.

>>> DAY 16 음성 강의

misperception
[mìspərsépʃən, 미쓰펄셉션]
명 오인, 오해

2011 misperceptions of important issues
중요한 문제의 오해

creativity
[krì:eitívəti, 크리-에이티버티]
명 창조성, 독창력

1999 creativity of the writer
작가의 독창성

fiber [fáibər, 파이벌]
명 섬유, 실

2012 slow muscle fibers
느린 근섬유

physics [fíziks, 피직스]
명 물리학

2005 physics experiment
물리학 실험

swell [swel, 스웰]
동 부풀다

2015 swell as much as my chubby bags
나의 불룩한 가방만큼 부풀다

warranty
[wɔ́:rənti, 워-런티]
명 보증, 보증서

2007 the warranty period
품질보증기간

recess [rí:ses, 리-세스]
명 쉼, 휴식

2010 during lunch recess
점심 휴식시간 동안

quotation
[kwoutéiʃən, 코우테이션]
명 인용, 인용구

2009 a framed quotation
액자에 끼워둔 인용문

reveal
[rivíːl, 리빌-]
동 드러내다, 알리다

2009 reveal their anger
그들의 분노를 드러내다

adolescence
[æ̀dəlésəns, 애덜레선스]
명 청년기, 사춘기

1994 early adolescence
사춘기 초기

costly

[kɔ́ːstli, 코-스틀리]

형 값이 비싼

2001 a costly lesson
값비싼 교훈

costly는 부사가 아닌 형용사

organic

[ɔːrgǽnik, 올-개닉]

형 유기농의, 유기체의

2007 organic food
유기농 식품

realm

[relm, 렐름]

명 범위, 영역

2008 different realm
다른 영역

trait [treit, 트레잇]

명 특색, 특징

2002 a human trait
인간의 특성

ensure [enʃúə, 인슈얼]

동 보장하다

2015 ensure the reward
보상을 보장하다

수능에서 매우 중요한 단어!

extreme

[ikstríːm, 익스트림-]

명 극단, 극도 형 극도의, 심한

2013 extreme competition among animals
동물들 간의 극도의 경쟁

separate

[sépərit, 세퍼릿]

형 갈라진, 분리된 동 분리하다(되다)

2010 a separate institution of education
분리된 교육기관

generate

[dʒénərèit, 제너레잇]

동 발생시키다, 만들어내다

2015 generate meaning
의미를 생성하다

sensitive

[sénsətiv, 센서티브]

형 민감한, 예민한

1994 too sensitive subject
너무 민감한 주제

potent

[póutənt, 포우턴트]

형 강한, 유력한, 세력 있는

2013 potent agents of aging
노화의 강력한 직접적 원인

predictor [pridíktər, 프리딕터]
명 예언자

2012 an almost sure predictor
거의 확신하는 예언자

함께 외우기 predict (예언하다)

---

tension [ténʃən, 텐션]
명 긴장

1998 force for calming tension
긴장을 풀어주는 힘

---

mass [mæs, 매스]
명 덩어리, 다량

2009 mass production
대량 생산

---

flattery
[flǽtəri, 플래터리]
명 아첨, 치렛말

2009 praise and flattery
칭찬과 아첨

---

take ~ into account
~을 고려하다

2012 take this information into account
이 정보를 고려하다

---

excess [iksés, 익세스]
명 잉여, 초과

2014 pollution from excess feed
잉여 사료로부터 발생하는 오염

---

detract
[ditrǽkt, 디트랙트]
동 (주의를) 돌리다, 감하다, 손상시키다

2010 detract from the delight
흥을 깨다

---

figuratively
[fígjərətivli, 피겨러티블리]
부 비유적으로

2013 both literally and figuratively
말 그대로 또 비유적으로

---

democracy
[dimákrəsi, 디마크러시]
명 민주주의

1996 the Greek democracy
그리스의 민주주의

---

restrict
[ristríkt, 리스트릭트]
동 제한하다, 한정하다

2011 restrict the extent
범위를 제한하다

fragility
[frədʒíləti, 프러질러티]
명 부서지기 쉬움, 허약

2014 by the fragility and tensions
취약함과 긴장 상태로

함께 외우기 fragile
(부서지기 쉬운)

illustration
[iləstréiʃən, 일러스트레이션]
명 삽화

2014 provide illustration for publications
출판물의 삽화를 제공하다

assimilation
[əsɪməléiʃn, 어시밀레이션]
명 동화(작용)

2006 force their assimilation
그들의 동화를 강요하다

reproduce
[ri:prədú:s, 리-프러듀스]
동 번식하다, 재생하다, 복사하다

2016 reproduce earlier
더 일찍 번식하다

substance
[sʌ́bstəns, 섭스턴스]
명 물질, 물체

2001 mysterious substance
신비로운 물질

polish [pálɪʃ, 팔리쉬]
동 닦다, 윤을 내다

2008 the polished silver gate
윤이 나는 은빛 대문

compact
[kəmpǽkt, 컴팩트]
형 빽빽한, 소형인

2009 compact cities
조밀한 도시

zealous [zéləs, 젤러스]
형 열심인, 열광적인

2012 an overly zealous mental preparation
과도하게 열광적인 정신적 준비

convert [kənvə́:rt, 컨벌-트]
동 전환하다, 바꾸다

2011 convert to crops and pasture land
경작지와 목초지로 전환되다

symptom
[símptəm, 심텀]
명 징후, 증상

2009 a similar symptom
유사한 증상

오늘 배운 단어들의 의미를 생각하면서 아래 일기를 읽어 보세요.

> 오늘 국어시간에 시와 어울리는 ❶ illustration 그리기 활동을 했다. 나는 '사랑의 ❷ physics'라는 시를 선택했다. 처음에는 '물리학'이라는 단어가 주는 느낌 때문에 시가 굉장히 딱딱할 것이라고 생각했는데 이것은 명백한 나의 ❸ misconception이었다. 이 시는 첫사랑이 가진 아름다움을 ❹ figuratively하게 잘 표현했다. 나는 첫사랑이 가진 순수함, 고결함, ❺ fragility라는 ❻ trait를 나타내는 삽화를 제작했다. 몇몇 ❼ quotation을 삽화 여기저기에 적어서 그림에 대한 이해를 도왔다. 내 친구는 이 작품이 너무 멋지다며 부러운 마음을 ❽ reveal했다. 내가 봐도 ❾ excess하게 너무 잘 만든 작품이었다. 나의 ❿ creativity는 역시 대단한 것 같다!

Answer   ❶ illustration 명 삽화 ❷ physics 명 물리학 ❸ misconception 명 오인, 오해 ❹ figuratively 부 비유적으로 ❺ fragility 명 부서지기 쉬움, 허약 ❻ trait 명 특색, 특징 ❼ quotation 명 인용, 인용구 ❽ reveal 통 드러내다, 알리다 ❾ excess 명 잉여, 초과 ❿ creativity 명 창조성, 독창력

Memo

DAY 17

Believe you can and you're halfway there.
- *Theodore Roosevelt*

자신이 해낼 수 있을 거라 믿으면 반은 온 것이다.
– 시어도어 루스벨트

여러분은 60일까지 해낼 수 있습니다. 해낼 수 있다는 그 믿음이 여러분을 완강까지 이끌 것입니다. 시어도어 루스벨트의 명언처럼 그렇게 믿으면 반은 온 것입니다. 믿으면 할 수 있습니다.

>>> DAY 17 음성 강의

material
[mətíəriəl, 머티어리얼]
명 물질

2001 proper building materials
적절한 건축 자재

slip [slip, 슬립]
동 미끄러지다, 없어지다

2007 slip one's mind
깜박 잊다

volcanic [valkǽnik, 발캐닉]
형 화산의

2014 like volcanic ash
화산재처럼

care [kɛər, 캐어]
명 돌봄, 주의, 걱정
동 상관하다, 돌보다

2000 a right to get medical care
의료 관리를 받을 권리

함께 외우기 care for
(돌보다)

assign [əsáin, 어사인]
동 할당하다

2011 be assigned a personal adviser
개인 강사를 할당받다

ecological
[èːkəládʒikəl, 에–컬라지컬]
형 생태학의

2010 ecological diversity
생태학적 다양성

manufacturing
[mǽnjəfǽktʃəriŋ, 매뉴팩쳐링]
명 제조업

1996 manufacturing jobs
제조업

vital [váitl, 바이틀]
형 생명의, 치명적인, 지극히 중요한

2006 vital factor
중요한 요소

생명과 관련된 것이니 지극히 중요하죠.

responsibility
[rispὰnsəbíləti, 리스판서빌러티]
명 책임, 의무

2013 responsibility for
storing seeds
씨앗들을 저장할 책임

함께 외우기 responsible(책임이 있는)

comprehension
[kὰmprihénʃən, 캄프리헨션]
명 이해

2009 tests of factual comprehension
사실 이해의 시험

backfire
[bǽkfàiər, 백파이얼]
통 맞불 놓다, 역효과를 낳다

2012 this method can backfire
이 방법은 역효과를 낳는다

population
[pὰpjəléiʃən, 파퓰레이션]
명 인구, 주민

2015 the local human population
지역의 인구

continent
[kántənənt, 칸터넌트]
명 대륙

2003 throughout the continent
대륙 전체에 걸쳐

vibration
[vaibréiʃən, 바이브레이션]
명 진동, 동요

2008 frequency of vibration
진동의 빈도

strict [strikt, 스트릭트]
형 엄격한, 엄한

1999 strict limits
엄격한 제한

cue [kjuː, 큐—]
명 신호, 단서

2014 use an external cue
외부의 신호를 사용하다

neglect
[niglékt, 니글렉트]
통 방치하다, 소홀히 하다

1994 neglect his duties
그의 의무를 소홀히 하다

appearance
[əpíərəns, 어피어리언스]
명 (겉)모습, 외모, 외관, 출현

1998 physical appearance
신체적인 외모

transcendence
[trænséndənt, 트랜센던트]
명 초월

2013 a transcendence of the pitfalls
and inequalities
함정과 불평등의 초월

함께 외우기
transcend(초월하다)

distinguish
[distíŋwiʃ, 디스팅귀쉬]
통 구별하다

2013 observe and distinguish these changes
변화들을 관찰하고 구별하다

upset [ʌpsét, 업셋]
명 혼란(상태) 형 속상한
동 속상하게 만들다

2001 our emotional upset
우리의 정서적인 혼란

dismay [disméi, 디스메이]
명 당황, 경악, 낙담

1996 to my dismay
(내가) 실망스럽게도

existence
[igzístəns, 이그지스턴스]
명 존재, 실재

2013 the continued existence of
normal life
정상적인 생활의 지속적 존재

함께 외우기 exist(존재하다)

outage [áutidʒ, 아우티쥐]
명 정전, 단수

2013 don't go away with a power outage
전원이 끊어져도 사라지지 않다

misleading
[mislí:diŋ, 미스리−딩]
형 오도하는, 오해하기 쉬운

2012 produce a misleading
impression
잘못된 인상을 만들다

수능에서 정말 중요한 단어!

clarity [klǽrəti, 클래러티]
명 명료, 명확

2011 with more seeming clarity
겉보기에 더 명료하게

passionate
[pǽʃənit, 패셔니트]
형 열정적인

1998 his passionate performance
그의 열정적인 연주

함께 외우기
passion(열정)

drastic [drǽstik, 드래스틱]
형 격렬한, 과감한

1997 drastic measure
과감한 조치

arbitrary
[á:rbitrəri, 알−비트러리]
형 임의의, 멋대로의, 자의적인

2013 this is entirely arbitrary
이것은 전적으로 자의적이다

수능에서 정말 중요한 단어!

ultraviolet
[ʌ̀ltrəváiəlit, 울트러바이올릿]
형 자외(선)의

1996 the ultraviolet rays
자외선

114

sake [seik, 세이크]
명 위함, 이익

2001 for art's sake
예술을 위해서

함께 외우기
for one's sake(~을 위해)

define [difáin, 디파인]
통 정의를 내리다

2002 define life
생명체를 정의하다

measure
[méʒəːr, 메−절]
명 조치, 척도, 단위
통 재다, 측정하다

2009 measure the intensity of the observed light
관측된 빛의 강도를 측정하다

digestion
[daidʒéstʃən, 다이제스쳔]
명 소화

1994 digestion of food
음식의 소화

함께 외우기
digest(소화시키다)

competent
[kámpətənt, 캄퍼턴트]
형 유능한, 능력 있는

2014 the most normal and competent child
가장 정상적이고 유능한 아이

parent
[péərənt, 패어런트]
명 부모 통 아이를 기르다

2014 in her desire to be a parent intentionally
의도적으로 부모 역할을 하고자 하는 그녀의 바람에서

retirement
[ritáiəːrmənt, 리타이얼−먼트]
명 은퇴, 퇴직

2004 well-earned retirement
충분히 누릴 자격이 있는 은퇴

surpass [sərpǽs, 설패스]
통 능가하다

2010 surpass their expectation
그들의 기대를 능가하다

versus
[və́ːrsəs, 벌−서스]
전 대(對), ~와 대비해

2006 light versus dark differences
명암의 차이

vs.가 바로
versus의 줄임말!

clingy
[klíŋi, 클링이]
형 들러붙는, 끈적이는

2013 become clingy, or disobedient
매달리거나 거역하게 되다

오늘 배운 단어들의 의미를 생각하면서 아래 일기를 읽어 보세요.

오늘 '생각을 ❶ transcendence한 건축학'이라는 강연을 들었다. 연사는 ❷ volcanic 재료로부터 건축 ❸ material을 만들어내는 기술을 발명하신 ❹ competent한 건축가였다. 그는 ❺ manufacturing을 위한 공장에서 일을 했다고 한다. 평소처럼 출근을 하다가 그는 공장 주변에 화산 폭발에 의해 방출된 크고 작은 바위들이 많다는 것을 발견하고 이를 이용한 건축 재료를 만들기로 결심했다. 그는 계획을 실천하기 위해서는 머리는 ❻ clarity를 가지고 있어야 하고, 가슴은 ❼ passionate해야 한다고 말했다. 또 자신이 사회 구성원으로서 ❽ responsibility를 다 한 것 같아서 기쁘다고 했다. 현재는 ❾ retirement 하고 강연을 다니시는데, 우리가 자신을 ❿ surpass하는 훌륭한 인물이 되기를 바란다고 하셨다. 나도 우리 사회에 도움이 되는 사람이 되고 싶다.

Answer ❶ transcendence 명 초월 ❷ volcanic 형 화산의 ❸ material 형 물질 ❹ competent 형 유능한, 능력 있는 ❺ manufacturing 명 제조업 ❻ clarity 명 명료, 명확 ❼ passionate 형 열정적인 ❽ responsibility 명 책임, 의무 ❾ retirement 명 은퇴, 퇴직 ❿ surpass 통 능가하다

Memo

DAY 18

Big shots are only little shots who keep shooting.
- *Christopher Morley*

큰 성공은 작은 성공을 거듭한 결과다.
– 크리스토퍼 몰리

큰 성공은 한 번에 이루어지는 것이 아니죠. 작은 성공이 모이고 모여서 큰 성공을 만드는 거랍니다. 오늘도 함께 작은 성공을 경험합시다. 그리고 이 성공들이 모여서 큰 성공이 될 때까지 노력하고 함냅시다!

>>> DAY 18 음성 강의

pretend to
~인 체하다

2014 pretend to teach a math class
수학 수업을 가르치는 체하다

rot [rɑt, 랏]
동 썩다, 부패하다

2003 rotting, dead tree-stems
썩어가는, 죽은 나무줄기들

vomit [vάmit, 바밋]
동 토하다, 게우다

2010 vomit blood
피를 토하다

nervous [nə́:rvəs, 널-버스]
형 소심한, 겁 많은, 불안한

2015 nervous and trembling
불안하고 떨리는

peninsula
[pənínsələ, 퍼닌설러]
명 반도

2005 Korean peninsula
한반도

majority
[mədʒɔ́:rəti, 머죠-러티]
명 대부분, 대다수

2012 the majority of salt
소금의 대다수

반의어 minority(소수, 소수집단)

ubiquitous
[ju:bíkwətəs, 유-비쿼터스]
형 도처에 있는, 편재하는

2014 troubles are ubiquitous
걱정거리는 어디에나 있다

awareness
[əwérnəs, 어웨얼니스]
명 인식

2002 awareness of choice
선택의 인식

함께 외우기 aware
(알고 있는, 의식하고 있는)

density
[dénsəti, 덴서티]
명 밀도, 밀집 상태

2014 high-density rearing
고밀도의 사육

stuff [stʌf, 스터프]
명 재료, 물자

2013 the stuff to fill more space
더 많은 공간을 채우기 위한 재료

fortune [fɔ́:rtʃən, 폴―천]
명 운, 행운, 재산

2010 a set amount of good and bad fortune
정해진 양의 행운과 불행

informal
[infɔ́:rməl, 인폴―멀]
형 비공식의, 평상복

2013 the informal networks
비공식적인 네트워크

urban [ɔ́:rbən, 얼―번]
형 도시의

2007 urban civil life
도시 시민 생활

flesh [fleʃ, 플레쉬]
명 살, 육체

2013 need language and flesh
언어와 육체가 필요하다

involuntarily
[inváləntèrili, 인발런테리리]
부 무의식적으로, 모르는 사이에

2014 know it involuntarily
그것을 무의식적으로 알다

shelter
[ʃéltər, 셸터]
명 주거지, 피난 장소

2015 provide some shelter
몇몇 주거지를 제공하다

disability
[dìsəbíləti, 디서빌러티]
명 무력, 무능

2006 immigrants' disability
이민자들의 무능함

personal
[pɔ́:rsənəl, 펄―서널]
형 개인의

2004 personal tastes
개인의 취향

advance
[ædvǽns, 애드밴스]
명 전진, 진전, 발전
형 사전의 통 증진되다

2013 an advance warning system
조기경보체제

elementary
[èləméntəri, 엘러멘터리]
형 기본의, 초보의

2012 elementary biology textbooks
기초 생물학 교과서

dissolve [dizálv, 디잘브]
동 녹이나, 용해시키다

2012 the remnant of dissolved salts
용해된 소금의 잔존물

persistent
[pəːrsístənt, 펄—시스턴트]
형 고집하는, 끊임없는

2012 try persistently to follow me
나를 끈덕지게 따라오려 하다

함께 외우기 persist
(고집하다, 지속하다)

affirm [əfə́ːrm, 어펌—]
동 확언하다, 확인하다

2011 affirm a particular theory
특정한 이론을 확언하다

longevity
[lɑndʒévəti, 랑제버티]
명 장수, 수명

2010 contribute to their longevity
그들의 장수에 기여하다

flexible [fléksəbəl, 플렉서블]
형 잘 구부러지는, 유연한

2004 flexible paper
잘 구부러지는 종이

empirical
[empírikəl, 엠피리컬]
형 경험의, 경험적인

2011 claim positive empirical evidence
긍정적인 경험상의 증거를 주장하다

communal
[kəmjúːnl, 커뮤—늘]
형 자치단체의, 공공의

2010 return to the communal nests
공공의 둥지로 돌아오다

residential
[rèzidénʃəl, 레지덴셜]
형 주거의

2005 residential heating
주거용 난방

portion [pɔ́ːrʃən, 폴—션]
명 부분, 몫

1994 a large portion
많은 부분

falsify
[fɔ́ːlsəfài, 폴—서파이]
동 틀렸음을 입증하다, 위조하다

2011 falsify a theory
이론이 틀렸음을 입증하다

disregard
[dìsrigá:rd, 디스리갈-드]
图 무시하다

2013 simply disregard evidence
단순히 증거를 무시하다

restrain
[ristréin, 리스트레인]
图 제지하다, 억제하다

2010 restrain himself
그 스스로 자제하다

horrific [hɔ:rífik, 호-리픽]
图 무서운

2008 a horrific film
무서운 영화

charitable
[tʃǽrətəbl, 채러터블]
图 자비로운, 자선의

2013 a charitable lady
한 자비로운 여인

comparatively
[kəmpǽrətivli, 컴패러티블리]
图 비교적

2013 must have traveled comparatively light
비교적 짐을 가볍게 해서 다녔음에 틀림없다

process
[práses, 프라세스]
图 과정, 절차 图 처리하다

2014 process only one piece of code
단 한 개의 부호만을 처리하다

intake
[íntèik, 인테이크]
图 흡입(섭취)

2007 calorie intake
열량 섭취

norm
[nɔ:rm, 놂-]
图 기준, 규범

2009 the norm for ladies in France
프랑스 여성의 표준형

한 사회나 조직의 규범이라는 의미로도 자주 사용!

become acquainted with
~와 알게 되다

2014 become acquainted with the Swedish naturalist
스웨덴의 박물학자를 알게 되다

leisurely
[líːʒərli, 리-절리]
图 느긋한, 유유한, 여유 있는

1994 in a more leisurely fashion
더 느긋한 방식으로

레저 활동을 떠올리면 됩니다.

오늘 배운 단어들의 의미를 생각하면서 아래 일기를 읽어 보세요.

오늘 학교에서 케이크를 발견했다. 꽤 오랫동안 상온에 방치되었다고 친구들은 걱정했지만, 나는 ❶ empirical상 괜찮을 거라며 먹어도 된다고 ❷ persistent하게 주장했다. ❸ nervous한 친구 2명은 이 케이크가 ❹ rot한 것 같다며 먹지 말라고 당부했지만, 나는 이들의 충고를 ❺ disregard하고 케이크를 실컷 ❻ intake했다. 먹을 때는 맛있었다. 달콤한 케이크가 입에서 사르르 녹았으니 말이다. 하지만 내가 괜찮은 척 ❼ pretend to한 것도 잠깐 뿐이었다. 나는 이내 복통을 느꼈고, 결국 먹은 케이크를 모두 ❽ vomit했다. 나는 몸소 내 생각을 ❾ falsify했다. 역시 ❿ majority의 아이들의 의견을 들었어야 했는데 후회가 된다. 앞으로는 친구들의 목소리에 귀 기울일 것이다.

Answer ❶ empirical 휑 경험의, 경험적인 ❷ persistent 휑 고집하는, 끊임없는 ❸ nervous 휑 소심한, 겁 많은, 불안한 ❹ rot 툉 썩다, 부패하다 ❺ disregard 툉 무시하다 ❻ intake 톙 흡입(섭취) ❼ pretend to 툉 ~인 체하다 ❽ vomit 툉 토하다, 게우다 ❾ falsify 툉 틀렸음을 입증하다, 위조하다 ❿ majority 톙 대부분, 대다수

Memo

DAY 19

Challenges are what make life interesting
and overcoming them is what makes life meaningful.
- *Joshua J. Marine*

도전은 삶을 흥미롭게 만드는 것이고,
도전을 극복하는 것은 삶을 의미 있게 만드는 것이다.
— 조슈아 J.마린

도전은 우리 삶에서 너무나 중요한 것이죠. 도전하고, 실패하고, 또 성공하면서 우리
는 정말 많은 것을 배웁니다. 우리 모두 한 번뿐인 인생을 의미 있게 만들기 위해 도
전하는 삶을 삽시다.

>>> DAY 19 음성 강의

analogy
[ənǽlədʒi, 어낼러지]
명 유사, 유추, 비유

2012 superficial analogies
피상적인 비유

locate
[lóukeit, 로우케이트]
통 위치를 정하다, 찾아내다

2008 locate information
정보의 위치를 찾아내다

emotional
[imóuʃənəl, 이모우셔널]
형 정서의, 감정의

2015 lead to emotional wealth
감정적 풍요로 이끌다

lag [læg, 래그]
통 처지다, 뒤떨어지다

2014 lag behind for part of it
그것의 일부에서 뒤처지다

함께 외우기 lag behind
(~보다 뒤떨어지다)

rectangle
[réktæŋgl, 렉탱글]
명 직사각형

2012 the rectangle of the screen
직사각형 모양의 화면

breathtaking
[bréθtèikiŋ, 브레쓰테이킹]
형 (너무 아름답거나 놀라워서) 숨이
막히는

2008 breathtaking view
숨이 막히는 경치

stranger
[stréindʒəːr, 스트레인절-]
명 모르는 사람

2012 complete strangers
전혀 모르는 사람

overlap
[òuvərlǽp, 오우벌랩]
통 겹치다, 겹쳐지다

2010 the overlapping edges
겹치는 모서리

relevance
[réləvəns, 렐러번스]
명 관련, 적절

2009 a relevance to violence
폭력과의 관련성

124

constructive

[kənstrʌ́ktiv, 컨스트럭티브]

형 건설적인

1998 a constructive role
건설적인 역할

---

appreciation

[əpriːʃiéiʃən, 어프리–시에이션]

명 감사, 감상, 이해

2012 appreciation of the benefits
이득의 이해

함께 외우기 appreciate(감사하다, 감상하다, 이해하다, 진가를 인정하다)

---

individuality

[ìndəvidʒuǽləti, 인디비쥬앨러티]

명 개성, 특성

2009 patient's individuality
환자의 개성

---

suitable [súːtəbəl, 수–터블]

형 적합한, 적절한

2015 a suitable action
적절한 행동

---

chore [tʃɔːr, 쵸–얼]

명 잡일

2009 gardening chores
정원 일

---

dense [dens, 덴스]

형 밀집한, (인구가) 조밀한

2013 have a dense enough population
충분히 조밀한 인구를 갖고 있다

---

equal [íːkwəl, 이–퀄]

형 같은, 동등한

2003 an equal partner
대등한 상대

---

emergency

[imə́ːrdʒənsi, 이멀–전시]

명 비상(사태)

2009 your emergency fund
너의 비상금

---

antique [æntíːk, 앤티–크]

형 골동품의, 고대의

2006 an antique dealer
골동품 판매상

---

enormous

[inɔ́ːrməs, 이놀–머스]

형 거대한, 막대한

2002 enormous tension
엄청난 긴장

---

stiffen [stífən, 스티픈]

동 뻣뻣하게 하다

2010 feel her body stiffen
그녀의 몸이 뻣뻣하다고 느끼다

---

loan [loun, 로운]
명 대부, 대여

2007 the standard of a loan period
대여 기간의 기준

retreat [ritríːt, 리트릿]
명 퇴각, 퇴거
동 후퇴/철수/퇴각하다

1994 tides advance and retreat
조수가 밀려들고 밀려 나가다

emit [imít, 이밋]
동 (빛·열·냄새·소리를) 발하다,
방출하다

2012 by emitting alarm calls
경고음을 냄으로써

함께 외우기 emission
(배출, 배출물)

conventional
[kənvénʃənəl, 컨벤셔널]
형 전통적인, 관습적인

2009 conventional ways
전통적인 방식

수능에서 정말 중요한 단어!

distract [distrǽkt, 디스트랙트]
동 (주의를) 산만하게 하다

2013 distract her attention
그녀의 주의를 산만하게 하다

discern [disə́ːrn, 디썬—]
동 분별하다, 식별하다

2014 discern different colours
서로 다른 색깔을 분간하다

distribution
[distrəbjúːʃən, 디스트러뷰—션]
명 분배, 배분

1998 distribution of an information
정보 배포

blunder [blʌ́ndər, 블런덜]
명 큰 실수

1998 witness the blunders
큰 실수를 목격하다

commonality
[kàmənǽləti, 카머낼러티]
명 공통성, 보통, 평범, 일반 시민

2010 recognize their commonality
그 공통점을 인식하다

miserable
[mízərəbl, 미저러블]
형 불쌍한, 비참한

2011 the miserable conditions
비참한 환경

matter [mǽtəːr, 매털-]
명 일, 문제, 물체
동 중요하다

2013 the size of the house didn't matter
집 크기는 중요하지 않았다

due [duː, 듀-]
형 ~때문에, ~하기로 되어 있는,
마땅한, 적당한

1994 pay due attention
마땅한 관심을 기울이다

함께 외우기 due to(~때문에)

tease [tiːz, 티-즈]
동 괴롭히다

2012 when they are teased
그들이 괴롭힘을 당할 때

predator [prédətər, 프레더털]
명 포식자, 포식 동물, 약탈자

2013 from moisture and predators
수분과 포식자로부터

identical
[aidéntikəl, 아이덴티컬]
형 동일한, 똑같은

2011 the identical claim
동일한 주장

compensate
[kámpənsèit, 캄펀세이트]
동 보상하다

2010 compensate her for the damage
손상에 대해 그녀에게 보상하다

segment
[ségmənt, 세그먼트]
명 단편, 조각, 부분

2010 three line segments
3개의 줄모양의 조각

equation
[ɪkwéɪʒn, 이퀘이젼]
명 같게 함, 방정식

1998 solution of the equation
방정식의 해답

negotiation
[nigòuʃiéiʃən, 니고우시에이션]
명 협상, 교섭

2011 during the Kyoto negotiation
교토 협약 기간 중

endurance
[indjúərəns, 인듀어런스]
명 인내, 지구력

2012 endurance exercises
지구력 운동

함께 외우기 endure
(견디다, 참다, 인내하다)

오늘 배운 단어들의 의미를 생각하면서 아래 일기를 읽어 보세요.

> 오늘 사회 시간에 시민의 역할에 대해 배웠다. 모든 부문에서 ❶ lag하던 한 도시가 '자연친화적 도시'로 발전한 과정을 배웠다. 그 도시는 원래 근처에 공업단지가 ❷ locate해서 공장 굴뚝에서 24시간 인체에 해로운 가스를 ❸ emit했다고 한다. 이 문제를 해결하기 위해 집들 사이에 우후죽순처럼 녹지가 조성되었다. 하지만 이는 오히려 도시 구조를 ❹ distract했다. ❺ commonality들은 도시를 위해 보다 ❻ constructive한 대안을 찾기 위해 시청 측과 ❼ negotiation할 것을 요청했다. 그 협상의 결과는 더욱 ❽ suitable한 장소를 찾아서 넓고 쾌적한 공원을 조성하는 것이었다. 시민들은 자연을 향유한다는 ❾ due한 권리를 찾기 위해 노력했고, 이는 이 도시의 경관을 ❿ breathtaking하게 바꿨다. 정말 놀라운 변화였다.

Answer ❶ lag 동 처지다, 뒤떨어지다 ❷ locate 동 위치를 정하다, 찾아내다 ❸ emit 동 (빛·열·냄새·소리를) 발하다, 방출하다 ❹ distract 동 (주의를) 산만하게 하다 ❺ commonality 명 공통성, 보통, 평범, 일반 시민 ❻ constructive 형 건설적인 ❼ negotiation 명 협상, 교섭 ❽ suitable 형 적합한, 적절한 ❾ due 형 ~때문에, ~하기로 되어 있는, 마땅한, 적당한 ❿ breathtaking 형 (너무 아름답거나 놀라워서) 숨이 막히는

Memo

DAY 20

Change does not roll in on the wheels of inevitability,
but comes through continuous struggle.
- Rev. Martin Luther King Jr.

변화는 필연성의 바퀴로 굴러가는 것이 아니고,
지속적인 투쟁을 통해서 나타난다.
– 마틴 루터 킹

변화를 위해서는 치열한 노력이 필요합니다. 스스로 변화하기 위해서는 많은 노력을 해야 한답니다. 가만히 있지 말고 오늘도 노력합시다. 지금, 여러분은 아주 잘하고 있답니다. 자신의 노력을 믿읍시다.

≫ DAY 20 음성 강의

수능기본영단어

stretch
[stretʃ, 스트레치]
통 뻗치다, 늘이다

2006 stretch full-length
최대 길이로 늘이다

destined
[destɪnd, 데스틴드]
형 ~할 운명인

2004 destined to become an old-fashioned genre
구식의 장르가 될 운명의

함께 외우기
destiny(운명, 숙명)

alternate
[ɔ́ːltərnèit, 얼-털네이트]
형 대체의, 교대의
통 번갈아 일어나다, 교체하다

2014 alternate their attention
주의집중을 번갈아 하다

solve [saːlv, 살-브]
통 해결하다

2015 solve problems
문제를 해결하다

arrange
[əréindʒ, 어레인지]
통 배열하다, 정리하다, 마련하다

2013 arrange for another flight
다른 비행기 편을 마련해주다

device [diváis, 디바이스]
명 장치, 설비

2008 electric device
전자 장치

split [split, 스플릿]
통 쪼개다

2009 split the benefits
이익을 쪼개다

arms [aːrmz, 앎-즈]
명 무기, 병기

1999 arms race
무기 경쟁

sow [sou, 소우]
통 (씨를) 뿌리다

2001 sow seeds
씨를 뿌리다

session [séʃən, 세션]
명 시간(기간), 개회중, 학기, 학년, 수업(시간)

2008 math sessions
수학 수업

construction
[kənstrʌ́kʃən, 컨스트럭션]
명 건설, 건축

2001 road construction
도로 공사

disaster
[dizǽstər, 디재스털]
명 재해, 재난, 참사

2012 end up total disasters
결국 완전한 참사로 끝나다

profound
[prəfáund, 프러파운드]
형 뜻 깊은, 심오한

2005 profound knowledge
심오한 지식

수능에서 정말 중요한 단어!

strip
[strip, 스트립]
동 벗기다, 까다

2011 be stripped of forest cover
덮고 있던 삼림이 벌채되다

devastate
[dévəstèit, 데버스테이트]
동 황폐화시키다, 좌절시키다

2014 devastate the caged fish
가두리에 있는 어류를 황폐화하다

theory
[θíːəri, 씨—어리]
명 이론

2001 the theory of language development
언어발달의 이론

ceremony
[sérəmòuni, 세러모우니]
명 식, 의식

2008 the graduation ceremony
졸업식

myth [miθ, 미쓰]
명 신화, 전설

2001 an old Greek myth
고대 그리스 신화

edge [edʒ, 엣지]
명 끝, 가장자리, 모서리

2008 edges of cities
도시의 가장자리

offspring
[ɔ́ːfspriŋ, 어—프스프링]
명 자식, 자녀

2010 the offspring of primitive man
원시인의 자손

수능고급영단어

conviction [kənvíkʃən, 컨빅션]
📖 신념, 확신

1998 sincere conviction
순수한 확신

rigid [rídʒid, 리지드]
📖 엄격한

2014 the rigid social control
엄격한 사회적 통제

phenomenon [finámənàn, 피나머넌]
📖 현상

2010 a phenomenon of global warming
지구 온난화 현상

scratch [skrætʃ, 스크랫취]
📖 할퀴다, 긁다

2009 scratch one's head
머리를 긁다

extension [iksténʃən, 익스텐션]
📖 확장, 연장, 증축

2015 the extension of patent laws
특허법의 확장

함께 외우기 extend
(연장하다, 확장하다)

enthusiasm [enθú:ziæzm, 엔쑤-지애즘]
📖 열정

2014 the industry's enthusiasm
그 산업의 열정

overvalue [òuvərvǽljuː, 오우벌밸류-]
📖 과대평가하다

2013 overvalue evidence
증거를 과대평가하다

mature [mature, 머츄얼]
📖 어른스러운, 숙성된 📖 성숙하다

2012 mature in their natal area
그들이 태어난 곳에서 자라다

intriguing [intríːgiŋ, 인트리-깅]
📖 아주 흥미로운

2012 intriguing but elusive ideas
흥미롭지만 정의하기 어려운 생각들

deterioration [ditiəriəréiʃən, 디티어리어레이션]
📖 악화, 하락, 저하

2011 further deterioration of the soil
토양의 추가적인 악화

함께 외우기 deteriorate
(악화되다, 더 나빠지다)

132

ventilate
[véntəlèit, 벤털레이트]
동 환기하다

1994 ventilate the subway
지하철을 환기하다

be occupied with
~에 사로잡히다

2010 be occupied with the past
과거에 사로잡히다

nourishment
[nɔ́:riʃmənt, 너-리쉬먼트]
명 자양분, 영양분

2012 provide no nourishment
자양분을 주지 않다

martial [má:rʃəl, 말-셜]
형 전쟁의, 군사의

2010 martial arts
무술

illusion [ilú:ʒən, 일루-젼]
명 환영, 착각

2011 the illusion of having control
통제할 수 있다는 착각

distortion
[distɔ́:rʃən, 디스톨-션]
명 일그러뜨림, 왜곡

2012 there is a distortion on both sides
양쪽 모두에 왜곡이 있다

perceive
[pərsíːv, 펄시-브]
동 인식하다, 이해하다

2004 perceive with this kind of precision
이런 종류의 정확성을 가지고 인식하다

multitasking
[mʌltitǽskiŋ, 멀티태스킹]
명 다중작업

2010 be confused by multitasking
다중작업으로 혼란해지다

accumulation
[əkjùːmjuléiʃən, 어큐-뮬레이션]
명 축적, 누적

2015 accumulation and production
of material wealth
물질적 부의 축적과 생산

함께 외우기 accumulate
(모으다, 축적하다)

justify
[dʒʌ́stəfai, 져스터파이]
동 옳음을 보여주다, 정당화하다

2010 justify the efforts
노력을 정당화하다

오늘 배운 단어들의 의미를 생각하면서 아래 일기를 읽어 보세요.

오늘 사회 시간에 '앞으로의 한국과 북한의 관계는?'이라는 주제로 토론했다. 우리 조의 한 친구는 현재 남한이 북한과 ❶ split 된 상태에서 충돌이라는 ❷ disaster를 항상 대비해야 하기에 ❸ arms를 증강하고, 군사 시설을 ❹ extension해야 한다고 했다. 반면 나는 이러한 군사력 확장은 남북한 관계에 ❺ deterioration를 가져오고, 결국 양측 모두가 ❻ devastate될 거라고 주장했다. 선생님께서는 이 문제에 대해 다양한 생각이 있을 수 있지만, 중요한 것은 하나의 의견에 지나친 ❼ conviction을 가지는 것은 위험하다고 하셨다. 국내에서 북한 군사력을 ❽ overvalue하는 경향이 있어 우리가 북한에 대한 ❾ illusion에 빠지기 쉽다고 하셨다. 통일은 우리의 ❿ destiny인데 갈 길이 먼 것 같다. 과연 우리는 통일된 세상에 살 수 있을까?

Answer ❶ split 통 쪼개다 ❷ disaster 명 재해, 재난, 참사 ❸ arms 명 무기, 병기 ❹ extension 명 확장, 연장, 증축 ❺ deterioration 명 악화, 하락, 저하 ❻ devastate 통 황폐화시키다, 좌절시키다 ❼ conviction 명 신념, 확신 ❽ overvalue 통 과대평가하다 ❾ illusion 명 환영, 착각 ❿ destiny 명 운명, 숙명

Memo

DAY 21

Definiteness of purpose is
the starting point of all achievement.
- *W. Clement Stone*

목적에 대한 확신은 모든 성취의 출발점이다.
− W. 클레멘트 스톤

여러분은 어떤 일을 시작할 때 항상 목적이 명확한가요? 목적이 정확해야 성공의 확률도 높아집니다. 영어 공부도 마찬가지입니다. 정확한 목적을 가지고 앞으로 쭉쭉 나아갑시다.

>>> DAY 21 음성 강의

spectrum
[spéktrəm, 스펙트럼]
명 범위

2010 opposite ends of the spectrum
범위의 양 끝

relieve [rilíːv, 릴리-브]
통 없애주다, 완화시키다

2009 relieve tension
긴장을 완화시키다

complexity
[kəmpléksəti, 컴플렉서티]
명 복잡성

2005 the complexity of activity
활동의 복잡성

infant [ínfənt, 인펀트]
명 유아

1997 from infants to adults
유아에서 어른으로

modality
[moudǽləti, 모우댈러티]
명 양식, 양상

2014 according to a scientific modality
과학적 양식에 따라

practical [prǽktikəl, 프랙티컬]
형 실제의, 실용적인

2009 practical situation
실제 상황

element [éləmənt, 엘러먼트]
명 요소, 성분

2009 non-living elements
무생물 요소

industry [índəstri, 인더스트리]
명 공업, 산업

2000 the toy industry
장난감 산업

calm [kɑːm, 캄-]
형 침착한
통 진정시키다, 달래다

2010 calm his or her nerves
그 또는 그녀의 초조함을 진정시키다

creature [kríːtʃər, 크-리철]
명 생명이 있는 존재, 생물

2008 the underwater creature
수중 생물체

peasant [pézənt, 페전트]
명 농부, 소작농

1998 Chinese peasant
중국 소작농

breath [breθ, 브레쓰]
명 숨, 호흡

2010 take a deep breath
심호흡을 하다

함께 외우기 breathe
(호흡하다, 숨을 쉬다)

oxygen [áksidʒən, 악시젼]
명 산소

1995 oxygen tank
산소 공급통

unique [juːníːk, 유-니-크]
형 유일무이한, 특이한

2006 unique products
특이한 상품들

commerce [kámərs, 카멀스]
명 상업

2014 the rise in commerce
상업의 융성

solitary [sálitèri, 살리터리]
형 고독한

2006 the solitary scene
고독한 장면

adapt [ədǽpt, 어댑트]
동 맞추다, 적응하다, 각색하다

2012 adapt novels
소설을 각색하다

함께 외우기 adapt to
(~에 적응하다)

budget [bʌ́dʒit, 버짓]
명 예산

2008 make your budget realistic
너의 예산을 현실적으로 만들다

thorough [θə́ːrou, 써-로우]
형 철저한

2014 be thoroughly misguided
철저하게 오도되다

neutrality [njuːtrǽləti, 뉴-트랠러티]
명 중립

2013 create an illusion of neutrality
중립성에 대한 환상을 만들다

botanical [bətǽnikəl, 버태니컬]
형 식물학의

2014 the Golden Age of botanical painting
식물 그림의 황금기

cognitive [kάgnətiv, 카그너티브]
형 인식의, 인지적인

2012 disastrous cognitive static
파멸적인 인지적 정지 상태

registration
[rèdʒəstréiʃən, 레지스트레이션]
명 등록, 가입

2007 the registration form
등록 양식

negligence
[néglidʒəns, 네글리전스]
명 부주의(함), 태만

2010 feel guilty for the negligence
부주의함에 죄책감을 느끼다

stale [steil, 스테일]
형 오래된, 진부한, 김빠진

2012 a stale routine
진부한 일상

assumption
[əsʌ́mpʃən, 어섬션]
명 가정, 억측

2012 this unconscious assumption
이러한 무의식적인 가정

함께 외우기 assume
(가정하다, 추정하다)

caterpillar
[kǽtərpilər, 캐털필럴]
명 애벌레

2004 ant caterpillar
개미 애벌레

ultimate [ʌ́ltɪmət, 알티멋]
형 최후의, 궁극적인

2007 ultimate solution
궁극적인 해결책

facilitate
[fəsílətèit, 퍼실러테이트]
동 촉진하다, 쉽게 하다

2009 facilitate interpretation
해석을 촉진하다

extinction
[ikstíŋkʃən, 익스팅션]
명 멸종, 소멸

1996 danger of extinction
멸종의 위기

demanding
[diméndiŋ, 디맨딩]
형 요구가 많은, 부담이 큰, 힘든

2012 a demanding and
high-pressure task
힘들고 압박이 심한 업무

> demand(요구하다)하는
> 것이 많으니 힘들다는 뜻

infer [infớ:r, 인펄-]
동 추리하다, 뜻하다, 암시하다

2013 infer his sincere interest
그의 진정성 있는 관심을
암시하다

> 함께 외우기 inference(추론)

proof [pru:f, 프루-프]
명 증명, 증거

1994 a proof in physics
물리학적 증명

opposite [ápəzit, 아퍼지트]
형 맞은편의, 정반대의

2002 the opposite shore
맞은편 해안

probe
[proub, 프로우브]
동 캐묻다, 조사하다, 탐사하다

2010 probe and rehabilitate the body
신체를 조사하고 회복시키다

sorrow
[sárou, 사로우]
명 슬픔, 비애

2002 joys and sorrows
기쁨과 슬픔들

abruptly
[əbrʌ́pt, 어브럽틀리]
부 갑자기, 불쑥

1997 reply abruptly
갑작스럽게 답변하다

> 함께 외우기 abrupt
> (갑작스러운)

exotic
[igzátik, 이그자틱]
형 외래의, 외국산의

2009 exotic place
이국적인 장소

contradiction
[kàntrədíkʃən, 칸트러딕션]
명 반박, 모순

2013 avoid confronting
contradiction
모순된 사실에 직면하는 것을 피하다

> 함께 외우기 contradict
> (부정하다, 모순되다)

grant
[grɑːnt, 그랜-트]
명 보조금 동 주다, 승인하다

1994 state grants
국가 보조금

오늘 배운 단어들의 의미를 생각하면서 아래 일기를 읽어 보세요.

오늘 가정시간에 **①**infant 시기의 특징에 대해서 배웠다. 선생님께서 어린 시절은 삶에서 **②** unique한 시기라고 하셨다. 어린 시절은 생각을 이해하는 **③** spectrum을 넓히고 **④** cognitive한 발달을 이루는 결정적 시기며, **⑤** practical한 **⑥** element를 스스로 **⑦** probe하는 시기라고 하셨다. 특히 주변에 존재하는 **❽** proof를 바탕으로 사물이나 사건의 인과관계를 **❾** infer할 수 있는 시기라고 하셨다. 선생님께서 이 시기의 아이들에게 답을 제시하기보다 생각의 **⑩** complexity를 길러주기 위한 활동을 해야 한다고 하셨다. 그래서 나는 이번 주말에 7살짜리 사촌동생을 위해 셜록 홈즈와 관련된 추리게임을 하려고 한다. 동생에게 큰 도움이 되겠지?

Answer ❶ infant 명 유아 ❷ unique 형 유일무이한, 특이한 ❸ spectrum 명 범위 ❹ cognitive 형 인식의, 인지적인 ❺ practical 형 실제의, 실용적인 ❻ element 명 요소, 성분 ❼ probe 동 캐묻다, 조사하다, 탐사하다 ❽ proof 명 증명, 증거 ❾ infer 동 추리하다, 뜻하다, 암시하다 ❿ complexity 명 복잡성

Memo

DAY 22

Eighty percent of success is showing up.
- *Woody Allen*

성공의 8할은 일단 출석하는 것이다.

– 우디 앨런

실제로 우디 앨런은 매년 장편 영화 한 편씩을 꼬박꼬박 만들 정도로 성실하다고 합니다. 그 성실함이 성공의 요인 중 하나임은 틀림 없을 것입니다. 여러분도 이미 책을 펼친 것만으로 성공의 8할을 이루었습니다. 이제 남은 2할은 여러분의 노력이겠지요?

≫ DAY 22 음성 강의

worthless
[wə́:rθlis, 월—쓰리스]
형 가치 없는

2006 the worthless junk
가치 없는 쓰레기

outstanding
[àutstǽndiŋ, 아웃스탠딩]
형 눈에 띄는, 현저한

1994 outstanding achievement
두드러진 업적

creep [kri:p, 크립—]
동 기다, 살금살금 움직이다, 타고
오르다

2008 creeping plants
덩굴 식물

incentive
[inséntiv, 인센티브]
명 격려, 자극, 장려금

2010 an incentive for good grades
성적이 좋으면 주는 장려금

vend [vend, 벤드]
동 팔다, 자동판매기로 팔다

2006 vending machine
자동판매기

length [leŋθ, 렝쓰]
명 길이, 장단

2004 length and quality of life
삶의 길이와 질

long(길이가 긴)의 명사형

rural [rúrəl, 루럴]
형 시골의, 지방의

2010 rural and urban areas in
Canada
캐나다의 시골과 도시 지역들

함께 외우기 urban(도시의)

urgent
[ə́:rdʒənt, 얼—전트]
형 긴급한, 절박한

2007 urgent job
급한 일

ancestor
[ǽnsestər, 앤세스털]
명 선조, 조상

2012 the common ancestor
공통 조상

stimulate
[stímjəlèit, 스티뮬레이트]
동 자극하다

2010 stimulate further discussion
추가 논의를 자극하다

adequate
[ǽdikwət, 애디큇]
형 적당한, 충분한

2011 for adequate scientific testing
적절한 과학적 검증을 위해

division [divíʒən, 디비전]
명 분할, 분배

1999 the division of labor
노동의 분할

incur [inkə́:r, 인컬—]
통 초래하다

2013 the cost to be incurred by the others
상대방에 의해 초래된 비용

tolerate
[tálərèit, 탈러레이트]
통 참다, 견디다

1994 tolerate disagreement
의견의 불일치를 참다

nature
[néitʃər, 네이쳐]
명 천성, 본래의 모습

2008 the nature of human being
인간의 본성

infect
[infékt, 인펙트]
통 감염시키다

2012 a wound which is still infected
여전히 감염된 상처

assignment
[əsáinmənt, 어사인먼트]
명 할당, 연구 과제, 숙제

2009 a chemistry assignment
화학 과제

qualify
[kwáləfài, 퀄러파이]
통 자격을 주다, 한정하다

2011 qualify your claim
당신의 주장을 한정하다

pace
[peis, 페이스]
명 걸음걸이, 걷는 속도

2004 in a rapid pace
빠른 속도로

mind
[maind, 마인드]
명 마음, 정신 통 신경 쓰다, 싫어하다

2013 mind living in the house
그 집에 사는 것을 꺼리다

scent [sent, 센트]
명 냄새, 향기

1994 pleasant scents
기분 좋은 향기

eliminate
[ilímənèit, 일리머네이트]
동 제거하다, 배제하다

2008 eliminate documents
기록을 삭제하다

derive [diráiv, 디라이브]
동 끌어내다, 얻다, ~에서 비롯되다

2011 derive from a Greek
그리스어에서 유래하다

함께 외우기 derive from(~에서 유래하다)의 형태로 활용!

rite [rait, 라이트]
명 의례, 의식

1994 the rite of passage
통과의례

remarkable
[rimá:rkəbəl, 리말—커블]
형 놀라운, 주목할 만한

2003 remarkable achievement
놀라운 업적

deadly [dédli, 데들리]
형 죽음의, 치명적인

2004 the deadly disease
치명적 질병

sincere
[sinsíər, 신시얼—]
형 성실한, 진실한

2013 this inferred sincere interest
이 암시된 진정한 관심

emission
[imíʃən, 이미션]
명 (빛·열·향기) 발산, 방출

2005 CO$_2$ emissions
이산화탄소의 방출

함께 외우기 emit(내다, 내뿜다)

territory
[térətɔːri, 테러토—리]
명 지역, 영토, 영역

2011 protect their territory
그들의 영역을 지키다

inadequately
[ɪnǽdəkwətli, 인애더쿼틀리]
부 부적절하게, 불충분하게

2015 inadequately dressed for the pouring rain
비가 억수같이 내리는데 부적절한 옷을 입은

ongoing [ángòuiŋ, 안고잉]
형 진행중인

2012 an ongoing pattern
진행중인 양식

congestion
[kəndʒéstʃən, 컨제스천]
명 혼잡, 붐빔

1997 traffic congestion
교통 혼잡

promotion
[prəmóuʃən, 프러모우션]
명 승진, 진급

1998 turn down the promotion
승진을 거절하다

natal [néitl, 네이틀]
형 출생의

2012 their dispersal from their natal areas
그들의 출생지로부터의 분산

rip [rip, 립]
동 쪼개다, 째다, 찢다

2011 a ripped T-shirt
찢어진 티셔츠

architecture
[á:rkətèktʃər, 알-커텍쳐]
명 건축, 건축양식

2009 modern architecture
현대식 건축물

suppress
[səprés, 서프레스]
동 억압하다, 억누르다

2012 suppress emotions
감정을 억누르다

approximate
[əpráksəmèit, 어프락서메이트]
형 가까운, 근접한 동 가까워지다

2010 approximate to zero
0에 가까워지다

dissent [disént, 디센트]
명 반대, 불찬성

2010 political and religious dissent
정치적, 종교적 반대

eternal
[itə́:rnəl, 이털-널]
형 영원한, 끊임없는

1994 eternal rhythms
영원한 리듬

오늘 배운 단어들의 의미를 생각하면서 아래 일기를 읽어 보세요.

오늘 할머니가 돌아가셨다. 할머니 품에서 늘 풍기던 프리지아 ❶ scent는 이제 내 기억에서 점점 ❷ eliminate되겠지…. 할머니를 위한 장례 ❸ rite을 치렀다. 할머니는 내게 누구보다 ❹ remarkable 한 사람이셨다. 늘 ❺ sincere한 마음으로 사람을 대하셨다. 할머니께서는 항상 내 속에 있는 고유의 ❻ nature를 찾으라고 하셨다. 내가 가수의 꿈을 꿀 때 모두가 ❼ dissent 했지만, 할머니만큼은 나를 믿어주시고, ❽ ongoing한 지지를 보내주셨다. 할머니가 돌아가셨다는 것이 아직 믿기지 않지만, 할머니의 기대에 부응하도록 내게 주어진 ❾ assignment에 최선을 다할 것이다. 할머니는 ❿ eternal하게 내 마음 속에 계실 것이다.

Answer ❶ scent 몡 냄새, 향기 ❷ eliminate 동 제거하다, 배제하다 ❸ rite 몡 의례, 의식 ❹ remarkable 형 놀라운, 주목할 만한 ❺ sincere 형 성실한, 진실한 ❻ nature 몡 천성, 본래의 모습 ❼ dissent 몡 반대, 불찬성 ❽ ongoing 형 진행중인 ❾ assignment 몡 할당, 연구 과제, 숙제 ❿ eternal 형 영원한, 끊임없는

Memo

DAY 23

Either you run the day,
or the day runs you.
- *Jim Rohn*

스스로 하루를 관리하라,
아니면 하루가 너를 흔들 테니.
– 짐 론

어떤 이들은 하루가 인생의 축소판이라고 하죠. 하루가 모여서 우리 인생이 됩니다.
그래서 하루를 알차게 보내려는 노력이 인생에서 가장 중요하다고 할 수 있습니다.
오늘 하루도 힘내서 달려볼까요?

>>> DAY 23 음성 강의

supervise
[súːpərvàiz, 수—펄바이즈]
동 관리하다, 감독하다

1998 supervise warehouse
창고를 관리하다

loyal [lɔ́iəl, 로열]
형 충성스러운

2002 loyal fans
충성스러운 팬

multiple
[mʌ́ltəpəl, 멀티플]
형 다양한, 복잡한

2001 multiple social role
다양한 사회적 역할

qualified
[kwɑ́ləfàid, 콸러파이드]
형 자격 있는, 적임의

2002 qualified hunter
자격증 있는 사냥꾼

confirmation
[kɑ̀nfərméiʃən, 컨퍼메이션]
명 확정, 확인

2013 confirmation bias
확증편향

former [fɔ́ːrməːr, 폴—멀—]
형 과거의, 전자의, 전임의

2002 former U.S. President
미국의 전직 대통령

calculation
[kæ̀lkjəléiʃən, 캘큘레이션]
명 계산

2012 the calculations necessary for GPS
지구위치파악시스템(GPS)을 위해 필요한 계산

dawn [dɔːn, 도운—]
명 새벽, 동틀 녘

2006 the hour of dawn
새벽 시간

figure [fígjər, 피겨]
명 숫자, 모양, 인물

2008 famous public figures
유명한 대중적인 인물

수능에서 정말 중요한 단어!

accountable
[əkáuntəbəl, 어카운터블]
형 책임 있는

2011 be held accountable for the claim
그 주장에 대해 책임지다

conception
[kənsépʃən, 컨셉션]
명 개념

2009 an imperfect conception
불완전한 개념

destruction
[distrʌ́kʃən, 디스트럭션]
명 파괴, 분쇄

1999 the destruction of ecosystems
생태계 파괴

principle
[prínsəpəl, 프린서펄]
명 원리, 원칙

2006 scientific principle
과학적 원리

함께 외우기 principal(주요한)

entire
[intáiər, 인타이얼]
형 전체의

2012 the entire region
전체 지역

imprint
[imprínt, 임프린트]
명 날인, 자국, 흔적

1994 a stamped imprint
도장 자국

height [hait, 하이트]
명 높음, 높이, 최고조

2010 the height of efficiency
최고의 효율성

high(높은)의 명사형

temperate
[témpərit, 템퍼리트]
형 (기후·계절이) 온화한

1994 temperate climate
온화한 기후

pursue
[pərsú:, 펄수—]
동 뒤쫓다, 추구하다

2011 pursue your passion
너의 열정을 쫓다

string [striŋ, 스팅]
명 끈, 줄

2009 tight string
탄탄한 끈

estimate
[éstəmit, 에스터미트]
명 평가, 견적 동 추정(추산)하다

2009 many estimates
많은 견적

149

excessive [iksésiv, 익세시브] 형 과도한, 과대한, 과다한	1995 excessive dependence 과도한 의존
friction [frík∫ən, 프릭션] 명 마찰	2013 a communication skill of the frictionless type 마찰 없는 유형의 소통기술
elastic [ilǽstik, 일래스틱] 형 탄력 있는	2013 elastic weapons 탄성 있는 무기
respect [rispékt, 리스펙트] 명 존경, 측면 동 존경하다, 준수하다	2002 in all respects 모든 면에서 respect에는 '측면'이라는 뜻도 있어요!
extraordinary [ikstrɔ́:rdənèri, 익스트러—올디네리] 형 대단한, 비범한	2011 except for extraordinary exceptions 아주 예외적인 경우를 제외하고
content [kántent, 칸텐트] 명 내용(물), 함유량 형 만족하는	2002 salt content 소금 함량 형용사는 발음이 조금 달라요! [kəntént, 컨텐트]
invaluable [invǽljuəbəl, 인밸류어블] 형 매우 귀중한	2005 invaluable advice 귀중한 조언 in이 붙었지만 중요하지 않다는 뜻이 아닙니다
aspiration [æ̀spəréi∫ən, 애스퍼레이션] 명 열망, 포부	2008 reflect aspirations 열망을 반영하다
conduction [kəndʌ́k∫ən, 컨덕션] 명 전도	2013 his mathematical theory of heat conduction 열전도에 대한 그의 수학적 이론 함께 외우기 conduct (열이나 전기를 전도하다)
intervene [ìntərvíːn, 인털빈—] 동 개입하다	2011 find ways to intervene 개입하는 방법을 알아내다

aggressive
[əgrésiv, 어그레시브]
형 공격적인, 호전적인

2009 an aggressive behavior
공격적 행동

swallow [swá:lou, 스왈-로우]
동 삼키다

2015 swallow or reject food
음식을 삼키거나 거부하다

deceptive
[diséptiv, 디셉티브]
형 기만적인, 사기의

2014 inherently deceptive
본질적으로 기만적인

blunt [blʌnt, 블런트]
형 무딘, 퉁명스러운

2011 a blunt or more direct way
퉁명스럽고 좀더 직접적인 방식으로

identification
[aidèntəfikéiʃən, 아이덴터피케이션]
명 신원 확인

2008 object identification
물체 확인

mandatory
[mændətɔ̀:ri, 맨더토-리]
형 명령의, 의무적인

2010 mandatory attendance
의무적인 참석

impractical
[impræktikəl, 임프랙티컬]
형 비실용적인

2011 an impractical white scarf
비실용적인 하얀색 스카프

fraction
[frǽkʃən, 프랙션]
명 파편, 소량

2012 suffer only a fraction of the disadvantage
단점의 불과 일부만을 겪다

deserve [dizə́:rv, 디절-브]
동 ~을 받을 만하다, ~(당)해야 마땅하다

2003 deserve the attention
관심을 받을 자격이 있다

instrument
[instrəmənt, 인스트러먼트]
명 악기, 기구, 도구

2004 a traditional musical instrument
전통 악기

오늘 배운 단어들의 의미를 생각하면서 아래 일기를 읽어 보세요.

오늘 역사 수업 시간에 독재 정권에 대해 배웠다. 우리의 역사를 돌아보면서 국가가 개개인을 ❶ supervise하며 특정한 ❷ figure가 신과 같은 권력을 가지고, 나머지 국민들은 그저 국가를 이루는 ❸ fraction에 지나지 않았다는 사실에 충격을 받았다. 그 시절에는 국가로부터 ❹ qualified한 사람임을 인정받으려면 국가에 ❺ loyal해야 했다. 사실 국가에 충성하는 것은 ❻ mandatory한 것이지만, ❼ excessive하게 충성을 요구하는 것이 국가의 역할은 아닌 것 같다. 그 시절 사람들은 왜 그렇게 국가로부터 ❽ deceptive한 일들을 많이 당했을까? 지금처럼 인터넷이 없어서 그랬을까? 모든 국민은 그 자체로 ❾ invaluable하다. 그런 기본적인 ❿ principle이 지켜지지 않는다면 그 국가는 존재할 이유가 없을 것이다. 이런 일이 반복되지 않도록 우리는 역사를 똑똑히 기억해야 할 것이다.

Answer ❶ supervise 동 관리하다, 감독하다 ❷ figure 명 숫자, 모양, 인물 ❸ fraction 명 파편, 소량 ❹ qualified 형 자격 있는, 적임의 ❺ loyal 형 충성스러운 ❻ mandatory 형 명령의, 의무적인 ❼ excessive 형 과도한, 과대한, 과다한 ❽ deceptive 형 기만적인, 사기의 ❾ invaluable 형 매우 귀중한 ❿ principle 명 원리, 원칙

Memo

DAY 24

Every strike brings me closer
to the next home run.
- *Babe Ruth*

야구에서 스트라이크를 당하면
그만큼 홈런의 기회도 많아지는 것이다.
– 베이브 루스

전설적인 야구 선수 베이브 루스의 말처럼 실패를 실패로만 보지 않아야 합니다. 실패는 성공을 만드는 기회입니다. 성공할 그 날을 꿈꾸며 오늘도 열심히 공부해볼까요?

>>> DAY 24 음성 강의

primary
[práimeri, 프라이메리]
형 첫째의, 주요한

2011 the primary source of electricity generation
전력 생산의 주된 에너지원

mutation
[mjuːtéiʃən, 뮤-테이션]
명 돌연변이, 변화

2012 select mutations
변화를 선택하다

apparent [əpǽrənt, 어패런트]
형 분명한

2015 this apparent difference
이런 명백한 차이

trial [tráiəl, 트라이얼]
명 재판, 시도, 시험(실험)

2012 select a result from one trial
한 실험에서 얻은 결과를 선택하다

bury [béri, 베리]
동 숨기다, 묻다

2014 be buried deep in his unconscious
그의 무의식 안에 깊이 숨겨진

seemingly
[síːmiŋli, 시-밍리]
부 표면적으로, 외관상

2014 the seemingly practical disciplines
표면적으로 실용적인 교과

vessel [vésəl, 베설]
명 관, 용기

2014 blood vessels
혈관

conform
[kənfɔ́ːrm, 컨펌-]
동 적합하게 하다, 순응하다

2010 conform to our way of thinking
우리의 사고방식에 따르다

함께 외우기 conform to
(~에 순응하다)의 형태로 활용!

spiritual
[spírɪtʃuəl, 스피리츄-얼]
형 정신의, 정신적인

1996 the spiritual development
정신적인 발달

aptitude
[ǽptitùːd, 앱티튜-드]
명 적성

2006 children's aptitude
아이들의 적성

bond [bɑnd, 반드]
명 묶는 것, 유대

2010 the role of social bonds
사회적 유대의 역할

lasting [lǽstiŋ, 래스팅]
형 영속하는, 지속적인

2013 earn him lasting fame
그에게 지속적인 명성을 얻어주다

함께 외우기 last(지속하다)

woeful
[wóufəl, 오우펄]
형 슬픈, 비참한

2013 listen to the woman's woeful story
그녀의 가련한 이야기를 듣다

innovation
[inouvéiʃən, 이노우베이션]
명 (기술)혁신

2012 encourage environmental innovation
환경적인 혁신을 장려하다

product
[prɑ́dəkt, 프라덕트]
명 생산품

2001 large quantities of a product
대량의 제품

punishment
[pʌ́niʃmən, 퍼니쉬먼트]
명 처벌

2015 avoid further punishment
추가적인 처벌을 피하다

construct
[kənstrʌ́kt, 컨스트럭트]
명 구성체, 건축물
동 건설하다, 구성하다

2014 a social construct
사회적 구성체

oblige [əblɑ́idʒ, 어블라이쥐]
동 강요하다, 의무를 지우다

2011 were obliged to trek 400 miles
400마일 이동을 강요받았다

pottery
[pɑ́təri, 파터리]
명 도기

2007 ancient pottery
고대 도기

beside
[bisɑ́id, 비사이드]
전 ~옆에, ~를 벗어나

2000 beside himself
제정신이 아닌

155

loom [luːm, 루-움]
통 어렴풋이 보이다(나타나다)

2013 auditory looming
청각적으로 어렴풋이 들려오는

assert [əsə́ːrt, 어설-트]
통 단언하다, 주장하다

2012 assert what we think happened
우리에게 일어났다고 생각하는 사건을 주장하다

grind [graind, 그라인드]
통 갈다, 연마하다

2007 grinding and polishing operation
연마, 광택 작업

misconception
[mìskənsépʃən, 미스컨셉션]
명 오해

2007 common misconception
흔한 오해

hybrid [háibrid, 하이브리드]
형 잡종의, 혼혈의

2012 a hybrid art as well as a late one
후발 예술이면서 동시에 혼합 예술

integral
[íntigrəl, 인티그럴]
형 필수의, 완전한

2009 an integral element of life
생명의 필수적인 요소

explosion
[iksplóuʒən, 익스플로우전]
명 폭발, 폭파

2004 underground explosions
지하 폭발

contribute
[kəntríbjuːt, 컨트리뷰-트]
통 ~의 원인이 되다, 기여하다

1994 contribute to stress
스트레스의 원인이 되다

함께 외우기 contribute to
(~의 원인이 되다)의 형태로 활용!

disposable
[dispóuzəbəl, 디스포우저블]
형 처분할 수 있는

1998 disposable razor
일회용 면도기

처분 가능하니까 1회용이죠!

dwelling
[dwéliŋ, 드웰링]
명 집, 주거

2013 a sea of homes four times the size of his dwelling
그의 집보다 4배가 큰 수많은 집

함께 외우기 dwell
(살다, 거주하다)

156

behalf [bihǽf, 비해프]
명 편, 이익

2008 on behalf of the school
학교를 대표해서

함께 외우기 on behalf of
(~를 대표해)

disgusted
[disgʌ́stid, 디스거스티드]
형 정떨어진, 혐오하는

2014 neither attracted nor disgusted
매력을 느끼지도, 혐오감을 느끼지도 않는

impair [impéər, 임페얼]
동 손상하다, 해치다

2010 impair the performance
수행능력을 저해하다

coincide
[kòuinsáid, 코우인사이드]
동 일치하다, ~에 상당하다

2014 coincide with a peak in amino acid concentrations
아미노산 농도의 최고점과 일치하다

approval
[əprúːvəl, 어프루–벌]
명 승인, 찬성

2008 polite approval
정중한 찬성

take advantage of
이용하다

2014 take advantage of the emotional impact
감정적 영향을 이용하다

respiration
[rèspəréiʃən, 레스퍼레이션]
명 호흡

1994 oxygen for respiration
호흡을 위한 산소

gloomy
[glúːmi, 글루–미]
형 울적한, 침울한, 우울한

1994 look gloomy
우울해 보이다

bothersome
[báðəːrsəm, 바덜–섬]
형 성가신, 귀찮은

2010 ask bothersome questions
성가신 질문을 하다

imprudent
[imprúːdənt, 임프루–던트]
형 경솔한, 무분별한

2010 imprudent behavior
경솔한 행동

반의어 prudent(신중한)

오늘 배운 단어들의 의미를 생각하면서 아래 일기를 읽어 보세요.

오늘 얼마 안 남은 새해를 위한 계획을 세웠다. 내년의 ❶ primary한 목표는 '내 삶에서의 ❷ apparent 한 ❸ mutation을 만들어보자.'는 것이다. 지금껏 나는 단조로운 일상을 반복하며 현실에 안주하기 만 했다. 이제 새로운 ❹ trial를 하면서 내가 가진 기술을 더욱더 ❺ grind할 것이다. 현재 내 미래는 ❻ loom해 보이지만 이제는 ❼ imprudent하게 행동하지 않고, 내 인생에서 ❽ integral한 것들을 성취하 기 위해서 끊임없이 노력할 것이다. 물론 내 주변의 좋은 사람들과 ❾ bond를 형성하기 위해 노력하겠 지만, 지금까지는 너무 친구들을 챙기다가 내 계획이 ❿impair되는 경우가 많았기에 올해는 나에게만 집중하는 나를 위한, 나만의 한 해를 만들어 보려고 한다. Happy New Year!

Answer
❶ primary 형 첫째의, 주요한 ❷ apparent 형 분명한 ❸ mutation 명 돌연변이, 변화 ❹ trial 명 재판, 시도, 시험 ❺ grind 통 갈다, 연마하다 ❻ loom 통 어렴풋이 보이다(나타나다) ❼ imprudent 형 경솔한, 무분별한 ❽ integral 형 필수의, 완전한 ❾ bond 명 묶는 것, 유대 ❿ impair 통 손상하다, 해치다

Memo

DAY 25

Everything you've ever wanted is
on the other side of fear.
- George Addair

당신이 지금까지 원했던 모든 것은
두려움 너머에 있다.
– 조지 아데어

여러분이 이루고 싶은 것들은 무엇 너머에 있나요? 그것은 두려움일 수도 있고, 귀찮음일 수도 있고, 지친 마음일 수도 있습니다. 그것이 무엇이 되든, 극복해 원하는 것을 얻게 되기를 응원합니다.

>>> DAY 25 음성 강의

mental [méntl, 멘틀]
형 마음의, 정신의

1996 the mental and physical health
정신과 신체의 건강

inherit [ɪnhérɪt, 인헤리트]
동 물려받다

2015 inherit the losses
손실을 물려받다

함께 외우기 inherited(상속한, 유전의)

massive [mǽsiv, 매시브]
형 대량의

2009 massive investment
대량 투자

induce [indjúːs, 인듀―스]
동 설득하다, 유도하다, 유발하다

2010 induce one's indigestion
소화불량을 초래하다

burst [bəːrst, 벌―스트]
명 (갑자기) 한바탕 ~을 함, 파열
동 터지다, 파열하다, 불쑥 ~하다

2012 for short bursts of intense activity
격렬한 활동의 짧은 폭발성에 있어

effective
[iféktiv, 이펙티브]
형 효과적인, 시행되는

2001 an effective means
효과적인 수단

install
[instɔ́ːl, 인스톨―]
동 설치(설비)하다

2010 install an ad blocking program
광고차단 프로그램을 설치하다

oval [óuvəl, 오우벌]
형 달걀 모양의, 타원형의

2013 the retinal image is oval
망막의 상이 타원형이다

religious
[rilídʒəs, 릴리져스]
형 종교의, 종교적인

1994 religious backgrounds
종교적 배경

bliss
[blis, 블리스]
명 더없는 행복

1996 Ignorance is bliss
모르는 것이 약이다

flour [flauər, 플라우얼]
명 밀가루, 분말

2013 eat or process into flour
먹거나 가루로 가공하다

flower와 발음은 같아요!

mixture
[míkstʃər, 믹스철-]
명 혼합, 혼합물

2004 a special honey mixture
특별한 꿀 혼합물

exploration
[èksplǝréiʃǝn, 엑스플러레이션]
명 탐험, 탐사

2013 exploration in areas of the Arctic
북극 지역의 탐사

mere [mɪr, 미얼]
형 겨우 ~의, 단지 ~한

2015 mere information exchange
단순한 정보의 교환

simplify
[símplǝfài, 심플러파이]
동 단순화하다

1994 simplified presentation
단순화된 프레젠테이션

favor
[féivǝr, 페이벌]
명 호의, 친절

1999 do a favor
호의를 베풀다

stillness
[stílnis, 스틸니스]
명 고요, 정적

1996 the stillness of a forest
숲의 고요함

still에 고요한, 조용한
이라는 의미가 있어요.

spot [spɑt, 스팟]
명 반점, 점

2005 dark spot
검은 점

altitude
[ǽltǝtjùːd, 앨터튜-드]
명 (산의) 높이, 고도

2011 the deadly effects of extreme altitude
극한 고도의 치명적 영향

isolation
[àisǝléiʃǝn, 아이설레이]
명 격리, 분리, 고립

2016 work in isolation
격리되어 일하다

provoke [prəvóuk, 프러보우크]
동 (감정 따위를) 일으키다

2010 provoke hostility and contempt
적대감과 경멸감을 불러일으키다

ethical [éθikəl, 에씨컬]
형 도덕상의, 윤리적인

1996 ethical problems
윤리적인 문제점

gradual [grǽdʒuəl, 그래쥬얼]
형 단계적인, 점진적인

1995 a gradual process
점진적인 과정

suspicious
[səspíʃəs, 서스피셔스]
형 의심스러운

1994 be suspicious of a criticism
비판에 대해 의심하는

tremendous
[triméndəs, 트리멘더스]
형 굉장한

1996 a tremendous amount
거대한 양

deliberately
[dilíbəritli, 딜리버리틀리]
부 고의로, 의도적으로, 신중히

2011 be deliberately ambiguous
일부러 애매모호하게 하다

empathetic
[èmpəθétik, 엠퍼쎄틱]
형 공감할 수 있는

2016 arouse an empathetic
reaction 공감할 수 있는
반응을 불러일으키다

함께 외우기
empathy(공감, 감정이입)

burden [bə́ːrdn, 벌—든]
명 무거운 짐, 부담

2012 in the burden of risk
위험에 대한 부담에서

supreme
[səpríːm, 수프림—]
형 최고의

2005 supreme delight
최고의 기쁨

metabolism
[mətǽbəlizəm, 머태벌리즘]
명 물질(신진)대사

2011 send signals to your metabolism
신진대사에 신호를 보내다

162

regress [rigrés, 리그레스]
동 되돌아가다, 퇴보하다

2013 had mentally regressed
정신적으로 퇴보했다

moral [mɔ́:rəl, 모-럴]
형 도덕(상)의, 윤리(상)의

1994 moral education
도덕 교육

organize
[ɔ́:rgənàiz, 오-거나이즈]
동 조직하다

2010 organize a fair
전시회를 조직하다

contract [kɔntrǽkt, 컨트랙트]
명 계약
동 계약하다, 수축하다, (병에) 걸리다

2013 contract a strange illness
이상한 질병에 걸리다

contract는 뜻이 굉장히 다양해요

archaeological
[à:rkiəládʒikəl, 알-키얼라지컬]
형 고고학의

2013 at archaeological sites
고고학적 현장에서

inhibit
[inhíbit, 인히비트]
동 금하다, 방해하다

2013 inhibit economically rational judgment
경제적으로 합리적인 판단을 방해하다

severance
[sévərəns, 세버런스]
명 단절, 고용 계약 해지, 해고

2011 give two months' salary as severance pay
해직 수당으로 2개월치 급여를 주다

persistence
[pə:rsístəns, 펄-시스턴스]
명 고집, 집요함, 인내력

2008 the value of hard work and persistence
열심히 일하는 것과 인내의 가치

curiosity
[kjùəriásəti, 큐리아서티]
명 호기심

2002 satisfy curiosity
호기심을 충족시키다

refundable
[rifʌ́ndəbl, 리펀더블]
형 환불가능한

2015 pay the non-refundable deposit
환불 불가능한 보증금을 지불하다

함께 외우기
refund(환불하다)

오늘 배운 단어들의 의미를 생각하면서 아래 일기를 읽어 보세요.

요즘 몸이 별로 안 좋더니 여러 질병을 한 번에 ❶ contract되어 병원을 찾았다. 의사 선생님께서는 여러 검사를 ❷ deliberately하게 진행하시더니, 나는 신체에 별다른 이상은 없고, ❸ mere한 ❹ mental쪽의 병에 걸렸다고 하셨다. 그 어떤 ❺ effective한 약도 별로 도움이 되지 않을 것이고, 오직 쉬는 것이 가장 좋은 치료법이라고 하셨다. 의사 선생님께서는 내게 스트레스를 ❻ provoke하는 일들을 한동안 ❼ inhibit하라고 하셨다. 생각해 보면 나는 지나치게 ❽ empathetic한 성격을 가지고 있다. 좋은 면도 있지만, 다른 친구들의 이야기에 계속 공감을 하다 보면 ❾ gradual하게 스트레스가 쌓인다. 이게 바로 나의 문제였다. 이제는 나를 위해서 남들로부터 ❿ isolation된 나만의 시간을 보내고 싶다.

Answer

❶ contract 명 계약 동 계약하다, 수축하다, (병에) 걸리다 ❷ deliberately 부 고의로, 의도적으로, 신중히 ❸ mere 형 겨우 ~의, 단지 ~한 ❹ mental 형 마음의, 정신의 ❺ effective 형 효과적인, 시행되는 ❻ provoke 동 (감정 따위를) 일으키다 ❼ inhibit 동 금하다, 방해하다 ❽ empathetic 형 공감할 수 있는 ❾ gradual 형 단계적인, 점진적인 ❿ isolation 명 격리, 분리, 고립

Memo

DAY 26

Go confidently in the direction of your dreams.
Live the life you have imagined.
- Henry David Thoreau

자신감을 가지고 네가 꿈꾸는 방향으로 나아가라.
네가 상상해왔던 삶을 살아라.
– 헨리 데이비드 소로

여러분도 자신감을 가지고 꿈꾸는 방향으로 나아가기를 바랍니다. 꿈을 향해 나아간
다면 상상만 해왔던 삶을 살 수 있습니다. 노력하면 상상이 현실이 됩니다. 우리 함
께 꿈꾸며 나아갑시다.

>>> DAY 26 음성 강의

rational [rǽʃənl, 래셔널]
형 이성적인, 합리적인

2010 rational judgement
합리적인 판단

수능에서 매우 중요한 단어!

release [rilíːs, 릴리-스]
동 풀어놓다, 방출하다

2009 release an aroma
향기를 발산하다

species [spíːʃiːz, 스피-시즈]
명 종

2015 a specially selected species of fish
특별히 선발된 물고기 종류

objection
[əbdʒékʃən, 어브젝션]
명 반대, 이의, 반론

1994 moral objections
도덕적인 반대

judgement
[dʒʌ́dʒmənt, 저쥐먼트]
명 판단(력)

2015 judgment about the value of a food source
음식 자원의 가치에 대한 판단

dependence
[dipéndəns, 디펜던스]
명 의지함, 의존

2007 our dependence on fossil fuels
화석연료에 대한 우리의 의존

charge [tʃɑːrdʒ, 찰-쥐]
명 요금, 기소, 고발, 책임
동 청구하다, 기소하다, 돌격하다

2003 free of charge
무료로

autograph
[ɔ́ːtəgræf, 오-터그래프]
명 자필, 친필, 서명

1998 ask for his autograph
그의 서명을 요청하다

utility
[juːtíləti, 유-틸러티]
명 쓸모 있음, 유용

2013 utility and rationality
유용성과 합리성

peer [piər, 피얼]
명 동료, 동등한 사람 동 유심히 보다

2010 agree with their peers
그들의 동료들에게 동의하다

166

destination
[dèstənéiʃən, 데스터네이션]
명 목적지

2001 arrive at the destination
목적지에 도착하다

auditory
[ɔ́:ditɔ̀:ri, 어-디터리]
형 청각의, 청각기관의

2009 the auditory system
청각기관

orphan [ɔ́:rfən, 올-펀]
명 고아

2013 leave him an orphan
그를 고아로 남겨놓다

pot [pɑt, 팟]
명 단지, 항아리, 병, 통

2002 large pots
커다란 항아리

sturdy
[stə́:rdi, 스털-디]
형 억센, 튼튼한

2010 strong and sturdy steel
강하고 튼튼한 쇠

model [mádl, 마들]
명 모형, 본보기
동 모형을 만들다, ~을 본뜨다

2013 model my life after that of my grandpa
할아버지를 내 삶의 모델로 하다

component
[kəmpóunənt, 컴포우넌트]
명 성분, 구성요소

2006 efficient electrical components
효율적인 전기구성분자

influence
[ínfluəns, 인플루언스]
명 영향, 영향력 동 영향을 주다

2015 influences on performance
수행에 미치는 영향

수능에서 매우 중요한 단어!

agricultural
[æ̀grikʌ́ltʃərəl, 애그리컬츄럴]
형 농업의

2011 decrease in agricultural yields
농업 생산량의 감소

legend
[lédʒənd, 레전드]
명 전설

2001 according to the legend
전설에 따르면

grief [griːf, 그리-프]
명 비탄, 슬픔

2016 grief is unpleasant
슬픔은 불쾌하다

accomplishment
[əkámpliʃmənt, 어캄플리쉬먼트]
명 성취, 업적

2014 note on positive accomplishment
긍정적인 성과물을 언급하다

possession
[pəzéʃən, 퍼제션]
명 소유물, 소지품

2006 precious possession
귀중한 소유물

함께 외우기
possess(소유하다)

wander [wɑːndər, 완-더]
동 거닐다, 헤매다

2001 allow his mind to wander
그의 마음이 산만해지도록 허락하다

wonder(궁금하다)와
구별하세요.

transportation
[trænspɔːrtéiʃən, 트랜스펄-테이션]
명 운송, 수송

2010 the fittest technology for transportation
가장 적합한 운송기술

kin [kin, 킨]
명 친족, 친척

2012 warn close kin
가까운 친족에게 경고하다

practice [préktis, 프랙티스]
명 실행, 실제, 관행, 연습
동 연습하다, 실행하다

2011 in social scientific practice
사회과학 연구의 실제에서

수능에서 '관행'이라는
의미로도 자주 활용!

institute [ínstətjùːt, 인스터튜-트]
명 연구소, 기관

1998 food policy institute
식량정책 연구소

insulate
[ínsəlèit, 인설레이트]
동 절연/단열/방음 처리를 하다

1996 insulate walls
벽을 단열처리하다

emerging
[imɔ́ːrdʒiŋ, 이멀-징]
형 신생의, 새로 생겨난

2006 emerging countries
떠오르는 국가들

comprehensive
[kàmprihénsiv, 캄프리헨시브]
형 포괄적인

1998 a comprehensive program
포괄적인 프로그램

equipment
[ikwípmənt, 이큅먼트]
명 장비, 도구

2008 sports equipment
스포츠 장비

mouthful
[máuθful, 마우쓰풀]
명 한 입

2003 take a manageable mouthful
적정한 양의 한 입을 먹다

injured [índʒərd, 인절드]
형 상처 입은

1996 injured animals
상처 입은 동물

commission
[kəmíʃən, 커미션]
명 임무, 위탁

2014 the commissions from wealthy patrons
부유한 후원자로부터 받는 위탁일들

afflict [əflíkt, 어플릭트]
동 괴롭히다

1994 be afflicted with loneliness
고독으로 괴로워하다

흔히 수동태로 사용해요.

flutter
[flʌ́tə:r, 플러털-]
동 펄럭이다, 훨훨 날다

1996 fluttering butterfly
훨훨 나는 나비

barrier
[bǽriər, 배리얼]
명 장벽, 장애물

1994 lower the barriers
장벽을 낮추다

insist
[insíst, 인시스트]
동 주장하다, 고집하다

2013 insist on hearing baroque music 바로크 음악을 들어야
한다고 주장하다

함께 외우기 insist on/ that으로 주로 사용!

deliberate
[dilíbərit, 딜리버리트]
형 계획적인, 고의의, 신중한

2012 constitute a deliberate discipline
의도적인 규율로 여겨지다

Misson! Read My Diary

오늘 배운 단어들의 의미를 생각하면서 아래 일기를 읽어 보세요.

오늘 동아리 친구들과 준비했던 연극 공연을 성황리에 마쳤다. 그런데 동아리의 한 친구가 열심히
❶ practice했음에도 불구하고, 긴장한 나머지 대사 실수를 많이 했다. 연극이 끝나고 그 친구는 큰
❷ grief에 빠졌다. 친구는 계속 "나는 이 동아리에서 ❸ utility가 하나도 없는 사람이야."라며 펑펑 울
었다. 그 친구는 연극의 ❹ comprehensive한 측면을 관리했던 총괄자이자 배우였다. 누구보다 공연
의 ❺ accomplishment를 위해 노력했다. 많은 학생들이 그녀의 성실한 태도를 ❻ model하고 싶을 정
도로 멋있는 친구였다. 나는 그런 친구가 ❼ deliberate한 잘못을 한 것도 아닌데, 공연 후에 심적으로
❽ injured한 모습을 보니 안타까웠다. 우리 동아리의 ❾ legend로 남을 그 친구가 얼른 훌훌 털어버리
고 동아리 부원 모두가 ❿ dependence할 수 있는 원래의 멋있는 모습을 찾으면 좋겠다.

Answer ❶ practice 몡 실행, 실제, 관행, 연습 됭 연습하다, 실행하다 ❷ grief 몡 비탄, 슬픔 ❸ utility 몡 쓸모 있음, 유용
❹ comprehensive 톙 종합적인, 전반적인 ❺ accomplishment 몡 성취, 업적 ❻ model 몡 모형, 본보기 됭
모형을 만들다, ~을 본뜨다 ❼ deliberate 톙 계획적인, 고의의, 신중한 ❽ injured 톙 상처 입은 ❾ legend 몡
전설 ❿ dependence 몡 의지함, 의존

Memo

DAY 27

I attribute my success to this:
I never gave or took any excuse.
- Florence Nightingale

나의 성공의 근원은 이것이다:
결코 변명을 하거나 변명을 받아들이지 않았다.
– 플로렌스 나이팅게일

변명을 한 경험이 누구나 한 번쯤은 있을 것입니다. 그러나 변명은 성공에 도움이 되지 않습니다. 이런저런 이유로 단어 암기를 거를 수도 있겠죠. 하지만 그런 변명을 하지 않고 꾸준히 노력해야 성공할 수 있습니다.

>>> DAY 27 음성 강의

prior [práiər, 프라이얼]
형 앞의, 사전의

2005 prior to the Renaissance
르네상스 이전에

함께 외우기 prior to
(~에 앞서, 먼저)

shelf [ʃelf, 셸프]
명 선반

2011 technology shelf
기술 선반

overall [óuvərɔ̀:l, 오우버롤]
형 종합적인, 전반적인

2005 overall physical condition
전반적인 신체적 상태

liberal [líbərəl, 리버럴]
형 자유주의의, 진보적인

2013 the so-called 'liberal' media
'진보적'이라고 불리는 언론 매체

complex
[kəmpléks, 컴플렉스]
명 단지 형 복잡한

2001 the complex structure
복잡한 구조

senior [síːnjər, 시-니얼]
형 손위의, 연상의

2001 senior citizens
연장자, 노인들

feature
[fíːtʃər, 피-철]
명 특징, 특색 동 특징으로 삼다

2003 essential feature
본질적인 특징

gene [ʤiːn, 진-]
명 유전자

2012 is based on gene
유전자에 기반을 두다

combine
[kəmbáin, 컴바인]
동 결합시키다, 섞다

2011 combine with critical comment
비평과 결합하다

함께 외우기
combing A with B
(A와 B를 결합하다)

diversity
[daivə́:rsəti, 다이벌-서티]
명 다양성, 차이점

2009 cultural diversity
문화적 다양성

layer [léiəːr, 레이얼-]
명 층, 겹

2012 a light-sensitive layer
빛에 민감한 막

countless
[káuntlis, 카운트리스]
형 무수한

2008 countless varieties
무수한 다양성

shape [ʃeip, 셰이프]
명 모양, 형태 동 모양 짓다

2013 shape our brains in the opposite direction
뇌를 반대 방향으로 가도록 모양 짓다

confirm [kənfáːrm, 컨펌-]
동 확인하다

2007 confirm my reservation
나의 예약을 확인하다

wholehearted
[hóulháːrtid, 호-울할티드]
형 성심성의의, 진심의, 전폭적인

2010 take a wholehearted stand
진심 어린 입장을 취하다

vague
[veig, 베이그]
형 희미한, 멍청한

2002 a vague voice
희미한 목소리

vast
[væst, 배스트]
형 광대한, 거대한

2016 the empty vast stage
텅 빈 거대한 무대

empty
[émpti, 엠티]
형 빈, 공허한

2004 the empty window
텅 빈 창

confuse
[kənfjúːz, 컨퓨-즈]
동 혼란시키다, 혼동하다

2015 confuse means with ends
수단과 목적을 혼동하다

breeze
[briːz, 브리-즈]
명 산들바람, 미풍

1996 soft breeze
부드러운 미풍

geographical
[ʤìːəɡrǽfikəl, 지-어그래피컬]
형 지리적인

2009 geographical centrality
지리적 중심성

nibble [níbl, 니블]
동 조금씩 물어뜯다

2012 nibble my fingers
나의 손가락을 조금씩 물어뜯다

intuition [intjuíʃən, 인투이션]
명 직관, 직관적 통찰

2014 develop the insights and intuitions
통찰력과 직관을 발달시키다

decline [dikláin, 디클라인]
명 감소, 하락 동 감소하다

2012 this decline in newspaper reading
신문 읽기의 이러한 감소

수능에서 매우 중요한 단어!

hierarchy
[háiərɑ̀ːrki, 하이어랄-키]
명 계급, 계층, 계층제도

2010 complex social hierarchy
복잡한 사회 계급 제도

regarding [rɪɡɑːrdɪŋ, 리갈-딩]
전 ~에 관해

2014 regarding posted email addresses
전자 우편 주소를 올린 것에 관해

trivial [tríviəl, 트리비얼]
형 하찮은, 대단치 않은, 평범한

1995 trivial life
시시한 삶

overwhelming
[òuvərhwélmiŋ, 오우벌웰밍]
형 압도적인

2008 overwhelming support
압도적인 지지

compatibility
[kəmpæ̀təbɪləti, 컴패터빌러티]
명 양립(공존)가능성

2015 compatibility with already existing cultural traits
이미 존재하는 문화적 특성과의 양립가능성

distribute
[distríbjuːt, 디스트리뷰-트]
동 분배하다

2014 distribute a math test
수학 시험지를 나누어 주다

gravity [grǽvəti, 그래버티]
명 중력, 중대성

2012 Newton's theory of gravity
뉴턴의 중력 이론

glare [glɛər, 글래어]
명 번쩍이는 빛, 눈부신 빛

1994 the changeless glare
변치 않는 번쩍이는 빛

elaborate
[ilǽbərit, 일래버리트]
형 공들인, 정교한

2009 an elaborate design
정교한 디자인

tackle [tǽkl, 태클]
동 처리하다, 다루다

2014 tackle multiple tasks
다수의 일을 처리하다

compile
[kəmpáil, 컴파일]
동 편집하다, 수집하다

1998 the compiling of data
자료의 수집

complementary
[kàmpləméntəri, 캄플러멘터리]
형 보완적인

2012 depend on two complementary processes
2개의 상호 보완적 과정에 달려 있다

terrific
[tərífik, 터리픽]
형 아주 좋은, 멋진, 훌륭한

2012 have terrific advice
멋진 충고를 갖고 있다

resolve
[rizálv, 리잘브]
동 (문제·곤란 따위를) 풀다, 해결하다

2009 resolve conflicts
분쟁을 해결하다

수능에서 매우 중요한 단어!

exceed
[iksí:d, 익시-드]
동 (수량·정도를) 넘다, 초과하다

2010 exceed supply
공급을 초과하다

forecast
[fɔ́:rkæ̀st, 폴-캐스트]
명 예측, 예보 동 예측(예보)하다

2001 a forecast center
기상예보 센터

오늘 배운 단어들의 의미를 생각하면서 아래 일기를 읽어 보세요.

오늘은 도서관에서 ❶ geographical 학문의 중요성을 다룬 책을 읽었다. 그동안 나는 지리학이 땅의 이름만 외우는 ❷ trivial한 학문인 줄 알았다. 하지만 지리학은 무궁무진한 가능성을 가진 학문이었다. 정치·사회·경제·역사·문화와 ❸ combine될 수 있는 지리학은 세상의 ❹ overall한 것을 보게 해서 세상에 대한 ❺ intuition을 갖게 한다. 또한 다른 학문의 부족한 부분을 채워주는 ❻ complementary한 면도 있다. 사회학에서 너무 ❼ complex해서 설명되지 않는 부분을 공간과 사람의 관계로 설명할 수 있는 것이 지리학이다. 이 외에도 지리학이 유용하게 쓰이는 예는 ❽ countless한 것 같다. 일기 ❾ forecast는 시작에 불과하고, 지리학은 우리가 사는 세상에 ❿ overwhelming한 영향을 미치고 있다. 세상에 중요하지 않은 학문은 없다는 사실을 깨달았다.

Answer
❶ geographical 형 지리적인 ❷ trivial 형 하찮은, 대단치 않은, 평범한 ❸ combine 동 결합시키다, 섞다
❹ overall 형 종합적인, 전반적인 ❺ intuition 명 직관, 직관적 통찰 ❻ complementary 형 보완적인
❼ complex 명 단지 형 복잡한 ❽ countless 형 무수한 ❾ forecast 명 예측, 예보 동 예측(예보)하다
❿ overwhelming 형 압도적인

Memo

DAY 28

I think education is power.
- Oprah Winfrey

저는 교육이 힘이라고 생각합니다.
– 오프라 윈프리

오프라 윈프리의 말처럼 교육은 힘입니다. 인생에서 교육은 너무나 중요한 것이죠. 지금 여러분은 교육을 통해서 힘을 기르고 있습니다. 오늘도 열심히 힘을 길러봅시다!

>>> DAY 28 음성 강의

panic [pǽnik, 패닉]
명 극심한 공포, 공황
동 공황 상태에 빠지다

2011 a certain panic in his voice
그의 목소리에 담긴 어떤 공포감

expense [ikspéns, 익스펜스]
명 비용, 지출

2007 medical expense
의료비용

consult [kənsʌ́lt, 컨설트]
동 의견을 듣다, 진찰을 받다

1995 consult a physician
의사와 상의하다

conscious
[kánʃəs, 칸셔스]
형 의식적인, 자각하는

1996 conscious of possibilities
가능성을 의식하는

반의어 unconscious
(무의식적인, 의식을 잃은)

misunderstanding
[mìsʌndərstǽndiŋ, 미스언덜스탠딩]
명 오해, 착오

2015 a resultant misunderstanding
그 결과로 생긴 오해

malnutrition
[mæ̀lnjuːtríʃən, 맬뉴-트리션]
명 영양실조

1998 serious malnutrition
심각한 영양실조

mal-은 '나쁜, 잘못된 것'을 나타내요!

sunken [sʌ́ŋkən, 성큰]
형 가라앉은, 물 속의

1999 a sunken ship
가라앉은 배

means
[miːnz, 민-즈]
명 수단, 방법

2015 its role as means of production
생산의 수단으로서 그것의 역할

mean(의미하다)에 s를 붙이면 means(수단)가 됩니다.

harmful [háːrmfəl, 함-플]
형 해가 되는

2007 harmful side effects
해로운 부작용

appreciate
[əpríːʃièit, 어프리-시에이트]
동 평가하다, 진가를 알아보다, 이해하다, 감상하다, 감사하다

2002 appreciate poetry
시를 감상하다

다양한 의미가 모두 중요해요!

correction
[kərékʃən, 커렉션]
명 정정, 교정

2011 from 'rejection and correction' to acceptance
'거부와 교정'에서부터 수용까지

story [stɔ́:ri, 스토-리]
명 이야기, 층, 계층

2001 the two-story house
2층 집

regardless of
~에 관계없이

2011 regardless of your age
나이와 상관없이

tiny [táini, 타이니]
형 아주 작은(적은)

2004 a tiny dry-cleaning shop
작은 세탁소

atmosphere
[ǽtməsfiər, 앳머스피어]
명 대기, 분위기

2006 the calm atmosphere
조용한 분위기

chemical
[kémikəl, 케미컬]
형 화학의, 화학상의

2000 without using chemicals
화학약품을 사용하지 않고

copper
[kápər, 카펄]
명 구리, 동

1997 the Copper Age
청동기 시대

cargo
[ká:rgou, 칼-고우]
명 뱃짐, 화물

2011 lose 12 cargo containers
12개의 화물 컨테이너를 잃어버리다

precision
[prisíʒən, 프리시전]
명 정밀성

2012 The precision of the lines on the map
지도 위의 선들의 정밀성

함께 외우기 precise
(정확한, 정밀한)

origin
[ɔ́:rədʒin, 어-리진]
명 기원, 유래

2005 origins of nicknames
별명의 기원

corrupt [kərʌ́pt, 커럽트]
명 부패한, 타락한
통 부패시키다, 오염(변질)시키다

2013 **corrupt** their genetic code
그들의 유전 암호를 변질시키다

lament [ləmént, 러멘트]
통 슬퍼하다, 비탄하다

2010 **lament** the slow delivery
느린 배달을 한탄하다

treatment
[trí:tmənt, 트리-트먼트]
명 치료, 처치, 대우

2007 **first-aid** treatment
응급처치

intelligence
[intélədʒəns, 인텔러전스]
명 지성, 지능

2012 talent, kindness, honesty, and intelligence
재능, 친절함, 정직함, 그리고 지능

maintain
[meintéin, 메인테인]
통 유지하다

2016 **maintain** human progress
인간의 발전을 유지하다

unanimously
[ju:nǽnəməsli, 유-내너머슬리]
부 만장일치로

2010 vote unanimously
만장일치로 투표하다

fabulous
[fǽbjələs, 패뷸러스]
형 엄청난, 굉장한

2015 the **fabulous** drawings
굉장한 그림들

expel [ikspél, 익스펠]
통 쫓아내다, 추방하다

1994 expel loneliness
고독을 몰아내다

expand [ikspǽnd, 익스팬딩]
통 넓히다, 확장하다

2013 expand the production frontier
생산의 경계를 확장하다

demand [dimǽnd, 디맨드]
명 요구, 수요 통 요구하다

2003 the labor supply and demand
인력 공급과 수요

take charge of 떠맡다	2014	take charge of kids 아이들을 떠맡다
advent [ǽdvent, 애드벤트] 명 도래, 출현	2010	the advent of the railroad 철도의 출현
venture [véntʃər, 벤쳘] 명 모험, 모험적 사업 통 (위험을 무릅쓰고) 하다, 모험하다	2017	venture beyond the boundaries of your current experience 너의 경험의 경계 너머로 모험하다
semester [siméstər, 시메스털] 명 학기	2000	the middle of the semester 학기 중간
fertile [fɔ́ːrtl, 펄-틀] 형 비옥한	2006	fertile soil 비옥한 토양
laboratory [lǽbərətɔ̀ːri, 래버러토-리] 명 실험실, 연구소	1994	independent laboratory 독립된 실험실
halt [hɔːlt, 홀-트] 통 멈추게 하다	2014	by halting economic growth 경제 성장을 멈춤으로써
respondent [rispándənt, 리스판던트] 명 응답자	1998	the female respondents 여성 응답자
dictatorship [díkteitərʃip, 딕테이털쉽] 명 독재 정부, 독재 정권	1997	the dictatorship of Franco Franco의 독재정권
vanguard [vǽngàːrd, 밴갈-드] 명 선두, 선봉, 선발대	2013	the vanguard of such a migration 이러한 이주의 선발대

오늘 배운 단어들의 의미를 생각하면서 아래 일기를 읽어 보세요.

오늘 나는 학교에서 강연을 듣고 큰 감동을 받았다. 연사는 2년 전 의사와 ❶ consult한 뒤 자신이 암에 걸린 것을 알았다고 했다. 그는 당시에 ❷ treatment를 할 수 있을 만큼의 충분한 돈이 없어서 암 치료에 들 ❸ expense를 생각하며 ❹ panic에 빠졌다고 한다. 치료비를 마련하기 위해서 ❺ means를 가리지 않고 돈을 모았지만 죽음에 대한 공포 때문에 그마저도 쉽지 않았다고 했다. 다 포기하고 하루하루 ❻ lament하면서 집에만 틀어박혀 우울한 날을 보냈다고 한다. 그러다가 자신의 큰 ❼ misunderstanding을 깨달았다. 그는 죽음의 두려움 때문에 자기 스스로가 자신의 삶을 ❽ corrupt하고 있다는 것을 깨달았다. 그래서 그는 남은 생애 동안 ❾ fabulous한 삶을 만들기 위해 노력을 시작했다. 그는 현재 봉사도 하고, 여행도 다니며 남은 나날을 의미 있게 채우고 있었다. 자신의 줄어드는 삶을 오히려 ❿ expand하고 있는 그 분을 나는 진심으로 응원한다.

Answer

❶ consult 동 의견을 듣다, 진찰을 받다 ❷ treatment 명 치료, 처치, 대우 ❸ expense 명 비용, 지출 ❹ panic 명 극심한 공포, 공황 동 공황 상태에 빠지다 ❺ means 명 수단, 방법 ❻ lament 동 슬퍼하다, 비탄하다 ❼ misunderstanding 명 오해, 착오 ❽ corrupt 형 부패한, 타락한 동 부패시키다, 오염(변질)시키다 ❾ fabulous 형 엄청난, 굉장한 ❿ expand 동 넓히다, 확장하다

Memo

DAY 29

I've missed more than 9,000 shots in my career.
I've lost almost 300 games. 26 times I've been trusted
to take the game winning shot and missed. I've failed over
and over and over again in my life. And that is why I succeed.
- Michael Jordan

선수 생활을 통틀어 나는 9천 개 이상의 슛을 놓쳤다.
거의 300회의 경기에서 패배했다.
경기를 뒤집을 수 있는 슛 기회에서 26번 실패했다.
나는 살아오면서 계속 실패를 거듭했다.
그것이 내가 성공한 이유다.
– 마이클 조던

전설적인 농구선수인 마이클 조던도 선수생활을 하면서 겪은 수많은 패배들로 인해
성공할 수 있었다고 합니다. 여러분도 공부를 하다가 슬럼프에 빠진다면 포기하지
말고 성공으로 나아가는 과정이라고 생각합시다. 오늘도 멋지게 슛을 던져볼까요?

>>> DAY 29 음성 강의

response [rispáns, 리스판스]
명 응답, 대답

1994 a spoken response
말로 하는 응답

decade [dékeid, 데케이드]
명 10년

2004 over the last decades
지난 수십 년에 걸쳐

함께 외우기 decades of (수십 년의)

applicant
[ǽplikənt, 애플리컨트]
명 응모자, 지원자

2014 classes with fewer than 20 applicants
신청자가 20명 미만인 수업

common [kámən, 카먼]
형 공통의, 공동의, 일반의

2014 their most common alternative names
그들의 가장 일반적인, 대안적인 이름들

appeal [əpíːl, 어필-]
명 호소, 매력
동 관심을 끌다, 호소하다

2010 the emotional and sensory appeal
감정적이고 감각적인 매력

coral [kɔ́ːrəl, 코-럴]
명 산호

2014 were painted a warm coral
따뜻한 산호색으로 칠해졌다

prosperity
[prɑːspérəti, 프라-스페러티]
명 번영, 번성, 번창

2015 material prosperity
물질적 번영

함께 외우기 prosper(번영하다)

depiction
[dipíkʃən, 디픽션]
명 묘사, 서술

2015 a depiction of a local hero
지역의 영웅에 대한 묘사

installment
[instɔ́ːlmənt, 인스톨-먼트]
명 할부, 월부

2010 the three-month installment plan
3개월 할부판매

cowardly
[káuərdli, 카우얼들리]
형 겁 많은, 소심한

2014 the representation of cowardly people
소심한 사람들의 표현

sufficiency
[səfíʃənsi, 서피션시]
몡 충분(한 상태/양)

2010 secure a sufficiency of food
충분한 식량의 상태를 확보하다

harsh [hɑːrʃ, 할─쉬]
톙 거친, 모진, 가혹한

2014 harsh social norms
가혹한 사회 규범들

impatience
[impéiʃəns, 임페이션스]
몡 성급함, 초조함

2003 religious impatience
종교적 조바심

commercial
[kəmə́ːrʃəl, 커멀─셜]
톙 상업의 몡 광고(방송)

1996 commercials on television
TV 광고

launch
[lɔːntʃ, 런─치]
통 시작하다, 출시하다, 발사하다

2004 launch a hit album
히트 앨범을 출시하다

우주선을 발사할 때도
launch(발사하다)를 사용

folk [fouk, 포우크]
톙 민속의, 민간의

2013 folk songs that inspired many of their compositions
그들의 많은 작품에 영감을 주었던 민속 동요

paradox
[pǽrədàks, 패러닥스]
몡 역설

2010 incomprehensible paradox
이해할 수 없는 역설

steady
[stédi, 스테디]
톙 꾸준한, 변함없는, 안정된

2001 steady progress
꾸준한 진보

devoted
[divóutid, 디보우티드]
톙 충실한, 헌신적인

2005 devoted operagoer
헌신적인 오페라 관객

aspect
[ǽspekt, 애스펙트]
몡 측면, 견해

2005 technical aspect of work
일의 기술적 측면

genetic [ʤinétik, 지네틱]
형 유전의, 유전학의

2012 the appeal to a genetic change
유전적 변화에 대한 호소

security [sikjúəriti, 시큐러티]
명 보안, 보장, 안도감

2012 a greater sense of securiy
더 큰 안도감

implementation
[impləməntéiʃən, 임플러먼테이션]
명 이행, 수행

2013 the creation and
implementation of the policy
정책의 생성과 이행

함께 외우기 implement
(시행하다)

likely [láikli, 라이클리]
형 ~할 것 같은 부 아마

2012 are less likely to continue
the activity
그 행동을 지속할 가능성이 낮은

함께 외우기 be likely
to 동사(~할 가능성이
큰)의 형태로 활용!

plain [plein, 플레인]
형 평범한

2002 plain clothes
평범한 옷

composition
[kàmpəzíʃən, 캄퍼지션]
명 구성(요소), 작곡, 작문, 구도

1994 music composition
음악 작곡

narration
[næréiʃən, 내레이션]
명 서술, 이야기하기

2009 narration and commentary
서술과 논평

retain [ritéin, 리테인]
동 유지하다, 보유하다

2016 retain optimism
낙관주의를 유지하다

barbarous
[bάːr bərəs, 발−버러스]
형 야만스러운, 상스러운, 잔인한

2012 is considered barbarous
상스럽게 여겨지다

naive
[nɑːíːv, 나−이−브]
형 천진난만한, 순진한

2011 naive realists
순진한 현실주의자

발음에 주의하세요!

plague [pleig, 플레이그]
⑧ 애태우다, 괴롭히다

2014 plagued by the tensions
긴장 상태로 괴로워하다

priceless
[práislis, 프라이스리스]
⑱ 대단히 귀중한

2005 priceless information
귀중한 정보

less가 붙어 있지만,
부정의 의미가 아니랍니다.

infinite
[ínfənit, 인퍼니트]
⑱ 무한한, 무수한

2012 land of infinite opportunities
무한한 기회의 땅

compassion
[kəmpǽʃən, 컴패션]
⑲ 동정(심)

2013 compassion for the distressed mother
괴로워하는 엄마에 대한 동정심

obscure
[əbskjúər, 업스큐얼]
⑧ 보기 어렵게 하다, 모호하게 하다

2012 obscure the fundamental difference
근본적인 차이를 모호하게 하다

consciously
[kánʃəsli, 칸셔스리]
⑬ 의식적으로

2016 consciously intended by speakers or writers
화자나 필자에 의해 의식적으로 의도된

reserve [rizə́:rv, 리절-브]
⑲ 비축, 예비, 매장량 ⑧ 예약하다

1998 food security reserve
식량안보 비축량

mediate
[mí:dièit, 미-디에이트]
⑧ 조정하다

2009 mediate disputes
분쟁을 중재하다

exhaustion
[igzɔ́:stʃən, 이그저-스쳔]
⑲ 탈진, 기진맥진, 고갈

2011 exhaustion and snow blindness
탈진과 설맹

seek
[si:k, 시-크]
⑧ 구하다, 추구하다

2015 seek to understand
이해하려고 추구하다

함께 외우기 seek to 동사(~을
시도/추구하다)의 형태로 활용!

오늘 배운 단어들의 의미를 생각하면서 아래 일기를 읽어 보세요.

오늘 나는 지난 ❶ decade 동안의 사교육에 관해 연구한 논문을 읽었다. 논문에는 3천 명의 학생들의 사교육에 대한 ❷ response와 ❸ applicant들을 대상으로 진행한 심층 인터뷰의 결과가 있었다. 결과를 요약하자면, 많은 학생들이 점점 학원에 의존하면서 스스로 계획을 ❹ implementation할 수 있는 능력을 잃고 있었고, 그들의 ❺ priceless한 시간을 낭비하고 있었다. 지나치게 학원을 많이 다니면서 학생들은 ❻ exhaustion을 겪고 있었고, 오히려 성적이 ❼ steady하게 하락하는 학생들도 다수 있었다. 논문은 자기주도 학습이 더디지만 좋은 방법이라고 결론을 내렸다. 사교육을 받고 있는 학생들의 ❽ narration을 들어보면, 학생들은 ❾ infinite한 사교육 시장에서 힘들어 하고 있었다. 모든 과목을 학원을 다니면서도 시험 성적이 좋을 것 같지 않아서 ❿ impatience를 느끼고 있었다. 그래서 나는 혼자서 공부를 한 번 해봐야겠다는 생각이 들었다.

Answer

❶ decade 몡 10년 ❷ response 몡 응답, 대답 ❸ applicant 몡 응모자, 지원 ❹ implementation 몡 이행, 수행 ❺ priceless 혱 대단히 귀중한 ❻ exhaustion 몡 탈진, 기진맥진, 고갈 ❼ steady 혱 꾸준한, 변함없는, 안정된 ❽ narration 몡 서술, 이야기하기 ❾ infinite 혱 무한한, 무수한 ❿ impatience 몡 성급함, 초조함

Memo

DAY 30

If at first you don't succeed,
try, try, try again.
- *William Edward Hickson*

처음에 성공하지 못했다고 해도
계속해서 노력하라.
– 윌리엄 에드워드 힉슨

한 번에 시도로 성공하는 일이 있을까요? 우리 주변에 보이는 성공들은 모두 많은
실패 끝에 얻어진 것들입니다. 혹시 여러분도 단어 암기에 실패했다 해도 다시 한 번
시작해 보세요. 계속 노력하면 반드시 성공할 수 있답니다.

>>> DAY 30 음성 강의

simulate [símjəlèit, 시뮬레이트]
图 모의실험을 하다

2007 simulate the behavior
행농을 모의실험하나

authority
[əθɔ́:riti, 어쎠一리티]
명 권위, 권력

2013 roles of parental authority
부모 권위의 역할들

wonder
[wʌ́ndə:r, 원덜一]
명 경탄, 경이 图 궁금해하다, 놀라다

2009 wonder about future experiences
미래의 경험에 대해서 궁금해하다

celebrity
[səlébrəti, 설레브러티]
명 유명인, 명사

1997 the famous celebrities
유명한 명성을 가진 사람

paw [pɔ:, 포一]
명 (발톱 있는 동물의) 발

2012 get their paws dirty
그들의 발이 더러워지다

distinct [distíŋkt, 디스팅트]
명 뚜렷한, 분명한

2015 distinct differences
뚜렷한 차이

sociable [sóuʃəbl, 소우셔블]
형 사교적인

2013 sociable robots and digitized friends
사교적인 로봇과 디지털화된 친구들

athlete
[ǽli:t, 애쓸리一트]
명 운동 선수

1999 the life of athlete
운동 선수의 삶

desire
[dizáiər, 디자이얼]
명 욕구, 갈망 图 바라다, 원하다

2015 ancient desire to live forever
영원히 살고자 하는 고대의 욕구

> 뜻이 많은 단어! 명사와 동사의 뜻, 모두 기억!

concentrate
[kánsəntrèit, 칸선트레이트]
图 집중하다, 농축하다

2014 concentrate all their physical and mental effort on survival
그들의 모든 육체적·정신적 노력을 생존에 집중하다

lack [læk, 랙]
명 부족, 결핍
동 ~이 없다, 부족하다

2003 lack of evidence
증거의 부족

migrate
[máigreit́, 마이그레이트]
동 이주하다, 이동하다

2012 migrate to the Internet
인터넷으로 이동하다

refer to
언급하다, 말하다

2015 inappropriately refer to
부적절하게 말하다

vine
[vain, 바인]
명 덩굴, 포도나무

2006 the vine's roots
포도나무의 뿌리

round-the-clock
24시간 내내, 쉬지 않고

2009 round-the-clock shopping
종일 쇼핑

frustrated
[frʌ́streitid, 프러스트레이티드]
형 실망한, 좌절된

2001 feel frustrated
좌절감을 느끼다

mindless
[máindlis, 마인드리스]
형 부주의한, 분별없는

2012 mindlessly follow this routine
분별없이 이 일을 따라하다

float
[flout, 플로우트]
동 뜨다, 떠다니다

2011 floating bath toys
물에 띄울 수 있는 목욕용 장난감

veil [veil, 베일]
동 베일, 면사포
동 베일로 가리다, 감추다

2006 veil the landscape
풍경을 감추다

frequency
[frí:kwənsi, 프리-퀀시]
명 횟수, 빈도

1994 low frequency
낮은 빈도

furnish [fɔ́ːrniʃ, 펄니쉬]
图 (기구를) 비치하다, 제공하다

2009 furnish a room
방에 가구를 비치하다

merit [mérit, 메리트]
囘 가치, 우수함, 장점

2004 special merit
특별한 장점

negative [négətiv, 네거티브]
휑 부정의, 부인의

2009 negative feelings
부정적인 감정

함께 외우기 positive(긍정적인)

masculine
[mǽskjəlin, 매스컬린]
휑 남성의, 남자다운

1994 masculine gender
남성

capability
[kèipəbíləti, 케이퍼빌러티]
囘 가능성, 능력

2011 your muscle capabilities
너의 근력

함께 외우기 capable
(~을 할 수 있는, 유능한)

evolve [iválv, 이발브]
图 발전하다, 진화하다

2008 evolved form of humanity
인류의 진화된 형태

resentment
[rizéntmənt, 리젠트먼트]
囘 분함, 억울함, 분개

2012 store up anger and resentment
분노와 원한을 쌓다

certificate
[sərtífəkit, 설티퍼키트]
囘 증서, 증명서, 자격증

2008 graduation certificate
졸업장

transmit
[trænsmít, 트랜스미트]
图 보내다, 발송하다

2014 transmit speech and sounds
말과 소리를 전송하다

foster [fɔ́(ː) stəːr, 포-스털-]
图 기르다, 조장하다

2013 foster the undesirable impression
바람직하지 않은 인상을 불러일으키다

contemporary
[kəntémpərèri, 컨템퍼레리]
형 동시대의

2003 a contemporary masterpiece
동시대의 걸작

current [kə́:rənt, 커-런트]
명 흐름, 해류, 기류 형 현재의, 지금의

2008 current flow of information
현재의 정보의 흐름

curb [kə:rb, 컬-브]
동 억제(제한)하다

2012 curb our negative thoughts
우리의 부정적인 생각을 억제하다

routine [ru:tí:n, 루-틴-]
명 판에 박힌 일, 일상과정

2012 follow the same routine
똑같은 일을 따라하다

intact
[intǽkt, 인택트]
형 온전한, 전혀 다치지 않은

1997 the intact mummy
손상되지 않은 미라

abstract
[æbstrǽkt, 앱스트랙트]
형 추상적인

2009 abstract subjects
추상적인 주제

undermine
[ʌ̀ndərmáin, 언덜마인]
동 약화시키다

2012 undermine the intellect
지적능력을 약화시키다

ethnic
[éθnik, 에쓰닉]
형 민족의

2010 couples from different ethnic groups
서로 다른 민족 집단의 커플들

possess
[pəzés, 퍼제스]
동 소유하다, 보유하다

2018 possess the highest-quality information
최고 품질의 정보를 소유하다

meditation
[mèdətéiʃən, 메더테이션]
명 묵상, 명상

2010 sink into deep meditation
깊은 명상에 잠기다

오늘 배운 단어들의 의미를 생각하면서 아래 일기를 읽어 보세요.

요즘 아빠는 ❶ round-the-clock 일을 하시는 것 같다. 가족과 함께 저녁을 먹는 ❷ frequency가 부쩍 줄었고, 매일 일에 ❸ concentrate하시느라 밤늦게까지 일하셔서 잠이 ❹ lack하신 것 같다. 아빠는 정말 ❺ capability가 뛰어나시고, 워낙 ❻ sociable한 성격을 가지고 계신다. 다만 너무 열심히 일을 하시다 보니 건강이 점점 ❼ undermine되는 것 같다. 아빠는 주말에도 우리 가족을 위해서 도서관에 가셔서 ❽ certificate을 따기 위해서 공부하신다. ❾ current한 순간에도 열심히 일을 하실 우리 아빠! 아빠의 ❿ desire은 우리 가족이 행복한 것이라고 한다. 아빠, 그래도 가끔은 쉬면서 하세요!

Answer ❶ round-the-clock 24시간 내내, 쉬지 않고 ❷ frequency 몡 횟수, 빈도 ❸ concentrate 통 집중하다, 농축하다 ❹ lack 몡 부족, 결핍 통 ~이 없다, 부족하다 ❺ capability 몡 가능성, 능력 ❻ sociable 혱 사교적인 ❼ undermine 통 약화시키다 ❽ certificate 몡 증서, 증명서, 자격증 ❾ current 혱 흐름, 해류, 기류 혱 현재의, 지금의 ❿ masculine 혱 남성의, 남자다운

Memo

DAY 31

If you are going through hell,
keep going.
- *Winston Churchill*

만약 당신이 지옥을 지나가고 있다면,
계속해서 앞으로 나아가라.
- 윈스턴 처칠

윈스턴 처칠의 가장 유명한 명언 중 하나에요. 때로는 우리의 일상이 힘들 수 있습니다. 그럴 때일수록 용기를 가지고 앞으로 나아가야 합니다. 그래야 그 지옥도 끝이 나니까요. 멈추지 말고 오늘도 나아갑시다.

>>> DAY 31 음성 강의

gather [ɡǽðər, 개더] 동 모으다, 자료·정보를 모으다, 얻다	The investigative team easily gathered information about their suspect. 수사팀은 용의자에 대한 정보를 쉽게 모았다.
punctuate [pʌ́ŋktʃuèit, 펑츄에이트] 동 구두점 찍다, 중단하다	You can learn how to punctuate direct speech through these handouts. 이 유인물로 직접화법에 구두점을 찍는 방법을 배울 수 있습니다. Cheers punctuated the president's speech. 대통령의 연설중에 응원이 간간이 터져 나왔다.
prescription [priskrípʃən, 프리스크립션] 명 처방, 처방전	I asked for an extra prescription to hand in to school. 나는 학교에 낼 처방전을 하나 더 달라고 부탁했다.
turn [təːrn, 턴-] 명 회전, 변환, 전환	Turn to the left at the bakery and you'll find the bank. 빵집에서 좌회전을 하면 은행이 보일 겁니다.
skip [skip, 스킵] 동 (일을) 거르다, 건너뛰다	It is unhealthy to skip meals. 식사를 거르는 것은 건강에 나쁘다.
loneliness [lóunlinès, 론리니스] 명 외로움	Martha called Matt out of loneliness. Martha는 외로움으로 인해 Matt에게 전화를 걸었다.
knowledgeable [nálidʒəbəl, 날리저블] 형 지식이 있는	The political science professor is knowledgeable on such topics. 정치학 교수님은 그런 주제에 대해 지식이 있으시다.
fundamental [fʌ̀ndəméntl, 펀더멘틀] 형 근본적인	Nothing will change if the fundamental problem is not solved. 근본적인 문제가 해결되지 않으면 아무것도 변하지 않을 것이다.
force [fɔːrs, 폴-스] 명 힘, 세력	He was pushed to the wall by force. 그는 힘으로 인해 벽으로 밀쳐졌다.
up to ~에 달려 있는, ~까지	The final game is all up to you. 마지막 경기는 오직 너에게 달려 있어. The other firm offers up to thirty thousand dollars. 다른 회사는 30만 달러까지 제안한다.

regular
[régjələːr, 레귤러—]
형 정규의, 정식의

John is a regular customer.
John은 단골손님이다.

attract
[ətrǽkt, 어트랙트]
동 끌어당기다

Sweet floral smells attract honey bees.
달콤한 꽃향기는 꿀벌을 끌어당긴다.

irrelevant
[iréləvənt, 이레러번트]
형 부적절한, 관계없는

The point you are making is irrelevant to the topic.
당신이 주장하는 바는 주제와 무관합니다.

include
[ɪnklúːd, 인클루—드]
동 포함하다

This includes everyone who has been overseas.
이것은 해외를 다녀온 모든 사람들을 포함합니다.

firm [fəːrm, 펌—]
형 굳은, 변치 않는 명 회사

It was difficult shoveling the firm ground.
견고한 땅을 삽질하는 것이 어려웠다.

concept [kánsept, 컨셉트]
명 개념, 생각

Many students were not able to grasp the concept.
많은 학생들이 그 개념을 이해하지 못했다.

solution [səlúːʃən, 솔루—션]
명 용해, 해결

Wash the bathroom floor with bleach solution.
희석된 표백제로 화장실 바닥을 청소해라.
We need to come up with a solution as soon as we can.
우리는 최대한 빨리 해결방안을 찾아내야 합니다.

still [stil, 스틸]
형 정지한, 조용한, 잔잔한
부 여전히, 아직도

The pond was still.
연못은 고요했다.

mobile
[móubəl/-bail, 모우벌/바일]
형 이동성이 있는

Please turn off your mobile phones.
휴대전화기를 꺼주세요.

bend
[bend, 벤드]
동 구부리다, (머리를) 숙이다

You need to bend your back for this yoga position.
이 요가 자세를 하려면 등을 구부려야 합니다.

reconciliation
[rèkənsiliéiʃən, 레컨실리에이션]
몡 조정, 화해

There was a failed attempt at reconciliation between the two nations.
두 국가가 화해하려는 시도가 실패했었다.

resume [rizúːm, 리쥼-]
툉 다시 시작하다

Please resume your work after this announcement.
이 공지 방송 이후에 일을 다시 시작하시기 바랍니다.

assemble [əsémbəl, 어셈블]
툉 모으다, 집합시키다

All of the children assembled to the gym.
모든 아이들이 체육관으로 모였다.

abundance
[əbándəns, 어번던스]
몡 풍부, 많음

There is an abundance of fish in these oceans.
이 바다에는 물고기가 풍부하다

prospect
[prɑːspekt, 프라-스펙트]
몡 가능성, 예상, 전망

Doctors say there is little prospect of any improvement in her condition.
의사들은 그녀의 건강이 개선될 가능성이 거의 없다고 말한다.

suburb [sÁbəːrb, 서벌-브]
몡 교외, 근교(the ~s) 도시 주변의 지역

The Harrison family lives in the suburbs of Chicago.
Harrison가는 시카고 교외에 산다.

pierce [piərs, 피얼스]
툉 꿰뚫다, 관통하다

Julia pierced her ears today.
Julia는 오늘 그녀의 귀를 뚫었다.

anatomy
[ənǽtəmi, 어내토미]
몡 해부학, 해부

Today the class learned about the human anatomy.
오늘 수업에서 인체 해부학에 대해 배웠다.

sabotage
[sǽbətàːʒ, 새버타-쥐]
툉 고의로 방해하다

Josh sabotaged the other group's project.
Josh는 다른 조의 프로젝트를 고의로 방해했다.

ambiguity
[æmbígjuːəti, 앰비규어티]
몡 모호성

As a writer, one must avoid syntactic and semantic ambiguity.
작가로서 의미의 모호성과 문법적 모호성을 피해야 한다.

intersection
[íntərsékʃən, 인털섹션]
명 교차, 횡단

There is always traffic at this intersection.
이 교차로에서는 항상 차가 막힌다.

probability
[pràbəbíləti, 프라버빌러티]
명 있음직함, 확률

The probability of a plane crash occurring is very low.
비행기 사고가 날 확률은 매우 낮다.

descent [disént, 디센트]
명 하강, 가계, 혈통, 출신

The family is of Chinese descent.
그 가족은 중국계다.

contend
[kənténd, 컨텐드]
통 논쟁하다, 주장하다

I contend that he is not guilty.
저는 그가 무죄라고 주장하는 바입니다.

insightful
[ínsàitfəl, 인사이트풀]
형 통찰력이 있는

People go to Sally for advice because she is insightful.
Sally는 통찰력이 있어서 사람들은 그녀에게 조언을 구하러 간다.

entail [intéil, 인테일]
통 일으키다, 수반하다

This profession entails situations in which you must be social.
이 직업은 사회성이 뛰어나야 하는 상황들을 수반한다.

involve [inváːlv, 인발브]
통 포함하다

Don't get involved in other people's business.
다른 사람의 일에 관여하지 마라.

manipulation
[mənìpjəléiʃən, 매니퓰레이션]
명 조작, 속임

Everyone was deceived by the scientist's manipulation.
과학자의 조작에 모두가 속았다.

heritage
[héritidʒ, 헤리티쥐]
명 상속 재산, 유산

Many countries in Europe have preserved many of their cultural heritages.
유럽의 많은 국가들은 각국의 문화유산을 보존했다.

intent
[intént, 인텐트]
명 의향, 목적, 의도

It is dangerous because nobody knows what his intent is.
아무도 그의 의도를 모르기 때문에 위험하다.

다음 문장들을 읽고 우리말 의미에 맞게 빈칸을 채우세요.

fundamental	probability	irrelevant	involve	heritage

❶ The data that he presented is _____ for his opinion to be supported.

그가 제시한 자료는 그의 의견을 보충하기에 부적절하다.

❷ You should not calculate the _____ that your dream will come true.

너는 너의 꿈이 이뤄질 가능성을 계산해서는 안 된다.

❸ The contents of this history class _____ an analysis on the Korean dictatorial government.

이 역사 수업의 내용은 한국의 독재 정권에 대한 분석을 포함한다.

❹ What wonder that we should protect our traditional _____?

우리의 전통유산을 지켜야 한다고 말하는 것은 당연하지 않습니까?

❺ The social structure was the _____ reason why people could not get a job easily.

사람들이 쉽게 직업을 얻지 못했던 근본적인 이유는 사회구조 때문이었다.

Answer ❶ irrelevant ❷ probability ❸ involve ❹ heritage ❺ fundamental

DAY 32

If you do what you've always done,
you'll get what you've always gotten.
- *Tony Robbins*

항상 하던 것만 하면 항상 얻던 것만 얻는다.
– 토니 로빈스

늘 똑같은 일상은 발전이 없습니다. 어제보다 오늘 더, 오늘보다 내일 더 발전하는 삶을 살기 위해서는 새로운 도전이 필요하답니다. 어제보다 나은 내일을 위해 오늘 새로운 무언가를 하나 더 시작하기 바랍니다.

>>> DAY 32 음성 강의

tragedy
[trǽdʒədi, 트래지디]

명 비극(적인 사건)

Their love story is a tragedy.
그들의 사랑 이야기는 비극이다.

widespread
[wáidspred, 와이드스프레드]

형 널리 퍼진

There was a time whene it was a widespread belief that water was an element.
물이 원소라는 생각이 널리 퍼져 있었던 때가 있었다.

severe
[sivíə:r, 시비-어]

형 극심한, 심각한

The animal suffered from severe burns.
동물은 심각한 화상으로 고통 받았다.

therapy
[θérəpi, 떼러피]

명 치료

Crystal goes to physical therapy every week.
Crystal은 매주 물리치료를 받으러 간다.

racial
[réiʃəl, 레이셜]

형 인종의, 종족의, 민족의

Racial discrimination is still a critical issue in many parts of the world.
인종차별은 아직 세계 많은 곳에서 심각한 문제다.

typical
[típikəl, 티피컬]

형 전형적인

He is a typical businessman.
그는 전형적인 비즈니스맨이다.

modern
[mádə:rn, 마-던]

형 현대의

Let's go to the museum of modern art.
현대 미술관으로 가자.

specific
[spisífik, 스피시픽]

형 구체적인, 특정한

Is there a specific design that you have in mind?
생각해 놓으신 특정한 디자인이 있으신가요?

immediate
[imí:diət, 이미-디어트]

형 즉시의, 당면한

We need to deal with the immediate problems first.
우리는 당면한 문제들을 먼저 처리해야 합니다.

messy [mési, 메시]
형 어질러진, 더러운

Ellie's desk is always messy.
Ellie의 책상은 항상 어질러져 있다.

character [kǽriktər, 캐릭터]
명 성격, 특성, 사람, (등장)인물

The principal at my school has a strong character.
내가 다니는 학교의 교장선생님은 기질이 강하다.

The casting directors are looking for a unique character.
캐스팅 감독들은 독특한 성격을 찾고 있다.

boredom [bɔ́:rdəm, 볼―덤]
명 권태, 지루함

Some children were playing with the sand out of boredom.
몇몇 아이들은 지루함에 모래를 가지고 놀고 있었다.

vertical [və́:rtikəl, 벌―티클]
형 수직의, 세로의

The vertical axis represents time.
(그래프의) 세로축은 시간을 의미합니다.

rough [rʌf, 러프]
형 거친

She scraped her knee on the rough surface of the asphalt.
그녀의 무릎은 아스팔트의 거친 단면에 까졌다.

path [pæθ, 패쓰]
명 길, 통로, 진로, 행로

Where does this path lead to?
이 길은 어디로 향하나요?

numerous
[nú:mərəs, 누―머러스]
형 수많은

There were numerous complaints on the company's website.
회사 웹사이트에 수많은 항의가 있었다.

steep [sti:p, 스팁―]
형 가파른, 깎아지른 듯한

The old car could barely go up the steep hill.
오래된 차는 가파른 언덕을 겨우 오르고 있었다.

$10 for a cup of tea seems a bit steep to me.
차 한 잔에 10달러는 터무니없는 가격인 것 같다.

limit [límit, 리밋]
명 한계(선), 한도 동 제한하다

Don't limit yourself.
스스로를 제한하지 마라(과소평가하지 마라).

humid [hjú:mid, 휴―미드]
형 습기 있는

It gets quite humid in Korea in the summer.
여름에 한국은 꽤 습해진다.

numerical
[numérikəl, 누메리컬]
형 수의, 숫자상의

The pages are not in numerical order.
이 페이지들은 숫자 순서가 아니다.

metaphor [métəfɔ̀:r, 메터폴—]
명 은유

In the poem, the lake is a metaphor for a person's mind.
시에서 호수는 사람의 생각에 대한 은유다.

fatality
[feitǽləti, 페이탤러티]
명 불운, 재난, 사망자(수)

There were luckily no fatalities from the recent flood.
최근에 일어난 홍수로 인한 사망자는 다행히 없었다.

integrated
[intəgrèitid, 인터그레이티드]
형 통합된

The government has been moving towards an integrated school system.
정부는 통합된 교육체제를 지향해왔다.

competence
[kámpətəns, 캄퍼턴스]
명 적성, 능력

The board of directors decided that the CEO lacked competence.
이사회는 CEO의 능력이 부족하다는 결정을 내렸다.

incorporate
[inkɔ́:rpərèit, 인콜—퍼레이트]
동 통합하다, 포함하다

Their culture is incorporated into the food.
그들의 문화는 음식에 녹아있다.

verdict
[vɔ́:rdikt, 벌—딕트]
명 (배심원의) 평결, 결정

The jury has reached a verdict.
배심원은 판결을 내렸습니다.

pledge [pledʒ, 플레쥐]
명 맹세, 서약, 언질

The soldiers pledged allegiance to the flag.
군인들은 국기에 대한 충성을 맹세했다.

resent [rizént, 리젠트]
동 분개하다

Tom resents the fact that he had a rough childhood.
Tom은 자신이 어려운 어린 시절을 보냈다는 것에 분노한다.

formidable
[fɔ́:rmidəbl, 폴—미더블]
형 무서운, 만만찮은, 어마어마한

It is unlikely that people will go against the formidable king.
백성들이 무서운 왕에 거역할 확률은 적다.

brutal [brú:tl, 브루—틀]
형 잔혹한, 야만스런

The murder scene was brutal.
살인 현장은 잔혹했다.

cohesion
[kouhíːʒən, 코우히-젼]
명 결합, 응집(력)

There is a lack of cohesion in today's society.
오늘날의 사회는 결속력이 떨어진다.

accommodation
[əkàmədéiʃən, 어카머데이션]
명 거처, 숙소, 숙박 시설

It was difficult to arrange accommodations.
숙박을 예약하는 데 어려움이 있었다.

worship [wɜːrʃip, 월-쉽]
명 숭배 동 숭배하다

Hinduism worships cows.
힌두교는 소를 숭배한다.

constitute
[kánstətjùːt, 칸스터튜-트]
동 구성하다

The air that we breathe constitutes of these elements.
우리가 숨 쉬는 공기는 이 원소들로 구성됩니다.

livestock
[láivstàk, 라이브스탁]
명 가축

All of the livestock is sick.
모든 가축에 병이 들었다.

greed [griːd, 그리-드]
명 탐욕, 욕심

Asking for more money is just greed.
돈을 요구하는 것은 단지 탐욕이다.

outlet [áutlet, 아웃렛]
명 배출구, 출구

Everyone needs an outlet for stress.
모든 사람은 스트레스 배출구가 필요하다.

evolution
[èvəlúːʃən, 에볼루-션]
명 발전, 진화(론)

Darwin developed the Theory of Evolution.
다윈이 진화론을 개발했다.

outbreak
[áutbrèik, 아웃브레이크]
명 발발, 갑작스러운 분출

There was an outbreak of cholera in the town.
동네에서 콜레라의 발생이 있었다.

bias
[báiəs, 바이어스]
명 편견, 편향

Cognitive biases cloud rational thinking.
인지적 편향들은 합리적인 사고를 흐린다.

다음 문장들을 읽고 우리말 의미에 맞게 빈칸을 채우세요.

| evolution | metaphor | racial | competence | specific |

❶ Education should give students a chance to develop their own

_____.

교육은 학생들에게 스스로의 능력을 기를 수 있는 기회를 주어야 한다.

❷ This poet made a beautiful _____ of love by comparing it to 'a star'.

이 시인은 사랑을 별에 비유함으로써 아주 아름다운 은유를 만들었다.

❸ There are two main theories about the existence of humans, the theory of _____ and creation.

인간의 존재에 대한 2가지 주요 이론이 있는데, 하나는 진화론이고 하나는 창조론이다.

❹ Tell me more _____ about what happened yesterday.

어제 무슨 일이 일어났는지에 대해 보다 구체적으로 말해줘.

❺ It seems that the _____ discrimination is abolished in U.S. society, but it's not.

미국 사회에서 인종차별이 없어진 것 같지만, 그렇지 않다.

DAY 33

If you hear a voice within you say "you cannot paint,"
then by all means paint and that voice will be silenced.
- *Vincent Van Gogh*

만약 마음속에서 "너는 그림에 재능이 없어."라는
음성이 들려온다면 반드시 그림을 그려보라.
그 목소리가 잠잠해질 것이다.
– 빈센트 반 고흐

가끔 스스로의 능력에 대해 의문을 가질 때가 있습니다. 그럴 때는 위대한 화가 반
고흐의 말처럼 그 어느 때보다 더 열심히 노력하세요. 분명히 좋은 결과가 있을 것입
니다. 포기하는 것보다 나쁜 결과는 없습니다.

>>> DAY 33 음성 강의

formal [fɔ́ːrməl, 포-멀]
형 정식의, 형식적인

He said "Hello" in a formal manner.
그는 정식으로 "안녕하세요."라고 인사했다.

shortage [ʃɔ́ːrtidʒ, 숄-티지]
명 부족, 결핍

There is a shortage of water in the refugee camp.
난민 캠프에 물이 부족하다.

colonize
[kάlənàiz, 칼러나이즈]
동 식민지로 만들다

The U.S.A. colonized this island in the early 1900s.
미국은 1900년대 초반에 이 섬을 식민지로 만들었습니다.

absence
[ǽbsəns, 앱선스]
명 결석, 부재, 결핍

No absences are allowed in this class under any circumstances.
어떠한 경우에도 결석은 이 수업에서 허용되지 않습니다.

edible [édəbəl, 에더블]
형 먹을 수 있는

Joe's cooking does not look edible.
Joe가 요리한 음식은 식용이 아닌 것처럼 보인다.

eyesight [áisait, 아이사이트]
명 시력, 시각

It is said that Mongolians have good eyesight.
몽골인들의 시력이 좋다고 한다.

structure
[strʌ́ktʃəːr, 스트럭철-]
명 구조, 구조물, 건축물

The structure of this building is very unstable.
이 건물의 구조는 매우 불안정합니다.

physical [fízikəl, 피지컬]
형 육체(신체)의, 물질의

You should get enough physical activity to stay fit.
체력 관리를 하려면 충분한 신체활동을 해야 한다.

rate [reit, 레이트]
명 속도, 비율

At this rate, we'll never be able to finish this project.
이 속도라면 우리는 이 프로젝트를 끝낼 수 없을 것이다.

thick [θik, 씨크]
형 두꺼운, 굵은, 진한

Nothing could be seen through the thick forest.
울창한 숲 사이로 아무것도 보이지 않았다.

potential
[pouténʃəl, 포우텐셜]
명 잠재력, 가능성

Penelope has a lot of potential to become a great singer.
Penelope는 대단한 가수가 될 수 있는 잠재력을 가지고 있다.

considerable

[kənsídərəbəl, 컨시더러블]

형 중요한, 상당한

I spent a considerable amount of time deciding on the party venue.
나는 파티 장소를 정하는 데 상당한 양의 시간을 투자했다.

analysis

[ənǽləsis, 어낼러시스]

명 분석, 분해

Data analysis shows that dogs have feelings.
데이터 분석에 따르면 개들도 감정을 가지고 있다.

notably

[nóutəbli, 노우터블리]

부 뚜렷하게, 특히

Some subjects are very popular, most notably the sciences.
몇몇 과목들은 매우 대중적인데, 특히 과학이 가장 그렇다.

defense

[diféns, 디펜스]

명 방위, 방어, 수비

The most effective defense is offense.
가장 효과적인 방어는 공격이다.

function

[fʌ́ŋkʃən, 펑션]

명 기능 통 기능(작용)하다

The program won't function properly if you open it on that browser.
그 브라우저로 연다면 프로그램은 제대로 작동하지 않을 것이다.

arrangement

[əréindʒmənt, 어레인지먼트]

명 배열, 배치

Everyone agreed that the song arrangements for the concert needed to be changed.
콘서트에서 연주될 곡의 배열이 바뀌어야 한다고 모두가 동의했다.

invisible

[invízəbəl, 인비저블]

형 눈에 보이지 않는

His superpower is turning invisible.
그의 슈퍼파워는 투명인간으로 변하는 것이다.

alienation

[èiljənéiʃən, 에일리어네이션]

명 멀리함, 소외

Judy felt troubled by a sense of alienation from her friends.
Judy는 그녀의 친구들로부터 느끼는 소외감으로 괴로워했다.

anecdote

[ǽnikdòut, 애닉도우트]

명 일화

The speech started with a brief anecdote.
연설은 짧은 일화로 시작되었다.

simultaneously
[sàiməltéiniəsli, 사이멀테이니어스리]
부 동시에

The pianist played multiple keys simultaneously.
피아니스트가 여러 키를 동시에 쳤다.

variance [vériəns, 베리언스]
명 변화, 변동, 불일치

The variance of temperature during this experiment may irritate your skin.
이 실험에서의 기온 변화는 피부를 자극할 수도 있습니다.

imitate [ímitèit, 이미테이트]
동 모방하다, 흉내 내다

He is good at imitating animal sounds.
그는 동물 소리를 잘 흉내 낸다.

disengage
[dìsingéid3, 디스인게이쥐]
동 풀다, 풀리다, (사람을) 해방하다

Disengage the latch in case of an emergency.
응급 상황시에는 걸쇠를 푸세요.

resist [rizíst, 리지스트]
동 저항하다

I couldn't resist having a slice of pizza.
나는 피자 한 조각 먹는 것을 참지 못했다.

myriad [míriəd, 미리어드]
형 무수한, 가지각색의

A myriad of colors appeared in the mirror.
거울에 가지각색의 색들이 나타났다.

requirement
[rikwáiərmənt, 리콰이얼-먼트]
명 필요조건, 자격

The requirements for this job are as follows.
이 일자리를 위한 자격 조건은 아래와 같습니다.

emerge
[imə́:rd3, 이멀-쥐]
동 나타나다

Suddenly, someone emerged from the woods.
갑자기 숲 속에서 누군가 나타났다.

subscription
[səbskrípʃən, 섭스크립션]
명 기부금, 구독(료)

Kevin pays a monthly subscription to UNICEF.
Kevin은 매달 UNICEF에 기부금을 낸다.

comparison
[kəmpǽrisən, 컴패리즌]
명 비교, 대조

That city is quiet in comparison to New York.
그 도시는 뉴욕과 비교하면 조용하다.

burrow [bə́:rou, 버-로우]
명 (여우·토끼의) 굴, 은신처
동 굴을 파다

A family of rabbits lived in that burrow.
그 굴에는 토끼 가족이 살고 있었습니다.

enhance [enhǽns, 인핸스]
동 향상시키다, 높이다

Some people get plastic surgery to enhance their features.
어떤 사람들은 외모를 향상시키기 위해 성형수술을 한다.

feminine
[fémǝnin, 페머닌]
형 여자의, 여성의

The pink dress with the lace is more feminine.
레이스가 달린 분홍색 드레스가 더 여성스럽다.

be engrossed in
~에 몰두하다

The author is engrossed in writing her latest novel.
작가인 그녀는 최근 소설을 쓰는 데 몰두하고 있다.

suspicion
[sǝspíʃǝn, 서스피션]
명 혐의, 의심

The robbers hid the money in a backpack to avoid suspicion.
도둑들은 의심을 피하기 위해 돈을 배낭에 넣었다.

outline [áutlàin, 아웃라인]
명 개요, 윤곽
동 개요를 서술하다, 윤곽을 보여주다

I'm going to outline today's meeting for you.
저는 여러분에게 오늘의 회의 내용을 요약하겠습니다.

inspire
[inspáiǝr, 인스파이얼]
동 고무(격려)하다, 영감을 주다

Andy the painter is inspired by music.
화가인 Andy는 음악으로부터 영감을 받는다.

compensation
[kàmpǝnséiʃǝn, 캄펀세이션]
명 배상, 보충

The victim received a certain amount of money for compensation.
피해자는 특정 금액의 배상금을 받았다.

cherish
[tʃériʃ, 체리쉬]
동 소중히 하다

Cherish the present.
현재를 소중히 여겨라.

geological
[dʒì:ǝlǽdʒikǝl, 지-얼라지컬]
형 지질학의

The mountain ranger showed us a geological map.
삼림 관리원은 우리에게 지질도를 보여주었다.

다음 문장들을 읽고 우리말 의미에 맞게 빈칸을 채우세요.

suspicion	disengaging	edible	physical	resisted

❶ People are likely to suffer from the pain of _____ after they lose their love.

사람들은 그들의 사랑을 잃은 후에 결별의 고통을 겪고는 한다.

❷ In 20th century, the socialists _____ capitalism.

20세기에 사회주의자들은 자본주의에 저항했다.

❸ _____ has a formidable power, because it makes people believe that something untrue is the truth.

의심은 사람들이 사실이 아닌 것을 진실이라고 믿도록 만들기 때문에 아주 무서운 힘을 갖고 있다.

❹ If you want to know whether these medical herbs gathered are _____, ask my grandmother.

만약 네가 캔 약초가 먹을 수 있는지 없는지 알고 싶으면, 내 할머니께 여쭤봐.

❺ Students are required not only to be good at studying but to develop their _____ abilities.

학생들은 공부를 잘하는 것뿐만 아니라 신체적 기능을 길러야 한다고 요구받는다.

Answer ❶ disengaging ❷ resisted ❸ suspicion ❹ edible ❺ physical

DAY 34

In the middle of difficulty lies opportunity.
- *Albert Einstein*

어려움의 한 가운데는 기회가 있다.
– 알버트 아인슈타인

어려운 상황 가운데서도 늘 기회가 있는 법입니다. 모든 경험은 우리를 강하게 합니다. 그것이 특히 어렵고 힘든 경험이라면 우리를 더욱 튼튼하게 만들어줄 것입니다. 그러니 고난과 어려움을 초연히 즐깁시다.

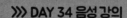 >>> DAY 34 음성 강의

desperate
[déspərit, 데스퍼리트]
형 필사적인, 절박한

Desperate times call for desperate measures.
절박한 시점에서는 필사적인 조치가 필요하다.

orchard [ɔ́:rtʃərd, 올─철드]
명 과수원

You are welcome to pick some apples from our orchard.
저희 과수원에서 사과를 따셔도 좋습니다.

annoy [ənɔ́i, 어노이]
동 짜증나게 하다, 귀찮게 하다

I used to annoy my older sister all the time when I was a kid.
나는 어렸을 때 나의 언니를 종종 귀찮게 하고는 했다.

depression
[dipréʃən, 디프레션]
명 침울, 우울(증), 불경기

Harold suffered from depression after his wife died.
Harold는 그의 아내가 죽은 이후로 우울증에 시달렸다.

degree
[digri:, 디그리─]
명 지위, 학위, 도(온도), 정도

I hold a bachelor's degree in political science.
저는 정치학 학사학위를 가지고 있습니다.

innocent [inəsnt, 이노슨트]
형 악의 없는, 순수한, 무죄인

The innocent boy followed the butterfly.
순수한 소년은 나비를 쫓아갔다.

muscle [mʌ́səl, 머슬]
명 근육, 힘줄

Jane pulled a muscle while playing soccer.
Jane이 축구를 하다가 근육을 접질렸다.

personnel
[pə̀:rsənél, 펄─스넬]
명 직원, 인원, 인사과

Send this e-mail to all personnel.
모든 직원에게 이 이메일을 보내라.

intentional
[inténʃənəl, 인텐셔널]
형 계획적인, 고의의

Peter knocking over the vase cannot be seen as an intentional action.
Peter가 화병을 넘어트린 것은 고의적인 행동이라고 볼 수 없다.

subject [sʌ́bdʒikt, 섭직트]
명 주제, 과목
형 ~의 영향을 받기 쉬운

The subject of this conversation is making me uncomfortable.
이 대화의 주제가 저를 불편하게 만들고 있어요.

mist [mist, 미스트]
명 (엷은) 안개

You could barely see anything through the mist.
안개 사이로 보이는 것이 거의 없었다.

location
[loukéiʃən, 로우케이션]
명 장소, 위치

The location of the building is difficult to find.
건물의 위치를 찾기 힘들다.

breathe
[bríːð, 브리ー드]
통 호흡하다

Sometimes you forget how to breathe when you are anxious.
가끔 긴장했을 때 숨쉬는 법을 잊을 때가 있다.

stripe
[straip, 스트라이프]
명 줄무늬, 줄

Stripes are the new fashion trend.
줄무늬 옷이 새로운 패션 트렌드다.

tune [tjuːn, 튠ー]
통 가락을 맞추다, (악기를) 조율하다

The musician is tuning his guitar.
뮤지션이 그의 기타를 조율하고 있다.

age [eɪdʒ, 에이지]
명 나이, 시기, 시대
통 나이가 들다

She learned how to read at a young age.
그녀는 어린 나이에 글 읽는 법을 배웠다.
Cameron doesn't seem to age.
Cameron은 아무래도 나이가 들지 않는 것 같다.

attend [əténd, 어텐드]
통 참석하다, 출석하다

Everyone is expected to attend the meeting.
모두가 회의에 출석해야 합니다.

appointment
[əpɔ́intmənt, 어포인트먼트]
명 임명, 지명, 약속

Dennis made a 2 o'clock appointment with his guidance counselor.
Dennis는 그의 지도 선생님과 2시 약속을 잡았다.

document
[dɑ́ːkjumənt, 다ー큐먼트]
명 서류, 문서 통 증명하다, 기록하다

A video camera was recording to document the professor's lecture.
교수님의 강의를 기록하기 위해서 비디오카메라가 녹화되고 있었다.

share
[ʃeə:r, 셰ー어]
명 몫, 배당 통 공유하다

Our group finished early because everybody did their share.
모두가 제 몫을 해서 우리 그룹은 일을 일찍 마쳤다.
Sharing is caring.
공유하는 것이 보살피는 것이다.

donation
[dounéiʃən, 도네이션]
명 기증품, 기부금

The millionaire made a large donation to the high school he graduated from.
백만장자는 자신이 졸업한 고등학교에 많은 기부금을 냈다.

graze [greiz, 그레이즈]
동 풀을 뜯어먹게 하다, 방목하다

There are grazing cows in the painting.
그림에는 방목하는 소들이 그려져 있다.

fierce [fiərs, 피얼스]
형 맹렬한, 격심한

The fierce lioness protected her cubs from other animals.
사나운 암사자는 그녀의 새끼들을 다른 동물로부터 보호했다.

impose [impóuz, 임포즈]
동 부과하다, 강요하다

In some countries, extra taxes are imposed according to individual carbon use.
어떤 국가에서는 개인의 탄소 소비량에 따라서 세금이 부과된다.

patron [péitrən, 페이트런]
명 후원자

The artist was able to continue his work thanks to his patron.
아티스트는 후원자 덕분에 작업을 계속할 수 있었다.

enrollment
[enróulmənt, 인롤먼트]
명 학교 등록(취학)

The enrollment processes of this school are very complicated.
이 학교의 등록 과정은 매우 복잡하다.

combustion
[kəmbʌ́stʃən, 컴버스천]
명 연소

The combustion of fossil fuels emit greenhouse gases.
화석 연료의 연소는 온실가스를 배출한다.

complain
[kəmpléin, 컴플레인]
동 불평하다, 항의하다

Do something about your problems instead of just complaining about them.
문제들에 대해서 불평만 하지 말고 해결하려고 노력해라.

modify [mádəfài, 마더파이]
동 수정(변경)하다

The director modified some details in the final cut.
감독은 마지막 컷에서 몇 가지 디테일을 수정했다.

withdraw
[wiðdrɔ́ː, 윗드로-]
동 물러나다, 철수하다, 취소(철회)하다

The general ordered the troops to withdraw from the battlefield.
장군은 군사들에게 전쟁터에서 철수하라고 명령했다.

reputation
[rèpjətéiʃən, 레퓨테이션]
圆 명성, 신망

She has a bad reputation due to her laziness.
그녀는 게을러서 평판이 나쁘다.

sanitation
[sæ̀nətéiʃən, 새너테이션]
圆 (공중) 위생

A number of restaurants were closed due to poor sanitation.
많은 식당들이 위생상태가 좋지 않아 문을 닫게 되었다.

aboriginal
[æ̀bərídʒənəl, 애버리저널]
圈 호주 원주민의, 원주민의

Laws have been established to preserve aboriginal culture.
원주민 문화를 보존하기 위한 법들이 제정되었다.

impression
[impréʃən, 임프레션]
圆 인상, 감명

The overall impression that the Park family gave me was good.
Park 가족이 나에게 준 전반적인 인상은 좋았다.

deny [dinái, 디나이]
圄 부정하다

Don't deny your situation any longer.
당신의 상황을 더이상 부정하지 마세요.

evidence [évidəns, 에비던스]
圆 증거, 증언

You must collect hard evidence to arrest the suspect.
용의자를 체포하려면 명백한 증거를 구해야 합니다.

proactive
[prouǽktiv, 프로우액티브]
圈 사전 예방적인

Our company offers proactive management for all products.
저희 회사는 모든 상품에 대한 사전 관리를 제공합니다.

optimistic
[àptəmístik, 압터미스틱]
圈 낙관적인, 낙천적인

The little girl is optimistic about life.
어린 소녀는 인생에 관해 낙천적이다.

conducive
[kəndjúːsiv, 컨듀-시브]
圈 도움이 되는

The new education systems are more conducive to learning.
새로운 교육 시스템은 학업에 더욱더 도움이 됩니다.

reunion
[riːjúːnjən, 리-유-니언]
圆 재결합, 재합동, 재회

Randy went to his high school reunion during the weekend.
Randy는 주말 동안 고등학교 동창회에 갔다.

다음 문장들을 읽고 우리말 의미에 맞게 빈칸을 채우세요.

attend	complains	degree	imposed	enrollment

❶ It is revealed that an executive of a large company has _____ an employee to accept his sexual requirements.

한 대기업 임원이 회사 직원에게 그의 성적인 요구를 받아들이라고 강요해온 것으로 밝혀졌다.

❷ If you want to join our club, please fill out this form for _____.

만약 우리 동아리에 가입하고 싶다면, 등록을 위해 이 양식을 채워주세요.

❸ One of my friends always _____ about my math teacher's nagging during the class.

내 친구 중 한 명은 항상 수학 선생님이 수업 시간중 하는 잔소리에 대해 불평한다.

❹ Recently, many people are required to obtain a Master's _____.

최근 많은 사람들은 대학원 학위를 요구받는다.

❺ My professor said, "If you want to get a high grade, you should _____ all the classes."

교수님은 "만약 높은 점수를 받고 싶다면, 모든 수업에 출석하라."라고 말씀하셨다.

Answer ❶ imposed ❷ enrollment ❸ complains ❹ degree ❺ attend

DAY 35

Life shrinks or expands
in proportion to one's courage.
- *Anais Nin*

인생은 자신의 용기에 비례해서 수축하거나 확장한다.
– 아나이스 닌

용기를 가져야 합니다. 용기는 어떤 어려움에도 맞설 수 있는 힘을 줍니다. 용기를 가지면 인생을 더욱 폭넓게 살 수 있어요. 오늘도 용기를 가지고 단어 암기를 시작해 봅시다.

>>> DAY 35 음성 강의

reasonable

[ríːzənəbəl, 리-저너블]

형 합리적인, 분별 있는

Be sure to make a reasonable decision.
합리적인 결정을 내리도록 해.

object [ɑ́bdʒikt, 아브직트]

명 물건, 물체, 목적, 목표

There are two objects in the room.
그의 방에는 2가지 물건이 놓여 있습니다.

beverage [bévəridʒ, 베버리지]

명 마실 것, 음료

Would you like a cold beverage?
시원한 음료를 드릴까요?

appliance

[əpláiəns, 어플라이언스]

명 가전 기구

The newlyweds bought most of their appliances online.
신혼부부는 가전 기구의 대부분을 인터넷으로 구매했다.

rest [rest, 레스트]

명 휴식, 나머지 동 쉬다, 휴식하다

The rest of the children stayed in the classroom.
나머지 아이들은 교실에 남았다.

souvenir

[sùːvəníːr, 수-버니-어]

명 기념품, 선물

My father brought home some souvenirs from Rome.
나의 아버지는 로마에서 기념품들을 사왔다.

trace [treis, 트레이스]

명 발자국, 자취, 흔적
동 추적하다, 찾아내다

There was no trace of anyone living in the house.
그 집에는 사람이 산다는 흔적이 없었다.

professional

[prəféʃənəl, 프로페셔널]

형 직업의, 직업적

Martha is a professional event planner.
Martha는 전문적인 이벤트 기획자다.

wilderness

[wíldərnis, 윌더니스]

명 황야, 황무지

The four friends attempted to survive in the wilderness for a week.
4명의 친구는 일주일 동안 황무지에서 생존하는 것을 시도했다.

achievement

[ətʃíːvmənt, 어취-브먼트]

명 성취, 달성

The charity gave Andy an award for his achievements.
자선단체는 Andy의 업적을 축하해주기 위해 그에게 상을 주었다.

article [ɑ́:rtikl, 알-티클]
명 (신문·잡지의) 글, 기사, 물품(물건)

Many articles in today's paper are about the upcoming election.
오늘 신문의 많은 기사들은 다가오는 선거에 관한 내용들이다.
An article of clothing was found at the crime scene.
범죄 현장에서 의류 한 점이 발견되었다.

square [skwɛə:r, 스퀘-어]
명 정사각형, 광장

Millions of citizens gathered at the city square.
수백만 명의 시민들이 도시 광장에 모였다.

handicapped
[hǽndikæpt, 핸디캡트]
형 장애가 있는, 불구의

This parking space is for handicapped people.
이 주차 공간은 장애인들을 위한 것입니다.

universal
[jù:nəvə́:rsəl, 유-니버-셜]
형 우주의, 보편적인

Some colors have a universal meaning.
어떤 색들은 보편적인 의미를 가지고 있다.

admission
[ədmíʃən, 어드미션]
명 입장, 인정, 입장료

Admission is $4 per person.
입장료는 각 사람당 4달러입니다.

despair
[dispéər, 디스패어]
명 절망, 자포자기

"Get out!" she cried out in despair.
"나가!"라고 그녀는 절망한 채 울부짖었다.

telescope
[téləskòup, 텔러스코우프]
명 망원경

You need to put in two coins to make the telescope work.
망원경을 작동시키려면 2개의 동전을 넣어야 한다.

unjust [ʌndʒʌ́st, 언저스트]
형 부정한, 부당한

People protested against the unjust ruling of the court.
사람들은 법원의 부당한 판결에 반대하는 시위를 했다.

tempt [tempt, 템트]
동 유혹하다, 부추기다, 마음을 끌다

I was tempted by the various desserts.
나는 다양한 종류의 디저트들에 유혹당했다.

circumstance
[s3:rkəmstæns, 썰-컴스탠스]
명 환경, 상황

Under no circumstances are you to leave this room.
어떠한 상황에 놓이더라도 이 방에서 나가면 안 됩니다.

intrigue
[intríːg, 인트리−그]
통 강한 흥미(호기심)를 불러일으키다

The colorful butterflies intrigued the children.
색색의 나비들이 아이들의 호기심을 자아냈다.

subconscious
[sʌbkánʃəs, 서브칸셔스]
형 잠재의식의

Many of our actions are subconscious.
우리가 하는 많은 행동들은 잠재의식 속에서 이루어진다.

defect [difékt, 디펙트]
명 결점, 결함

The products were recalled due to a manufacturing defect.
제품들은 제조상의 결함이 있어서 리콜되었다.

instinct [ínstiŋkt, 인스팅트]
명 본능

It is natural instinct to protect children.
아이들을 보호하는 것은 타고난 본능이다.

attain [ətéin, 어테인]
통 이루다, 성취하다

Connor's teacher's assistance helped him attain his goals.
Connor의 선생님의 도움은 그가 목표를 성취하는 데 도움이 되었다.

pitfall
[pítfɔ̀ːl, 피트폴]
명 함정

We will be able to avoid this pitfall.
우리는 이 위험을 피할 수 있을 것이다.

subtract
[səbtrǽkt, 서브스트랙트]
통 빼다, 감하다

Subtract 5 from 10.
10에서 5를 빼라.

divert
[daivə́ːrt, 다이벌−트]
통 (관심을) 돌리다, 전환하다

I tried to divert the conversation from the subject of politics.
나는 대화의 주제를 정치적으로 흘러가지 않게끔 전환했다.

literacy
[lítərəsi, 리터러시]
명 글을 읽고 쓸 줄 아는 능력

The U.S.A's literacy rate has not changed in 10 years.
미국의 식자율은 10년째 변함이 없습니다.

embed [imbéd, 임베드]
통 (단단히) 박다, 끼워 넣다

He let go of the knife, leaving it embedded in the wood.
그는 칼을 나무에 박힌 채로 두고 손에서 놓았다.

encounter
[ɪnkáuntər, 인카운터]
명 접촉, 만남 동 우연히 만나다

I encountered an old friend at the mall.
나는 쇼핑몰에서 오래된 친구와 우연히 만났다.

hue [hjuː, 휴-]
명 색조, 빛깔

The sky is of a hue between pink and purple.
하늘은 분홍색과 보라색 중간의 색이다.

recognition
[rèkəgníʃən, 레커그니션]
명 인지, 승인, 인정

The employee finally got the recognition he deserved.
그 직원은 드디어 마땅한 인정을 받았다.

shrink [ʃrɪŋk, 쉬링크]
동 오그라들다, 움츠리다

Shrink the font size; the letters look too big.
글자가 너무 커 보이니 폰트 사이즈를 줄여라.

conflict
[kánflikt, 칸플릭트]
명 충돌, 대립, 갈등

Diana tries to avoid any kind of conflict.
Diana는 모든 유형의 충돌을 피하려고 한다.

prejudice
[prédʒudis, 프레쥬디스]
명 편견, 선입관

Some prejudices can have a dangerous effect on society.
어떤 편견들은 사회에 위험한 효과를 나타낼 수도 있다.

identify
[aidéntəfài, 아이덴터파이]
동 확인하다, 식별하다, 동일시하다

He identified the dead woman as his sister.
그는 사망한 여성이 그의 여동생인 것을 확인했다.

implication
[implakéiʃən, 임플리케이션]
명 영향, 함축, 암시

What are the implications of this decision?
이 결정이 내포하는 의미는 무엇이죠?

molecule
[máləkjùːl, 말러큘-]
명 분자

Atoms bond together and form a molecule.
원자들이 결합해 분자를 결성합니다.

monetary
[mánətèri, 마너테리]
형 화폐의

The King's new monetary policy faced criticism.
왕의 새로운 통화정책은 비판에 직면했다.

다음 문장들을 읽고 우리말 의미에 맞게 빈칸을 채우세요.

articles	prejudice	unjust	divert	instinct

❶ A human can control _____ by being controlled by 'reason'
인간은 이성에 의해 통제를 받음으로써 본능을 통제할 수 있다.

❷ Numerous rumors _____ reports from finding the truth.
수많은 소문들은 기자들이 진실을 찾는 것을 방해한다.

❸ Many people expressed a strong _____ for the original policy.
많은 사람들이 원래 정책에 대해 강한 선호를 보였다.

❹ Since there was a scandal about the famous singer, all of newspapers _____ deal with it.
유명한 가수의 스캔들이 있었기 때문에, 모든 신문 기사가 그것을 다룬다.

❺ It is _____ to offer a bribe for strengthening political position.
정치적 입지를 강화하기 위해 뇌물을 주는 것은 부당하다.

Answer ❶ instinct ❷ divert ❸ prejudice ❹ articles ❺ unjust

DAY 36

Many of life's failures are people who did not realize
how close they were to success when they gave up.
- *Thomas Edison*

인생에서 실패한 사람 중 다수는
성공을 목전에 두고도 모른 채 포기한 이들이다.

– 토머스 에디슨

여러분! 벌써 이 교재의 절반하고도 5강을 익혔습니다. 수고 많았습니다. 에디슨의 말
처럼 성공을 목전에 두고도 그것을 모른 채 포기하진 않겠지요? 조금만 더 힘냅시다.

>>> DAY 36 음성 강의

notorious
[noutɔ́:riəs, 노우**터**-리어스]
형 악명 높은

This is an area notorious for drugs, crime.
이곳은 마약과 범죄로 악명 높은 지역이다.

ambition
[æmbíʃn, 앰비-션]
명 야망, 포부

His ambition is to travel around the world.
그의 야망은 전 세계를 여행하는 것이다.

available [əvéiləbəl, 어베일러블]
형 이용할 수 있는

This service is available 24-hours a day.
이 서비스는 24시간 내내 이용 가능하다.

attractive
[ətrǽktiv, 어트랙티브]
형 매력적인

I thought he was very attractive.
나는 그가 매우 매력적이라고 생각했다.

psychology
[saikάlədʒi, 싸이칼러지]
명 심리학

She received counseling from a doctor of psychology.
그녀는 정신과 의사에게서 상담치료를 받았다.

enable
[ɪneɪbl, 인에이블]
통 가능하게 하다

The new device will enable doctors to detect the disease early.
새로운 장비는 의사들이 그 질병을 초기에 발견하는 것을 가능케 할 것이다.

attempt
[ətémpt, 어템트]
명 시도 통 시도하다

The pilot was making a second attempt to land.
조종사는 착륙하려는 2번째 시도를 하고 있는 중이었다.

fiction [fikʃən, 픽션]
명 소설

She is a writer of historical fiction.
그녀는 역사 소설 작가다.

civil [sívəl, 씨벌]
형 민간의, 일반인의

What is the difference between human right and civil right?
인권과 시민권의 차이가 무엇인가?

trail [treil, 트레일]
명 자국, 발자국, 오솔길

He was following a narrow trail through the trees.
그는 숲 속의 좁은 길을 따라가고 있었다.

basin [béisən, 베이슨]
圀 물웅이, 분지

The Amazon River Basin is home to the largest rainforest on Earth.
아마존강 유역은 지구상에서 가장 큰 열대우림의 자생지다.

collective
[kəléktiv, 컬렉티브]
圀 집합적, 집단적

It was a collective decision.
그것은 공동의 결정이었다.

gain
[gein, 게인]
圀 이익, 이득 圀 얻다, 벌다

The country gained its independence several years ago.
그 나라는 몇 년 전에 독립을 얻었다.

analyze
[ǽnəlàiz, 애널라이즈]
圀 분석하다, 분해하다

You need to analyze what is causing the stress in your life.
너는 너의 삶에서 스트레스를 야기하는 것을 분석할 필요가 있다.

internal
[intə́:rnəl, 인털−널]
圀 내부의, 국내의

This triggers massive internal bleeding.
이것은 대량의 내부 출혈을 야기한다.

fee [fi:, 피−]
圀 요금, 수수료

The legal fees amounted to a few thousand dollars.
변호사 비용은 몇 천 달러에 이르렀다.

conclusion
[kənklú:ʒən, 컨클루−전]
圀 결론

I've come to the conclusion that she's a very great musician.
나는 그녀가 매우 훌륭한 음악가라는 결론에 이르렀다.

atomic [ətámik, 어타믹]
圀 원자의

Atomic weapons were not needed to end the war.
원자 무기는 전쟁을 종결시키기 위해서 필요하지 않았다.

relation
[riléiʃən, 릴레이션]
圀 관계, 관련

Relations between husband and wife had not improved.
남편과 아내의 관계는 개선되지 않았다.

shift [ʃift, 시프트]
圀 변천, 추이, 변화
圀 옮기다, 이동하다

There has been a shift in government policy.
정부 정책에 변화가 있었다.

grain [grein, 그레인]
명 곡물, 곡류

The birds picked up each and every grain off the floor.
새들은 바닥에 떨어진 모든 곡물들을 주웠다.

avenger
[əvéndʒər, 어벤져]
명 복수하는 사람, 원수를 갚는 사람

The anonymous avenger was appreciated by many citizens.
많은 시민들은 익명의 복수자에게 감사했다.

exaggerate
[igzǽdʒərèit, 이그재저레이트]
동 과장하다

Details about the accident are exaggerated in the article.
기사에 쓰인 사고에 대한 자세한 정보들은 과장된 것이다.

hesitate
[hézətèit, 헤저테이트]
동 주저하다

Don't hesitate to ask me for help.
나에게 도움을 청하는 것에 대해 주저하지 마.

status [stéitəs, 스테이터스]
명 상태, 지위

Her social status became a barrier in many aspects of life.
그녀의 사회적 지위는 인생에 많은 측면에서 걸림돌이 되었다.

accompany
[əkʌ́mpəni, 어캄퍼니]
동 동반하다, 동행하다

I will accompany you to your home if you do not feel safe.
불안하시면 집까지 동행해 드리겠습니다.

intrude [intrúːd, 인트루—드]
동 무리하게 강요하다, 방해하다

I didn't mean to intrude.
방해할 의도는 아니었어요.

prevalent
[prévələnt, 프레버런트]
형 (널리) 보급된, 널리 행해지는

There exists a prevalent belief that immigrants 'steal' jobs.
이민자들이 일자리를 '훔친다'는 널리 퍼진 믿음이 있다.

impulsive [impʌ́lsiv, 임펄시브]
형 충동적인

Her buying that jacket was an impulsive purchase.
그녀가 그 자켓을 산 것은 충동적인 구매였다.

mandate [mǽndeit, 맨데이트]
명 권한
동 명령하다, 요구하다

The issues we are facing right now mandates a different solution.
우리가 지금 직면하고 있는 문제들은 다른 해결 방안을 요구한다.

deprivation

[dèprəvéiʃən, 데프러베이션]

명 박탈, 궁핍

There is a deprivation in empathy in today's society.
오늘날 사회에서는 공감의 결핍이 있다.

---

discipline

[dísəplin, 디서플린]

명 교과, 규율

When did anthropology emerge as a specific discipline?
과연 인류학은 언제 특정한 교과로 모습을 드러냈을까요?

There is no discipline in this school.
이 학교에는 규율이 없습니다.

---

cast [kæst, 캐스트]

동 (빛을) 발하다,
(그림자를) 드리우다, 던지다

The spotlight cast light on the empty stage.
조명등은 빈 무대에 빛을 비춘다.

---

criticism

[krítisizəm, 크리티시즘]

명 비판, 비난

The singer's performance received fierce criticism.
가수의 퍼포먼스는 거센 비판을 받았다.

---

transfer

[trænsfɔ́ːr, 트랜스퍼―]

동 옮기다, 이동하다

Molly has to transfer twice on the subway to get to her workplace.
Molly는 그녀의 직장으로 가기 위해서 지하철을 2번 갈아타야 한다.

---

deem [diːm, 딤―]

동 생각하다, 간주하다

That candidate is deemed unworthy of our attention.
그 후보자는 우리의 관심을 받을 자격이 없다고 생각합니다.

---

endow

[ɪndau, 인다우]

동 부여하다

Mac was endowed with the responsibility of locking the door every night.
Mac에게 매일 밤 문을 잠그는 책임이 맡겨졌다.

---

futile

[fjúːtl, 퓨―틀]

형 쓸데없는, 무익한

Going to the airport to stop her was a futile attempt.
그녀를 잡기 위해서 공항으로 간 것은 부질없는 시도였다.

---

shiver [ʃívə(r), 쉬벌]

동 (몸을) 떨다

Nick was shivering all day; I think he has a cold.
Nick은 하루 종일 몸을 떨고 있었다. 아마 감기에 걸린 듯하다.

---

revenue

[révənjùː, 레버뉴―]

명 소득, 수입

How can we generate more revenue?
어떻게 해야 더 많은 수익을 창출할 수 있을까요?

다음 문장들을 읽고 우리말 의미에 맞게 빈칸을 채우세요.

status	exaggerate	enabled	criticisms	civil

❶ His continuous efforts _____ him to achieve his goal.
그의 지속적인 노력은 그가 목표를 이루는 것을 가능하게 했다.

❷ In Africa, there have been many refugees because of endless _____
wars.
아프리카에서는 끊임없는 내전으로 인해 수많은 난민들이 발생했다.

❸ It has been proved that the parents' social _____ influences
their children's academic achievement.
부모의 사회적 지위가 자녀의 학업 성취에 영향을 미친다는 것이 증명되었다.

❹ Don't _____ the situation to persuade others, just explain it as it
really is.
남들을 설득하기 위해 상황을 과장하지 마, 실제 그대로를 설명해.

❺ It is uneasy to accept _____, because humans are likely to
dislike their being wrong.
사람들은 그들이 잘못이 있다는 것을 인정하기 싫어하기 때문에 비판을 수용하는 게 쉽지 않다.

Answer ❶ enabled ❷ civil ❸ status ❹ exaggerate ❺ criticisms

DAY 37

Nothing is impossible,
the word itself says, "I'm possible!"
- *Audrey Hepburn*

불가능은 없어,
불가능(impossible)이라는 단어 자체가
"나는 할 수 있다(I'm possible)."라고 말하고 있으니까!
– 오드리 헵번

전설적인 여배우 오드리 헵번이 이야기한 대로 불가능이란 없습니다. 불가능은 노력을 통해 가능으로 바뀌게 됩니다. 우리는 할 수 있습니다. 지금까지 이미 잘하고 있으니까요.

>>> DAY 37 음성 강의

quantity
[kwántəti, 퀀터티]
명 양, 분량

What matters to you more-quantity or quality?
당신에겐 양이 더 중요한가요, 질이 더 중요한가요?

beloved [bilʌ́vid, 비러브드]
형 사랑하는

My beloved grandmother passed away last week.
내가 사랑하는 할머니께서 저번 주에 돌아가셨다.

reduction
[ridʌ́kʃən, 리덕션]
명 감소, 절감

There was a 15% reduction in sales.
판매량이 15% 인하되었다.

stride [straid, 스트라이드]
명 한 걸음(의 폭)

The couple matched their stride as they walked along the beach.
커플은 서로 발을 맞추며 해변을 걸었다.

moderation
[màdəréiʃən, 마더레이션]
명 적당, 중용

It is important to exercise in moderation to stay healthy.
건강을 유지하려면 적당히 운동하는 것이 중요하다.

suggestion
[səgdʒéstʃən, 서제스천]
명 암시, 시사, 제안, 제의

My suggestion is that you move to another town.
저의 제의는 당신이 다른 동네로 이사 가는 것입니다.

reliance
[riláiəns, 릴라이언스]
명 믿음, 의지

Stop placing so much reliance on your friends.
친구들에게 그 정도로 많이 의지하지 마라.

gender [dʒéndər, 젠더]
명 성, 성별

The spa is divided by gender.
스파는 성별에 따라 구분되어 있습니다.

medical [médikəl, 메디컬]
형 의학의, 의술의

Many medical advances have taken place in the past 50 years.
지난 50년간 많은 의학적 진보가 이루어졌다.

manual
[mǽnjuəl, 매뉴얼]
명 소책자, 입문서

He is too prideful to read the manual.
그는 입문서를 읽기에는 자존심이 너무 세다.

submerge
[səbmə́:rdʒ, 서브멀-지]
통 물속에 잠그다

The submarine submerged under water.
잠수함은 물속에 들어갔다.

retailer
[rí:teilər, 리-테일러-]
명 소매업자, 소매상(점)

The world's largest furniture retailer is from Sweden.
세계에서 가장 큰 가구 소매상은 스웨덴에서 왔다.

renew [rinjú:, 리뉴-]
통 갱신시키다

Call our office to renew your membership.
회원권을 갱신시키려면 우리 사무실로 전화하세요.

relative
[rélətiv, 렐러티브]
명 친척, 친족

I stayed at my relative place when I was visiting France.
나는 프랑스를 방문했을 때 친척 집에서 지냈다.

sprout
[spraut, 스프라우트]
통 싹이 트다, 발아하다

The beans started sprouting within a week.
일주일 내로 콩들이 싹트기 시작했다.

nurture
[nə́:rtʃə(r), 널-철-]
통 육성하다, 양육하다

Nurture those plants so that they don't die.
저 화초들이 죽지 않게 잘 보살펴라.

plot [plɑt, 플랏]
명 음모, 줄거리

The robbers set a plot to rob the bank.
도둑들은 은행을 털기 위한 음모를 짰다.

The plot of this novel is very complicated.
이 소설의 줄거리는 매우 복잡합니다.

crash [kræʃ, 크래쉬]
명 충돌, (비행기) 추락

There was a car crash on 10th street.
10번가에 자동차 충돌 사고가 있었다.

businesslike
[bíznislàik, 비지니스라이크]
형 사무적인

Make sure to write work-related emails in a businesslike tone.
일과 관련된 이메일에서는 사무적인 어조를 써야 하는 것을 명심해라.

confidence
[kánfidəns, 칸피던스]
명 신뢰, 자신, 확신

Gary gained confidence after changing his hair style.
Gary는 그의 헤어스타일을 바꾸고 나서 자신감이 생겼다.

distort [distɔ́ːrt, 디스톨트]
통 왜곡하다

Your emotions may distort your thinking.
감정들이 생각을 왜곡시킬 수도 있습니다.

exposure
[ikspóuʒər, 익스포우절]
명 노출

The actor tried to keep his children from media exposure.
배우는 그의 자녀들을 미디어 노출로부터 지키려고 노력했다.

reinforce
[riːinfɔ́ːrs, 리-인폴-스]
통 강화하다, 보강하다

Your attitude reinforces discrimination.
당신의 태도가 차별을 강화합니다.

merge [məːrdʒ, 멀-쥐]
통 합병하다, 융합되다

The two groups merged into one.
2개의 그룹이 하나로 합쳐졌다.

devour [diváuər, 디바우얼]
통 게걸스럽게 먹다

The children devoured the cake.
아이들은 케이크를 집어삼켰다.

yield [jiːld, 이-일드]
명 산출량, 총수익
통 생산하다, 항복하다, 넘겨주다

The recent change in procedure yielded better results.
최근에 있었던 과정의 변화는 예전보다 좋은 결과를 산출했다.

vulnerable
[vʌ́lnərəbl, 발너러블]
형 상처 입기 쉬운, 취약한, 연약한

Don't take advantage of someone in a vulnerable state.
상처 입기 쉬운 상태에 있는 사람을 이용하지 말라.

scrutiny
[skrúːtəni, 스크루-터니]
명 (면밀한) 조사, 감독

The evidence was examined under scrutiny.
증거는 면밀한 조사하에 검토되었다.

nimble [nɪmbl, 님블]
형 날렵한, 민첩한

You need to have nimble hands to sew this pattern.
이 패턴을 바느질하려면 손놀림이 빨라야 합니다.

equilibrate
[iːkwíləbrèit, 이-퀼러브레이트]
통 평형하게 하다

The graph shows the equilibrated state of the market.
그래프는 시장의 평형 상태를 보여준다.

odd [ɑd, 아드]
형 기묘한, 이상한

It is odd that she would want to leave all of a sudden.
그녀가 갑자기 떠나겠다고 하는 것이 이상하다.

indulge [indʌ́ldʒ, 인덜쥐]
동 만족시키다, 충족시키다

Sometimes I indulge in hours of television.
나는 가끔 몇 시간씩 텔레비전을 마음껏 본다.

prevail [privéil, 프리베일]
동 널리 보급되다, 유행하다

The working conditions prevailing in factories were shocking.
공장에 만연해 있는 근로환경은 충격적이었다.

be associated with
~와 관련 있다

Our company is associated with the government.
우리 회사는 국가와 관련이 있다.

compliment
[kámpləmənt, 캄플러먼트]
명 경의, 칭찬

Practice accepting compliments.
칭찬을 받아들이는 법을 연습하라.

intricate
[íntrɪkət, 인트리컷]
형 뒤얽힌, 복잡한

There were intricate patterns on the ceiling.
천장에는 복잡한 문양이 있었다.

dilute [dailú:t, 다이루-트]
동 묽게 하다, 희석하다

Dilute the paint with water.
물감을 물로 묽게 해라.

expedition
[èkspədíʃən, 엑스퍼디션]
명 탐험, 원정

This expedition is funded by a school program.
이 원정은 학교 프로그램의 후원을 받는다.

term
[tə:rm, 텀-]
명 기간, 조건, 용어

The criminal faces a long term in prison.
범죄자는 긴 수형기간에 직면해 있다.

I will take the job only under these terms.
저는 이 조건들 하에만 이 일을 맡겠습니다.

You probably won't understand many of the technical terms.
아마도 전문 용어 중에서 모르는 것이 많을 겁니다.

irrigation
[ìrəgéiʃən, 이러게이션]
명 물을 댐, 관개

They are planning to build an irrigation canal so that more field can have access to water.
그들은 더 많은 밭들에 물을 댈 수 있도록 관개수로를 지을 계획중이다.

다음 문장들을 읽고 우리말 의미에 맞게 빈칸을 채우세요.

suggestion	exposure	plot	prevailing	expedition

❶ Parents should educate their children for preventing them from the
_____ of alcohol.
부모들은 그들의 아이들이 알코올에 노출되는 것을 막기 위해 교육해야만 한다.

❷ The tendency of sharing is not _____ in a society where people
compete with each other.
나누고자 하는 경향은 서로 경쟁하는 사회에서 널리 퍼져 있지 않다.

❸ Since it is dangerous to travel a jungle, there are many requirements for the
_____ of jungle.
정글을 여행하는 것은 위험하기 때문에, 정글 탐험을 위한 많은 요구사항이 있다.

❹ My mother cries a lot when she watches a drama having a
_____ of sad story.
우리 엄마는 슬픈 이야기의 줄거리를 가진 드라마를 보실 때 많이 우신다.

❺ Even though he has given a _____ that he is interested in her,
she doesn't respond to him.
그가 그녀에게 관심 있다는 암시를 계속 주었지만, 그녀는 그에게 반응하지 않는다.

Answer ❶ exposure ❷ prevailing ❸ expedition ❹ plot ❺ suggestion

DAY 38

People are always blaming their circumstances for
what they are. I don't believe in circumstances.
The people who get on in this world are the people
who get up and look for circumstances they want,
and, if they can't find them, make them.
- George Bernard Shaw

사람들은 늘 자기 자신의 상태에 대해서 환경을 탓한다.
나는 그것이 옳다고 믿지 않는다.
이 세상에서 성공한 사람들은 그들이 원하는 환경을 찾고,
만약 찾지 못하면 자신이 원하는 환경을 만들어간다.
― 조지 버나드 쇼

환경을 탓하는 사람들은 결코 성공하지 못합니다. 그렇기 때문에 자신에게 주어진
환경에서 최선을 다해야 합니다. 노력하다 보면 분명 많이 나아져 있을 것입니다.

>>> DAY 38 음성 강의

unlike [ʌnlaɪk, 언라이크]
전 ~와 다른

Her beauty was unlike any other.
그녀의 아름다움은 그 어떤 아름다움과도 달랐다.

representative
[rèprizéntətiv, 레프리젠터티브]
명 대표자

The representative of the team gave a congratulatory speech.
팀의 대표자가 축하연설을 했다.

generation
[dʒènəréiʃən, 제너레이션]
명 세대, 산출, 발생

This generation grew up with cell phones.
이 세대는 휴대폰과 함께 자랐다.
Nuclear power generation has become established since the 1950s.
원자력 발전은 1950년대 이후로 확립되었다.

mirror [mírər, 미럴]
동 반사하다, 반영시키다

The literature mirrors peoples' sentiments of that time.
문학은 그 시대 사람들의 정서를 반영한다.

affection [əfékʃən, 어펙션]
명 애정, 호의

Jane's husband showered her with affection.
Jane의 남편은 그녀에게 애정을 듬뿍 주었다.

dependent
[dipéndənt, 디펜던트]
형 의지하고 있는, 의존하는

Children tend to be dependent on their parents.
아이들은 부모에게 의존적인 편이다.

prominent
[prámənənt, 프라머넌트]
형 현저한, 저명한

There is a prominent difference between the two options I presented you.
내가 제안한 2가지 선택에는 현저한 차이점이 있다.

distinction
[distíŋkʃən, 디스팅션]
명 구별, 차이점

It is difficult to find a distinction between the two dresses.
두 드레스의 차이점을 찾는 것은 어렵다.

peculiar [pikjú:ljər, 피큐—리얼]
형 독특한, 괴상한

There was a peculiar scent in the room.
방에는 독특한 냄새가 났다.

progressive
[prəgrésiv, 프러그레시브]
형 진보적인, 점진적인

Her political stances are progressive.
그녀의 정치적 입장은 진보적이다.

carving
[kάːrviŋ, 카-빙]
명 조각(술), 조각품

We are carving three pumpkins this Halloween.
우리는 이번 할로윈에 호박 3개를 조각하기로 했다.

application
[æplikéiʃən, 애플리케이션]
명 적용, 신청

The application of technology in education can be seen in many classrooms today.
교육에 적용된 기술들은 오늘날 많은 교실에서 볼 수 있다.

aisle [ail, 아일]
명 통로, 복도

The dairy products are on aisle 4.
유제품은 4번 복도에 있습니다.

penalize
[píːnəlàiz, 피-널라이즈]
동 벌을 주다

You will be penalized for breaking the law.
법을 어긴다면 처벌받을 것입니다.

trunk [trʌŋk, 트렁크]
명 (나무의) 줄기, (차의) 트렁크,
남성용 속옷

The tree trunk was so thick it was difficult to cut down.
나무의 기둥이 너무 두꺼워서 베어 넘어뜨리기 어려웠다.

There is a blanket in the trunk.
차의 트렁크에 이불이 있다.

He went out shopping to buy new trunks.
그는 새로운 속옷을 사기 위해서 쇼핑을 갔다.

detect [dɪtékt, 디텍트]
동 발견하다, 간파하다

This device detects metal.
이 기기는 쇠를 발견합니다.

present [prézənt, 프레전트]
형 현재의, 있는, 출석하고 있는

Embrace the present.
현재를 수용하라.

roast [roust, 로우스트]
동 (고기를) 굽다, 익히다

The chef is roasting the pig.
요리사가 돼지를 굽고 있다.

income
[ínkʌm, 인컴]
명 수입, 소득

Katie has a steady income.
Katie는 안정적인 수입이 있다.

established
[istǽbliʃt, 이스태블리쉬트]
형 확립된, 확정된

This is an established company with a good reputation.
이 회사는 좋은 평판을 가진 인정받는 회사다.

marine [məríːn, 머린-]
형 바다의, 해양의

Joan is a marine biologist.
Joan은 해양 생물학자다.

vary [veri, 베리]
동 변화를 주다, 다양화하다

The crowd's reaction will vary according to your words.
너의 말에 따라 관중의 반응은 변화할 거야.

barter
[báːrtər, 발-털]
동 물물교환하다

That tribe often barters beads for wheat.
저 부족은 구슬과 밀을 자주 물물교환한다.

barren [bǽrən, 배런]
형 척박한, 황량한, 메마른

Nothing lives in this barren land.
이 메마른 땅에는 아무것도 살지 않는다.

artificial
[àːrtəfíʃəl, 알-터피셜]
형 인공적인, 인위적인

This product contains artificial food coloring.
이 제품에는 인공 식품 착색제가 포함되어 있습니다.

classify
[klǽsəfài, 클래서파이]
동 분류하다

You shouldn't automatically classify him as a bad person.
그를 나쁜 사람으로 바로 분류해서는 안 된다.

gratitude
[grǽtətjùːd, 그래터튜-드]
명 감사

I gave her a bouquet of flowers to express my gratitude.
나는 감사의 마음을 표현하기 위해서 그녀에게 꽃다발을 주었다.

terrify [térəfài, 테러파이]
동 겁나게 하다, 놀래다

Clowns terrify me.
광대들은 나를 겁나게 한다.

contraction
[kəntrǽkʃən, 컨트랙션]
명 수축, 위축

Cold temperatures cause the contraction of metals.
추위는 금속을 수축하게 만든다.

elegance
[éligəns, 엘리건스]
명 우아, 고상, 기품

The Queen moved with an air of elegance.
여왕은 우아한 태도로 움직였다.

triumph [tráiəmf, 트라이엄프]
명 승리

The tennis player raised his hand in triumph.
테니스 선수는 승리해 손을 들어올렸다.

liken [láikən, 라이큰]
동 비유하다, 견주다(to)

Happiness is often likened to a journey.
행복은 흔히 여행에 비유된다.

distress
[distrés, 디스트레스]
명 고통, 괴로움, 고충, 곤경

Steve felt distress over his family's extreme political views.
Steve는 그의 가족의 극단적인 정치적 입장에 대해서 고통을 느꼈다.

likelihood
[láiklihùd, 라이크리후드]
명 있음직한 일, 가능성

The likelihood of him moving to another company is very low.
그가 다른 회사로 옮길 가능성은 매우 낮다.

empower
[empáuər, 엠파우얼]
동 권한을 주다

The motivational speaker empowered her fans to become self-confident.
동기부여 연설가는 그녀의 팬들이 자신감을 가질 수 있도록 힘을 주었다.

faulty [fɔ́:lti, 폴-티]
형 결함 있는, 잘못된

I went to the store to get a refund on the faulty product.
나는 흠이 있는 상품을 환불하게 위해 가게로 갔다.

alternative
[ɔ:ltɔ́:rnətiv, 얼-털-너티브]
명 선택, 대안
형 양자택일의, 대안의

There was no alternative but to shut down the project altogether.
프로젝트 전체를 취소하는 것 밖에는 대안이 없었다.

initiative
[miʃətiv, 이니셔티브]
명 계획, 주도권

The government announced an initiative to combat climate change.
정부는 기후변화를 해결하기 위한 계획을 발표했다.

resort [rizɔ́:rt, 리졸-트]
동 의지하다, 호소하다

There is no excuse to resort to violence.
폭력에 의존하는 것에는 핑계가 없다.

exert
[igzɔ́:rt, 이그절-트]
동 발휘하다, 행사하다

Mr. Smith exerted his authority over the company.
Smith씨는 회사에 권한을 행사했다.

다음 문장들을 읽고 우리말 의미에 맞게 빈칸을 채우세요.

classified	established	alternative	likelihood	dependent

❶ My science teacher _____ animals according to the places where they live.

과학 선생님께서는 동물들이 사는 장소에 따라 동물들을 분류했다.

❷ Of course, it is hard to be achieved, but there is a _____.

물론, 그것이 실제로 이뤄지기는 어렵겠지만 가능성은 있어.

❸ Copernicus struggled to show that the geocentric theory, which was _____ at that time was wrong.

코페르니쿠스는 당시 확립되었던 천동설이 잘못되었다는 것을 알리기 위해 노력했다.

❹ When you become an adult, you should have a responsibility for what you do, not _____ on your parents.

네가 어른이 되면, 너는 네가 하는 것에 책임을 져야 하고, 부모에게 의존적이어서는 안 돼.

❺ If there is no _____, making a choice is inevitable.

대안이 없다면, 선택하는 것은 불가피하다.

Answer ❶ classified ❷ likelihood ❸ established ❹ dependent ❺ alternative

DAY 39

Power perceived is power achieved.
- *Unknown*

인식된 힘은 성취한 힘이다.
– 미상

여러분은 스스로의 능력을 다 파악하고 활용하고 있나요? 여러분은 무한한 잠재력을 가지고 있습니다. 남은 인생 동안 꾸준히 노력한다면 무엇이든 해낼 수 있습니다. 자신의 힘을 제대로 느끼기 바랍니다. 여러분 모두가 슈퍼맨이니까요.

>>> DAY 39 음성 강의

context
[kántekst, 칸텍스트]
명 문맥, 맥락, 상황

These events are meaningless outside their historical context.
이 사건들은 역사적 맥락 밖에서는 무의미하다.

local [lóukəl, 로우컬]
형 지역의, 현지의

I shop at the farmer's market to support local farmers.
나는 지역 농부들을 지지하기 위해 농산물 직판장에서 장을 본다.

client [kláiənt, 클라이언트]
명 의뢰인, 고객

This law firm has many famous clients.
이 법률 사무소는 많은 유명한 의뢰인을 가지고 있다.

biological
[bàiəládʒikəl, 바이어라지컬]
형 생물학의

Kathy met her biological mother for the first time last week.
지난 주에 Kathy는 그녀의 생모(生母)를 처음 만났다.

bankrupt
[bǽnkrʌpt, 뱅크럽트]
동 지급 불능으로 만들다, 파산시키다

Lehman Brothers went bankrupt in 2008.
리먼 브러더스는 2008년에 파산했다.

stable [stéibl, 스테이블]
형 안정된, 견고한

Our financial situation is stable for now.
현재 우리의 경제 상황은 안정적이다.

ancient
[éinʃənt, 에인션트]
형 고대의

Archaeologists recently found artifacts from ancient Greece.
고고학자들은 최근에 고대 그리스 유물들을 찾았다.

ordinary [ɔ́:rdənèri, 올—더네리]
형 보통의

It has 25 calories less than ordinary ice cream.
그것은 보통의 아이스크림보다 25kcal 더 적은 kcal를 가지고 있다.

coordinate
[kouɔ́:rdənèit, 코우올—더네이트]
동 조정하다, 조화시키다

Ms. Harrison coordinated the programs for the Christmas party.
Harrison씨가 크리스마스 파티를 위한 프로그램들을 조정했다.

summit
[sʌ́mit, 서미트]
명 정상, 꼭대기

We cannot see the summit as it is covered by the clouds.
구름으로 가려져 산꼭대기가 보이지 않는다.

cooperation
[kouàpəréiʃən, 코우아퍼레이션]
명 협력, 협동

You cannot just force cooperation between the two teams.
두 팀 간의 협동을 강요할 수는 없습니다.

absent
[ǽbsənt, 앱선트]
형 부재의, 결석의

Evan is absent this week because he has the chicken pox.
Evan은 수두에 걸려서 이번 주 결석한다.

close
[klous, 클로우스/klouz, 클로우즈]
형 가까운, 접근한 동 닫다

My house is close to the department store.
나의 집은 백화점에서 가깝다.

legal [líɡəl, 리걸]
형 법률상의

There are a number of legal procedures to go through for an adoption.
입양을 위한 법률 절차가 꽤 많이 있다.

role [roul, 로울]
명 역할, 임무

Your role here is to supervise the children.
여기서 너의 역할은 아이들을 돌보는 것이다.

electronic
[ilèktránik, 일렉트라닉]
형 전자의

Electronic music is popular these days.
요즘 전자 음악이 인기가 많다.

rust
[rʌst, 러스트]
명 녹 동 녹슬다, 부식시키다

The gate was covered with rust.
그 문은 녹으로 뒤덮여 있었다.

tragic
[trǽdʒik, 트래직]
형 비극의

Everyone was crying over the tragic accident.
비극적인 사고로 모두가 울고 있었다.

concentration
[kànsəntréiʃən, 칸선트레이션]
명 집중

This math question requires a great deal of concentration.
이 수학 문제는 대단히 많은 집중을 요한다.

promise
[prámis, 프라미스]
명 약속, 가능성 동 약속하다

Her artwork shows great promise.
그녀의 미술 작품들은 대단한 장래성을 보인다.

fuss [fʌs, 퍼스]
명 공연한 소란

Stop making a fuss about your clothes.
옷에 대해서 그만 소란을 피워라.

facility [fəsíləti, 퍼실러티]
명 편리함, 시설, 설비

There are gym facilities in my apartment complex.
나의 아파트 단지 안에는 운동 시설이 있다.

terminal [tə́ːrmənəl, 털—머널]
형 말기의, 불치의, 더이상 손을 쓸 수 없는

She was diagnosed with a terminal illness.
그녀는 불치병이라 진단받았다.

fragment
[frǽgmənt, 프래그먼트]
명 파편, 조각

There were fragments of broken glass on the floor.
바닥에는 깨진 유리 조각들이 있었다.

detached
[ditǽtʃt, 디태치드]
형 떨어진, 분리한

Mike has a detached attitude towards everything.
Mike는 모든 것에 대해 무심한 태도를 보였다.

soak [souk, 소우크]
동 담그다, 흠뻑 적시다

Soak the almonds in water for an hour.
아몬드를 1시간 동안 물에 담그세요.

expertise
[èkspəːrtíːz, 엑스펄—티—즈]
명 전문 지식

I don't know anything; this isn't my area of expertise.
제 전문분야가 아니라서 아무것도 모르겠어요.

intolerable
[intálərəbəl, 인탈러러블]
형 견딜 수 없는

The pain was intolerable.
고통을 견딜 수 없었다.

superstition
[sùːpərstíʃən, 수—펄스티션]
명 미신

Bailey dismissed the local ghost stories as mere superstition.
Bailey는 지방의 귀신 이야기들을 그저 미신으로 여겼다.

commitment
[kəmítmənt, 커밋먼트]
명 약속, 전념, 헌신

Steve said he is not ready to make an emotional commitment.
Steve는 그가 감정적으로 헌신할 준비가 되어 있지 않다고 이야기했다.

gut [gʌt, 갓]
몡 창자, 장

It takes several hours for food to pass through the gut.
음식이 창자를 통과하는 데는 몇 시간이 걸린다.

dismiss [dismís, 디스미스]
통 묵살하다, 해고하다

Bob, we are going to have to dismiss you.
Bob, 당신을 해고해야 할 것 같아요.

diffusion
[difjúːʒən, 디퓨-젼]
몡 확산, 전파

Today in science class we learned about diffusion.
오늘 과학 수업에서 확산에 대해서 배웠다.

enthusiastic
[enθuːziǽstik, 엔쑤-지애스틱]
혱 열정적인

My parents are my most enthusiastic supporters.
나의 부모님이 나의 가장 열렬한 지지자시다.

look up
사전을 찾다

If you don't know what a word means, look it up in the dictionary.
단어의 의미를 모른다면 사전에서 찾아보세요.

monotonous
[mənátənəs, 머나터너스]
혱 단조로운

The teacher's monotonous voice made everyone sleepy.
선생님의 단조로운 목소리는 모두를 졸리게 했다.

currency
[kə́ːrənsi, 커-런시]
몡 통화, 화폐

There is a black market in foreign currency.
외화 암시장이 있다.

reflection
[riflékʃən, 리플렉션]
몡 반사, 반영, 반성

Narcissus fell in love with his own reflection in the water.
나르시스는 물에 반사된 자신의 모습과 사랑에 빠졌다.

omit
[oumít, 오우밋]
통 빼다, 빠뜨리다, 생략하다

You omitted several crucial details.
당신은 중요한 몇 가지 세부사항을 빠뜨렸습니다.

artifact
[áːrtəfæ̀kt, 알-터팩트]
몡 인공물, 가공품

Many unidentified artifacts are stored here.
정체불명의 많은 유물들이 이곳에 보관되어 있습니다.

다음 문장들을 읽고 우리말 의미에 맞게 빈칸을 채우세요.

| facilities | currency | stable | ancient | omited |

❶ Since health is the most important for humans' lives, there has been an endless demand for sports _____.

인간의 삶에 있어서 건강이 가장 중요하기 때문에, 스포츠 시설에 대한 끝없는 요구가 있어왔다.

❷ The Chinese government made a _____ policy that the yuan has depreciated.

중국 정부는 위안화를 절하하겠다는 화폐 정책을 만들었다.

❸ A reporter of the conservative press intentionally _____ names of government officials who received a bribe.

보수 언론의 기자는 의도적으로 뇌물을 받았던 정부 관료의 이름을 생략했다.

❹ Adults have a tendency of disliking a change because they want to keep the current situation _____.

어른들은 변화를 싫어하는 경향이 있는데, 이는 그들이 현 상황을 안정적으로 유지하고 싶어 하기 때문이다.

❺ In Avignon, one of the cities in France, there are many historic sites built in _____ times.

프랑스 도시 중 하나인 아비뇽에는 고대에 지어진 유적지가 많다.

Answer ❶ facilities   ❷ currency   ❸ omitted   ❹ stable   ❺ ancient

DAY 40

Try not to become a man of success,
but rather try to become a man of value.
- Albert Einstein

성공한 사람이 되려고 노력하지 말고,
가치 있는 사람이 되려고 노력하라.
– 알버트 아인슈타인

성공한 사람과 가치 있는 사람의 차이가 적게 느껴질 수도 있겠지만 결코 그렇지 않습니다. 성공은 일시적이지만 가치는 계속되기 때문이지요. 여러분도 성공보다는 가치를 추구하는 사람이 되기를 바랍니다.

>>> DAY 40 음성 강의

community
[kəmjúːnəti, 커뮤-너티]
명 지역사회, 공동체

Members of our community regularly donate to the local orphanage.
우리 지역사회의 일원들은 정기적으로 지역 고아원에 기부한다.

sequence
[síːkwəns, 시-퀀스]
명 연속적인 사건들, 순서

A sequence of thoughts rose in his mind in connection with his hometown.
그의 고향과 연관된 생각의 연속이 그의 마음속에 떠올랐다.

perform [pərfɔ́ːrm, 펄폼-]
동 수행하다, 공연하다

The children are performing three songs each.
아이들은 각자 3곡을 공연한다.

account
[əkáunt, 어카운트]
명 계좌, 장부, 설명

Your account has been closed temporarily.
당신의 계좌는 일시적으로 해지되었습니다.

annual [ǽnjuəl, 애뉴얼]
형 매년의, 연례의

The annual Christmas party is next week.
연례 크리스마스 파티는 다음 주에 있다.

narrow [nǽrou, 내로우]
형 폭이 좁은

The road is so narrow only one car could pass at a time.
길이 너무 좁아서 차가 한 대씩 지나갈 수밖에 없었다.

breakdown
[bréikdàun, 브레익다운]
명 고장, 파손

All of the office's computers had a breakdown at the same time.
사무실의 모든 컴퓨터들이 동시에 고장났다.

drought [draut, 드라우트]
명 가뭄

People are not allowed to turn on their sprinklers due to the drought.
가뭄으로 인해서 사람들은 스프링쿨러를 틀지 못한다.

removal
[rimúːvəl, 리무-벌]
명 제거, 철수

I scheduled the surgery for the removal of the tumor for next month.
종양을 제거하는 수술을 다음 달로 잡았다.

modest [mádist, 마디스트]
형 겸손한, 알맞은, 적당한

The millionaire lived a modest life.
백만장자는 겸손한 삶을 살았다.

hang [hæŋ, 행]
통 매달다, 걸다

She hung her wet laundry under the sun.
그녀는 빨래를 햇빛 아래 널었다.

navigate [nǽvəgèit, 내버게이트]
통 길을 찾다, 항해하다

They had no choice but to navigate by the stars.
그들은 별을 보며 항해할 수밖에 없었다.

lease [liːs, 리—스]
명 임대차 계약
통 임대하다

Lisa decided to lease her apartment for the two years she was abroad.
Lisa는 외국으로 가 있는 2년 동안 자기 아파트를 세놓기로 결정했다.

awesome [ɔ́ːsəm, 어—썸]
형 엄청난, 굉장한

The documentary about space was awesome.
우주에 대한 다큐멘터리는 최고였다.

trigger [trígəːr, 트리걸—]
통 일으키다, 유발하다

The assassination of Franz Ferdinand triggered World War One.
프란츠 페르디난트의 암살이 제1차 세계대전을 유발했다.

command [kəmǽnd, 커맨드]
명 명령, 지휘, 통솔
통 명령하다, 지휘하다

Begin when I give the command.
내가 명령하면 시작해라.

peel [piːl, 필—]
명 (과일의) 껍질
통 껍질을 벗기다

Don't throw away the apple peels.
사과 껍질을 버리지 마세요.

input [ínpùt, 인풋]
명 투입, 참여

The input text must be numbers.
입력 텍스트는 숫자여야 합니다.

The professor's input on my project was very useful.
나의 프로젝트에 대한 교수님의 의견은 큰 도움이 되었다.

property [prápərti, 프라펄티]
명 재산

This is private property.
이곳은 사유재산입니다.

virtually [və́ːrtʃuəli, 벌—츄얼리]
부 사실상, 거의, 가상적으로

The new system allowed virtually all students to own their own laptop.
새로운 시스템은 실질적으로 모든 학생들이 노트북을 가질 수 있도록 했다.

identity
[aidéntəti, 아이덴터티]
명 신원, 신분, 정체, 일체성

The agent got a new secret identity.
요원은 새로운 비밀 신분을 가졌다.

extend [iksténd, 익스텐드]
동 연장하다

The deadline has been extended a week.
마감일은 일주일 연장되었습니다.

geometry
[dʒiːámətri, 지-아머트리]
명 기하학

All students are required to take a geometry course.
모든 학생들은 기하학 수업을 들어야 합니다.

adversity
[ædvɔ́ːrsəti, 애드벌-서티]
명 역경, 불행

Some people say going through adversity is necessary for happiness.
어떤 사람들은 행복해지기 위해서 역경을 겪어야 한다고 합니다.

transaction
[trænsǽkʃən, 트랜색션]
명 (업무)처리, 거래

The illegal transaction was done secretively.
불법 거래는 비밀리에 행해졌습니다.

occasion [əkéiʒən, 어케이젼]
명 (특정한) 경우, 행사

My mother decorates the house for special occasions.
나의 어머니는 특별한 날을 위해서 집안을 꾸미신다.

look forward to
~를 고대하다

The students are looking forward to the field trip.
학생들은 현장체험학습을 고대하고 있다.

dominate
[dámənèit, 다머네이트]
동 지배하다, 통치하다

That company's products dominate the market.
저 회사의 상품들이 시장을 점령한다.

precise [prisáis, 프리사이스]
형 정밀한, 정확한

There is no precise definition of a storm.
폭풍에 대한 정확한 정의는 없다.

supposedly
[səpóuzdli, 서포우즈들리]
부 추측건대, 아마도

He supposedly is a genius.
그는 추측건대 천재다.

crucially [kruːʃly, 크루-셜리]
부 결정적으로

Crucially, the suspect has an alibi.
결정적으로 용의자에겐 알리바이가 있습니다.

determination
[ditɜ́ːrmənéiʃən, 디털-머네이션]
명 결심, 결단력

Benedict has a strong determination to memorize his lines perfectly.
Benedict는 그의 대사들을 완벽하게 외우는 데 강렬한 의지가 있다.

glance [glæns, 글랜스]
명 흘끗 봄, 한 번 봄

She was caught glancing at her neighbor's exam.
그녀는 옆에 앉아 있는 사람의 시험지를 보다가 걸렸다.

uphold
[ʌdphóuld, 업호울드]
동 떠받치다, (들어)올리다

He had the burden of upholding the family name.
그에게는 가족의 명분을 지켜야 하는 부담이 있었다.

inherent
[inhíərənt, 인히런트]
형 내재하는, 고유한

Any form of exercise has its inherent dangers.
어떤 종류의 운동이든 내재된 위험이 있다.

reflect
[riflékt, 리플렉트]
동 반사하다, 반영하다, 반성하다

This character reflects the author's depression.
이 등장인물은 작가의 우울함을 나타낸다.

resilience
[rizíljəns, 리질리언스]
명 회복력, 복원력

This management method will help build resilience into business operations.
이 경영 방식은 비즈니스 업무의 탄력성을 확보하는 데 도움이 될 것입니다.

physiology
[fiziálədʒi, 피지알러지]
명 생리학, 생리 기능

The physiology of the brain has not yet been fully understood.
뇌의 생리 기능은 아직 완벽하게 이해되지 않았다.

outcome
[áutkʌm, 아웃컴]
명 결과

The poor sales outcome disappointed the board members.
부진한 판매 실적은 임원들을 실망하게 했다.

take ~ for granted
~을 당연시하다

John took Amy's love for granted.
John은 Amy의 사랑을 당연시했다.

다음 문장들을 읽고 우리말 의미에 맞게 빈칸을 채우세요.

precisely	look forward to	take ~ for granted
annually	supposedly	

❶ Children should not _____ their parents' love and support

_____.

아이들은 부모의 사랑과 지원을 당연시해서는 안 된다.

❷ There are various kinds of local fairs hold _____ in Korea.

한국에서는 매년 개최되는 다양한 종류의 지역 축제가 있다.

❸ It is required for historians to analyze historical facts _____.

역사가에게 역사적 사실을 정밀하게 분석하는 것이 요구된다.

❹ My younger sisters _____ receiving a Christmas gift from Santa

Claus.

내 여동생들은 산타클로스로부터 크리스마스 선물을 받기를 기대한다.

❺ There would be _____ more victims due to the attack by IS

than we anticipate.

추정상 우리가 예상하는 것보다 IS 공격으로 인한 피해자가 많을 것이다.

Answer   ❶ take ~ for granted   ❷ annually   ❸ precisely   ❹ look forward to   ❺ supposedly

254

DAY 41

Talent is cheaper than table salt.
What separates the talented individual
from the successful one is a lot of hard work.
- Stephen King

식탁 위의 소금보다 더 가치가 없는 것이 재능이다.
재능이 있는 사람과 성공한 사람의 차이점은
바로 피나는 노력에 있다.
– 스티븐 킹

재능이라는 것은 원석과 같아서 다듬지 않으면 다이아몬드가 될 수 있습니다. 노력
하지 않는 재능은 아무런 가치가 없답니다. 재능보다는 노력의 힘을 믿고 오늘도 노
력합시다!

>>> DAY 41 음성 강의

masterpiece
[mǽstəːrpiːs, 매스털-피-스]
명 걸작

Everyone stopped to see the artist's masterpiece.
아티스트의 걸작을 보기 위해서 모두가 멈춰섰다.

retrospect
[rétrəspèkt, 레트러스펙트]
명 회고, 회상

In retrospect, maybe I shouldn't have called him an idiot.
되돌아보니 그를 바보라고 부르지 말걸 그랬다.

faint [feint, 페인트]
형 어렴풋한, (빛이) 희미한

We could see a faint light in the distance.
우리는 멀리 있는 희미한 빛을 볼 수 있었다.

refute [rifjúːt, 리퓨-트]
동 반박하다, 이의를 제기하다

The debater refuted his opponent's argument.
토론자는 상대편의 주장을 반박했다.

put off
연기하다, 미루다

The couple had to put off their wedding until May.
커플은 결혼식을 5월 달로 연기해야만 했다.

crucial [krúːʃəl, 크루-셜]
형 결정적인, 중대한

It is crucial you hand these documents in by Tuesday.
이 서류들을 화요일 전까지 제출하는 것이 아주 중요합니다.

permanent
[pə́ːrmənənt, 펄-머넌트]
형 영구적인, 영속적인

She suffered permanent brain damage as a result of the accident.
그녀는 사고의 결과로 영구적인 두뇌 손상을 입어 고통을 받았다.

remark
[rimáːrk, 리말-크]
명 발언, 말, 언급 동 말하다, 언급하다

I had never heard such a silly remark.
그렇게 어리석은 말은 들어본 적이 없다.

duration
[djuəréiʃən, 듀레이션]
명 내구, 지속

You are not to leave the room for the duration of the class.
수업이 진행되는 동안에는 이 방을 떠나지 마세요.

serious
[síəriəs, 시리어스]
형 진지한, 심각한

Molly isn't such a serious person most of the time.
Molly는 보통 이렇게 진지한 사람이 아니다.

fund [fʌnd, 펀드]
명 자금, 기금

We need more funds to keep the project running.
프로젝트를 계속 진행시키려면 더 많은 자금이 필요하다.

ease [i:z, 이-즈]
동 (아픔을) 덜다, 완화하다

This medicine will ease your pain.
이 약이 당신의 고통을 덜어줄 것이에요.

vegetarian
[vèdʒətéəriən, 베저테리언]
명 채식주의자

My philosophy professor is a vegetarian.
나의 철학 교수님은 채식주의자다.

sensible
[sénsəbəl, 센서벌]
형 분별력 있는

You wouldn't have done that if you were sensible.
네가 분별력이 있었더라면 그런 짓을 하지 않았겠지.

consistent
[kənsístənt, 컨시스턴트]
형 일관된, 지속적인

Your claims today aren't consistent with what you were saying yesterday.
당신이 지금 주장하는 것들은 어제 이야기했던 것과 일관되지 않습니다.

temporary
[témpərèri, 템퍼레리]
형 일시적인, 임시의

Linda is a temporary secretary.
Linda는 임시 비서입니다.

neutral
[njú:trəl, 뉴-트럴]
형 중립의

I am going to stand neutral in this fight.
나는 이 싸움에서 중립을 지킬래.

polar
[póulər, 포울럴]
형 북극(남극)의, 극지의, 정반대의

Their personalities are polar opposites.
그들의 성격은 정반대다.

ray
[rei, 레이]
명 광선

These sunglasses will protect your eyes from the sun's rays.
이 선글라스는 당신의 눈을 자외선으로부터 지켜줄 것입니다.

stick to
~을 계속하다, 고집하다

The team decided to stick to the initial plan.
팀은 원래의 계획에 충실하기로 결정했다.

ritual

[rítʃuəl, 리츄얼]

명 (종교적)의식, 예배식

The religious ritual was considered sacred.
그 종교적인 의식은 신성한 것으로 여겨졌다.

---

dread [dred, 드레드]

통 두려워하다, 무서워하다

All of the students are dreading the final exams.
모든 학생들이 기말고사를 두려워하고 있다.

---

interfere

[intərfíər, 인털피얼]

통 간섭하다, 방해하다

Don't interfere with the flow of the game.
경기의 흐름을 방해하지 마라.

---

besiege [bisíːdʒ, 비시-쥐]

통 포위 공격하다, ~을 에워싸다

Paris was besieged for four months.
파리는 4달 동안 포위당했다.

---

hypothesis

[haipάθəsis, 하이파써시스]

명 가설, 가정

This experiment proves my hypothesis.
이 실험이 저의 가설을 증명합니다.

---

bilingual

[bailíŋgwəl, 바이링구얼]

형 2개 언어를 할 줄 아는, 이중 언어
사용자의

Jose is bilingual; he speaks both English and Spanish.
Jose는 영어와 스페인어, 2개의 언어를 구사할 수 있다.

---

sacrifice

[sǽkrəfàis, 새크러파이스]

명 희생 통 희생하다

We had to sacrifice quality for quantity.
우리는 양을 위해서 질을 희생해야 했다.

---

stake

[steik, 스테이크]

명 이해관계, 내기에 건 돈

How much was the stake?
내기에 건 돈이 얼마였나요?

---

composer

[kəmpóuzər, 컴포우절]

명 작곡가, 구성자

The composer of this song was deaf.
이 곡의 작곡가는 청각 장애인이었다.

perspective
[pəːrspéktiv, 펄-스펙티브]
명 관점, 시각, 균형감, 원근법

Try to think in other people's perspectives.
다른 사람들의 관점에서 생각해봐.

dormant [dɔ́ːrmənt, 돌-먼트]
형 잠자는, 정지한, 휴면중의

This is a dormant volcano.
이것은 휴화산입니다.

reference [réfərəns, 레퍼런스]
명 언급, 참조, 참고

Reference books are on the fifth floor.
참고 문헌은 5층에 있습니다.

parasitic
[pæ̀rəsítik, 패러시틱]
형 기생하는, 기생충의

Parasitic plants derive their nutritions from other living plants.
기생하는 식물들은 다른 살아있는 식물로부터 영양분을 끌어온다.

mutual [mjúːtʃuəl, 뮤-츄얼]
형 서로의, 상호간의

Our relationship is based on mutual trust.
우리의 관계는 상호간 신뢰에 기초한다.

welfare [wélfɛə̀ːr, 웰페얼-]
명 복지, 후생, 행복

Welfare systems are very good in Scandinavian countries.
스칸디나비아 국가들의 복지 시스템들이 좋다.

be charged with
~로 가득 채워지다,
~책임을 맡고 있다

Ben is charged with anger towards his father.
Ben은 그의 아버지에 대한 분노로 가득 차 있다.

dispersal
[dispɔ́ːrsəl, 디스펄-설]
명 분산, 확산

There was a forceful dispersal of the mass by the police.
경찰에 의해 군중이 강제로 해산됐다.

outlook [áutlùk, 아웃룩]
명 관점, 세계관, 전망

Nancy has a practical outlook on life.
Nancy는 실리적인 인생관을 지니고 있다.

testimony
[téstəmòuni, 테스터모우니]
명 증언

The witness's testimony was incoherent.
증인의 증언은 앞뒤가 맞지 않았다.

literally [lítərəli, 리터럴리]
부 문자(말) 그대로

The movie star literally received thousands of fan letters.
영화배우는 말 그대로 수천 통의 팬레터를 받았다.

다음 문장들을 읽고 우리말 의미에 맞게 빈칸을 채우세요.

| neutral | put off | hypothesis | remarks | composer |

❶ There was an announcement that the flight to New York was

_____.

뉴욕으로 가는 비행편이 연기되었다는 방송이 있었다.

❷ I think no one can't hate him, because his _____ are witty.

그의 말이 재치 있기 때문에 아무도 그를 싫어하지 않을 것이다.

❸ I think being _____ on politics is the best way to accept various

political opinions.

나는 정치에 대해 중립적인 것이 다양한 정치적인 의견을 받아들이는 가장 좋은 방법이라고 생각한다.

❹ When you propose a _____, you should not focus on its being

sensational.

네가 가설을 제안할 때, 너는 그 가설이 세상의 이목을 받는 것에 초점을 두어서는 안 된다.

❺ Beethoven is an acknowledged _____.

베토벤은 인정받는 작곡가다.

Answer   ❶ put off   ❷ remarks   ❸ neutral   ❹ hypothesis   ❺ composer

DAY 42

The best time to plant a tree was 20 years ago.
The second best time is now.
- Chinese Proverb

나무를 심을 최적의 시기는 20년 전이었다.
두 번째로 가장 좋은 시기는 바로 지금이다.
— 중국 속담

오래 전에 영어를 공부할 기회를 놓쳤다면 바로 지금이 두 번째 기회입니다. 42강을 시작하기에 지금도 늦지 않았습니다. 지나간 과거를 후회하며 나아가지 못하는 사람은 발전이 없습니다. 지금이 바로 두 번째 시기입니다. 이제 시작만 하면 됩니다.

>>> DAY 42 음성 강의

adjust
[ədʒʌ́st, 어드져스트]
통 맞추다, 조정하다

The secretary adjusted the CEO's schedule.
비서는 CEO의 일정을 조정했다.

diverse [daɪvɜ́ːrs, 다이벌―스]
형 다양한

Diverse students go to this school.
다양한 학생들이 이 학교에 다닌다.

absorb [əbs(z)ɔ́ːrb, 어브솔―브]
통 흡수하다

The children absorbed the information like a sponge.
아이들은 스펀지처럼 정보를 흡수했다.

account for
설명하다, 차지하다

Their purchases account for 20% of sales.
그들의 소비가 매출의 20%를 차지한다.

nursing [nɝ́ːrsiŋ, 널―싱]
명 간호, 간호직 형 간호하는

The nursing staff were attentive and efficient.
간호원들은 주의 깊었고 효율적이었다.

prone [proun, 프로운]
형 ~하기 쉬운, ~의 경향이 있는

Children are prone to get distracted.
아이들은 정신이 산만해지기 쉽다.

asset [ǽset, 애셋]
명 자산, 재산

George is a huge asset to the team.
George는 팀에 큰 자산이다.

tropical
[trápikəl, 트라피컬]
형 열대지방의

Tropical fruits are expensive because they are imported.
열대지방의 과일은 수입해야 돼서 비싸다.

sigh [sai, 사이]
통 한숨 쉬다 명 한숨

They all sighed with relief.
그들은 모두 안도의 한숨을 쉬었다.

offend [əfénd, 어펜드]
통 기분 상하게 하다

I am sorry. I didn't mean to offend you.
미안해요. 당신의 기분을 상하게 할 의도는 아니었어요.

conference
[kánfərəns, 칸퍼런스]
명 회담, 협의

The conference will last for three days.
회담은 3일 동안 지속될 것입니다.

nuclear
[njú:kliə:r, 뉴-클리-어]
형 핵의

We need to stop nuclear proliferation.
우리는 핵의 확산을 막아야 합니다.

scheme
[ski:m, 스킴-]
명 계획, 제도

The proposed scheme should solve the parking problem.
제안된 계획은 주차 문제를 해결해야 한다는 것이다.

competitive
[kəmpétətiv, 컴페터티브]
형 경쟁의, 경쟁력 있는

The students in this school are very competitive.
이 학교의 학생들은 경쟁심이 매우 심합니다.

broadcasting
[brɔ́:dkæstiŋ, 브로-드캐스팅]
명 방송

Terry works in broadcasting.
Terry는 방송(계)에서 일합니다.

proper
[prápər, 프라펄]
형 적절한, 적당한

You should do some proper research before making a final decision.
최종 결정을 내리기 전에 제대로 된 조사를 하는 것이 좋을 것이다.

successive
[səksésiv, 석세시브]
형 잇따른, 연속하는

This was the team's third successive win.
이것은 팀의 연속 세 번째 우승이었다.

private
[práivit, 프라이비트]
형 사적인, 개인에 속하는

The politician had problems in his private life.
정치인인 그는 사생활에 문제가 있었다.

valid
[vǽlid, 밸리드]
형 유효한, 근거가 확실한

This ID is no longer valid.
이 신분증은 더이상 유효하지 않습니다.

pupil
[pjú:pəl, 퓨-플]
명 학생, 문하생

Jane is a hardworking pupil.
Jane은 성실한 학생이다.

수능고급영단어

attachment
[ətǽtʃmənt, 어태취먼트]
명 접착, 애정, 애착

The little girl has a special attachment to her stuffed animal.
어린 소녀는 그녀의 동물 인형에 대한 특별한 애착이 있다.

flush [flʌʃ, 플러쉬]
동 붉어지다, 홍조를 띠다

Pete flushed with anger.
Pete는 화가 나서 얼굴이 붉어졌다.

intervention
[ìntərvénʃən, 인털벤션]
명 중재, 간섭

Libertarians are against state intervention.
자유의지론자들은 국가의 간섭을 반대한다.

salient [séiliənt, 세일리언트]
형 가장 중요한, 핵심적인

He quickly read the salient facts.
그는 핵심 사항들을 빨리 읽었다.

execute [éksikjùːt, 엑시큐―트]
동 (계획 따위를) 실행하다, 실시하다

The strategy was very cleverly executed.
전략은 아주 영리하게 실행되었다.

underpin [ʌndərpín, 언덜핀]
동 뒷받침하다, 지지하다, 토대를 보강하다

The report is underpinned by extensive data.
그 보고서는 광범위한 데이터로 뒷받침된다.

unparalleled
[ʌnpǽrəlèld, 언패럴렐드]
형 비할 데 없는

Mark's knowledge of cognitive brain function is unparalleled.
뇌 인지 기능에 대한 Mark의 지식은 비할 데가 없다.

precipitation
[prisipətéiʃən, 프리시퍼테이션]
명 낙하, 강수량

There is a 30% chance of precipitation tomorrow.
내일 강수확률이 30%입니다.

fulfill
[fulfíl, 풀필]
동 이행하다, 완수하다

The genie said he would fulfill three of my wishes.
지니는 나의 소원 3개를 이루어 준다고 했다.

noble
[nóubəl, 노우블]
형 고상한, 숭고한

My granddad was an upright and noble man.
나의 할아버지는 꼿꼿하고 고상한 분이셨다.

264

sophisticated
[səfístəkèitid, 서피스터케이티드]
[형] 정교한, 세련된, 고급의

Natalie designed a sophisticated jacket.
Natalie는 세련된 자켓을 디자인했다.

beneficial
[bènəfíʃəl, 베너피셜]
[형] 유익한, 수익을 얻는

This tea is beneficial to your health.
이 차는 건강에 이롭습니다.

verbal [vɔ́:rbəl, 벌-벌]
[형] 말의, 구두의

The two businessmen made a verbal agreement before they signed an actual contract.
2명의 비즈니스맨은 실제 계약서에 서명하기 전에 구두계약을 했다.

ambivalent
[æmbívələnt, 앰비벌런트]
[명] 양면 가치의

I feel ambivalent about my new school.
나는 내 새로운 학교가 좋기도 하고 싫기도 하다.

dwindle [dwíndl, 드윈들]
[동] 줄다, 작아지다

It is highly likely that the numbers dwindle even further next month.
다음 달에는 숫자가 한층 더 줄어들 확률이 높다.

intense [inténs, 인텐스]
[형] 맹렬한, 강렬한

He's been under intense pressure.
그는 극심한 압박 아래 놓여 있었다.

evaluate
[ivǽljuèit, 이밸류에이트]
[동] 평가하다

This exam will help me evaluate your writing skills.
이 시험은 제가 여러분의 작문 실력을 평가하는 데 도움이 될 것입니다.

vice versa
[váisə-vɛ́:rsə, 바이서-벌-서]
반대로, 거꾸로, 반대로도 또한 같음

Charlie is his wife's best friend and vice versa.
Charlie는 그의 아내의 가장 친한 친구고, 그 반대로도 그렇다.

astronomical
[æ̀strənάmikəl, 애스트러나미컬]
[형] 천문학의, 어마어마한

The costs of running a business there are astronomical.
그곳에서 사업을 하는 비용은 어마어마하다.

starve
[stɑːrv, 스탈-브]
[동] 굶주리다, 굶어죽다

I'm starving; I haven't eaten anything all day.
하루 종일 아무것도 안 먹어서 배가 너무 고파.

다음 문장들을 읽고 우리말 의미에 맞게 빈칸을 채우세요.

| starving | prone | account for | verbal | nursing |

❶ He is required to _____ his own definition about 'culture market'.
그는 그만의 '문화 시장' 정의에 대해 설명할 것을 요청받았다.

❷ My grandmother has been in the _____ home since she was suffered from dementia.
나의 할머니께서는 치매를 앓으신 이래로 요양소에 계신다.

❸ Children is _____ to act selfishly for acquiring what they want.
어린이들은 그들이 원하는 것을 얻기 위해 이기적으로 행동하는 경향이 있다.

❹ We should help _____ children in the third-world countries.
우리는 제3세계에 있는 굶주리는 아이들을 도와야 한다.

❺ The limitation of _____ communication is probability of distortion of information.
구두 연락의 한계점은 정보의 왜곡이 일어날 가능성이다.

Answer ❶ account for ❷ nursing ❸ prone ❹ starving ❺ verbal

DAY 43

Some give up their designs when they have almost
reached the goal; while others, on the contrary,
obtain a victory by exerting, at the last moment,
more vigorous efforts than ever before.

- Herodotus

어떤 이들은 목표에 거의 다다라서
계획을 포기하는 반면에, 다른 이들은 마지막
순간에 그 어느 때보다 분발해 승리를 이끌어낸다.

– 헤로도토스

마지막 장에 다가갈수록 힘이 나죠? 이 힘을 바탕으로 목표에 도달할 때까지 단숨에
달립시다. 곧 완강이네요. 어렵게만 생각한 영어였지만 마지막 장을 지나면 자신감이
생길 겁니다.

>>> DAY 43 음성 강의

candidate
[kǽndidèit, 캔디데이트]
명 후보자, 지원자

The young candidate is quite popular.
젊은 후보자는 꽤 인기가 많다.

anticipate
[æntísəpèit, 앤티서페이트]
동 예상하다

I never anticipated something like this would happen.
이런 일이 일어날 것이라고 예상하지 못했다.

essential [isénʃəl, 이센셜]
형 근본적인, 필수의

Vanilla is essential in this recipe.
이 요리법에서 바닐라는 필수입니다.

financial [fainǽnʃl, 파이낸셜]
형 재정상의

They are going through a number of financial problems.
그들은 많은 재정상의 문제를 겪고 있다.

shame [ʃeim, 셰임]
명 부끄럼, 수치, 창피

The criminal felt no shame.
범죄자는 창피를 느끼지 못했다.

nutrient
[njú:triənt, 뉴—트리언트]
명 영양소, 영양제

The nutrient value of junk food is very low.
정크 푸드의 영양가는 매우 낮다.

consumption
[kənsʌ́mpʃən, 컨섬션]
명 소비, 소모

Many people are trying to reduce their carbohydrate consumption.
많은 사람들이 자신의 탄수화물 소비를 줄이려고 노력중이다.

apology [əpálədʒi, 어팔러지]
명 사과, 변명

The mayor made an official apology yesterday.
시장은 어제 공식적인 사과를 했다.

interaction
[intərǽkʃən, 인터랙션]
명 상호 작용

Interaction is key in education.
교육에서 상호작용은 매우 중요하다.

output
[áutpùt, 아웃풋]
명 생산량, 산출량

Government statistics show the largest drop in industrial output.
정부의 통계는 산업 생산량에서 가장 큰 하락을 보여준다.

reaction [riːǽkʃən, 리-액션]
명 반응, 반작용

I tried waking him up but there was no reaction.
그를 깨워봤지만 아무런 반응이 없었다.

volunteer
[vàləntíər, 발런티어]
명 자원봉사자 동 자발적으로 하다

Many volunteers have gathered for the sports event.
스포츠 행사를 위해 많은 자원봉사자들이 모였다.

primitive
[prímətiv, 프리머티브]
형 원시의, 원시시대의

Food is the most primitive form of comfort.
음식은 가장 원시적인 형태의 위안거리다.

indicate
[índikèit, 인디케이트]
동 나타내다, 가리키다

The patient's test results indicate that she is perfectly healthy.
환자의 검사 결과는 그녀가 건강하다는 것을 나타낸다.

gust [ɡʌst, 거스트]
명 돌풍

A gust of icy wind blew from the north.
북쪽에서 얼음장같이 차가운 바람이 불어왔다.

faith [feιθ, 페이쓰]
명 믿음, 신뢰

The children have total faith in their parents.
아이들은 그들의 부모를 완전히 신뢰한다.

devotion
[divóuʃən, 디보우션]
명 헌신, 몰두, 전념

Her devotion to her career left her with no free time.
그녀는 그녀의 일에 몰두하느라 남는 시간이 없었다.

warehouse
[wέərhàus, 웨얼하우스]
명 창고, 저장소

We store our products in the warehouse on Walnut Street.
우리는 Walnut가에 있는 창고에 물품들을 보관한다.

objective
[əbdʒéktiv, 어브젝티브]
명 목적, 목표
형 객관적인

The objective of today's class is to finish Hamlet.
오늘 수업의 목표는 햄릿을 끝내는 것입니다.

consciousness
[kánʃəsnis, 칸셔스니스]
명 의식, 자각

Understanding consciousness is an endless struggle in philosophy and psychology.
의식을 이해하는 것은 철학과 심리학에서 끊임없는 투쟁이다.

absurd [əbsə́:rd, 업설-드]
형 불합리한, 터무니없는

Your accusations are absurd!
당신의 비난은 터무니없습니다!

assessment
[əsésmənt, 어쎄스먼트]
명 평가

Careful assessment of new evidence is required.
새로운 증거의 신중한 평가가 요구된다.

inevitable
[ɪnévɪtəbl, 인에비터블]
형 불가피한, 필연적인

Some people believe that war is inevitable.
어떤 사람들은 전쟁이 불가피하다고 믿는다.

elevation
[èləvéiʃən, 엘러베이션]
명 승진, 해발, 고도

This is a plant only found at higher elevations.
이 식물은 높은 고도에서만 볼 수 있습니다.

vigor [vígər, 비걸]
명 활기, 활력, 생기

He played with such enthusiasm and vigor.
그는 그런 열정과 활력을 가지고 활동했다.

diminish [dɪmínɪʃ, 디미니쉬]
동 감소시키다

The world's natural resources are diminishing.
세계의 천연 자원들이 감소하고 있다.

determine
[dɪtə́:rmin, 디털-민]
동 결정하다

The judges will determine whether you deserve to win.
네가 이길 자격이 있는지 심사위원들이 결정할 것이다.

contribution
[kɑːntribjúːʃn, 칸-트리뷰-션]
명 기여, 공헌

The company made a contribution to charity.
그 회사는 자선 단체에 기부금을 냈다.

authentic
[ɔːθéntik, 어-쎈틱]
형 믿을 만한, 진짜의

This gallary only sells authentic paintings.
이 갤러리는 진품 그림만 판매합니다.

delivery
[dilívəri, 딜리버리]
명 배달, 전달

The delivery industry in Korea is well-developed.
한국의 배달산업은 발달되어 있다.

mimic [mímik, 미믹]
동 흉내 내다

The mime mimicked people passing by.
무언극 배우는 행인들을 흉내 냈다.

chronically
[kránikəli, 크라니컬리]
부 만성적으로

This is a hospital for the chronically ill.
이 병원은 만성적으로 아픈 환자들을 위한 곳이다.

paralyze
[pǽrəlàiz, 패럴라이즈]
동 마비시키다

She is paralyzed from the waist down.
그녀는 허리 아래부터 마비되었다.

guarantee
[gæ̀rəntíː, 개런티-]
명 보장 동 보장하다

I guarantee that you will not regret this purchase.
이 구매를 후회하지 않을 것이라고 보장합니다.

invariable
[ínveriəbl, 인배리어블]
형 변함없는, 변치 않는

His invariable response is to blame others.
그의 변함없는 반응은 남을 비난하는 것이다.

margin [máːrdʒin, 말-진]
명 가장자리, 여백(여지)

Write your name in the margin.
여백에 이름을 쓰세요.

organism
[ɔ́ːrgənizəm, 올-거니즘]
명 생물체

The human being is a very complicated organism.
인간은 매우 복잡한 생물체다.

perception
[pərsépʃən, 펄셉션]
명 지각, 인식

His perception of reality is distorted.
그의 현실에 대한 인식은 왜곡되었다.

rhetorical
[ritɔ́ːrikl, 리토-리컬]
형 수사학의, 화려한

The poet used rhetorical devices such as metaphor.
그 시인은 은유와 같은 수사학적인 장치를 사용했다.

magnitudes
[mǽgnətjùːd, 매그너튜-드]
명 크기, 양

The magnitude of the problem was larger than expected.
문제의 크기는 예상보다 컸다.

다음 문장들을 읽고 우리말 의미에 맞게 빈칸을 채우세요.

nutrients	diminished	organism	reaction	guarantees

❶ His _____ is not as authentic, because he always exaggerates his expressions.

그의 반응은 그다지 믿을 만하지 않은데, 이는 그가 그의 표현을 항상 과장하기 때문이다.

❷ If you want to be taller than now, you should intake various kinds of

_____.

네가 지금보다 키가 커지기를 원한다면, 너는 다양한 종류의 영양분을 섭취해야 한다.

❸ When the president realizes her approval rating is _____ ,
she is upset.

대통령은 그녀의 지지도가 감소했음을 깨닫자 기분이 좋지 않았다.

❹ An _____ has a complex biological system.

한 생명체는 복잡한 생물학적 체계를 가지고 있다.

❺ He _____ that her child's ability in math will be improved after her child learns math with him.

그는 그녀의 자녀가 자신과 함께 공부하면 수학 실력이 향상될 것이라고 보장했다.

Answer ❶ reaction ❷ nutrients ❸ diminished ❹ organism ❺ guarantees

DAY 44

The most common way people give up their power
is by thinking they don't have any.
- *Alice Walker*

사람들이 자신의 힘을 포기하는 가장 흔한 방법은
자신에게 그 힘이 없다고 생각하는 것이다.
– 앨리스 워커

여러분에게는 대단한 능력이 있다는 사실을 꼭 깨닫기 바랍니다. 여러분은 미래의
어떤 일도 이룰 수 있습니다. 시간이라는 절대적인 무기를 가지고 있으니까요. 열정
과 노력으로 여러분이 가진 무기를 제대로 사용하기 바랍니다.

>>> DAY 44 음성 강의

productive
[prədʌ́ktiv, 프러**덕**티브]
형 생산적인

I am trying to be a productive member of society.
나는 사회의 생산적인 일원이 되려고 노력중이다.

substitute
[sʌ́bstitjùːt, **섭**스티튜-드]
동 대신하다, 대치되다

You can substitute milk for cream.
크림 대신에 우유를 넣어도 됩니다.

general [dʒénərəl, **제**너럴]
형 일반의, 보통의

The general opinion is that the party was a success.
그 파티가 성공적이었다는 것이 일반적인 견해다.

capital [kǽpitl, **캐**피틀]
명 수도, 자본, 대문자

The capital of South Korea is Seoul.
대한민국의 수도는 서울이다.
It takes a large amount of capital to start your own business.
창업을 하려면 많은 양의 자본이 필요하다.

violent [váiələnt, **바**이얼런트]
형 폭력적인, 격렬한, 극심한

The protest turned violent.
시위는 폭력적으로 변했다.

announcement
[ənáunsmənt, 어**나**운스먼트]
명 알림, 공고

There was an announcement that the audition for the school play would be held tomorrow.
교내 연극을 위한 오디션이 내일 열릴 것이라는 공고가 있었다.

cellular [séljələr, **셀**룰러]
형 세포로 된

Many toxic effects can be studied at the cellular level.
많은 독성 효과들은 세포 수준에서 연구될 수 있다.

stem [stem, 스템]
명 줄기, 대 동 생기다, 유래하다

Penelope researches in stem cells.
Penelope는 줄기세포 연구를 한다.

accuracy [ǽkjərəsi, **애**큐러시]
명 정확, 정밀

The accuracy of the report is questionable.
보고서의 정확성이 의심스럽다.

recruit [rikrúːt, 리**크**루-트]
동 모집하다

We plan to recruit new club members tomorrow.
우리는 내일 동아리에서 새로운 회원들을 모집하기로 계획했다.

vivid [vívid, 비비드]
형 생생한, 생기에 찬

I had a very vivid dream last night.
어젯밤 나는 매우 생생한 꿈을 꾸었다.

thoughtful
[θóːtfəl, 쏘—우트플]
형 생각이 깊은

How thoughtful of you to give me this gift!
나에게 이 선물을 주다니 사려 깊구나!

frustration
[frʌstréiʃən, 프러스트레이션]
명 좌절(감)

She kicked the table in frustration.
그녀는 불만스러워 테이블을 발로 찼다.

urge [əːrdʒ, 얼—쥐]
명 강한 충동, 몰아댐
동 재촉하다, 강요하다

Dave felt an urge to travel abroad.
Dave는 해외여행을 가고 싶은 강한 충동을 느꼈다.

aim [eim, 에임]
명 목적, 목표
동 겨누다, 목표 삼다

The aim of this class is to help students to be more independent.
이 수업의 목표는 학생들이 더 독립적이 되도록 돕는 것이다.

confident
[kánfidənt, 칸피던트]
형 자신감 있는, 확신하는

You must be confident to succeed in this field.
이 분야에서 성공하려면 자신감이 있어야 한다.

optical [áptikəl, 압티컬]
형 눈의, 시각의

I got dizzy looking at the many the optical illusions.
나는 착시현상들을 많이 봐서 어지러워졌다.

workforce
[wəːrkfɔːrs, 월—크폴—스]
명 노동력, 노동자

We have a highly-trained workforce here at HODE company.
HODE 회사는 고도로 숙련된 노동력을 가지고 있습니다.

witness
[wítnis, 위—트니스]
명 증인, 목격자 동 목격하다

There were no witnesses to account for the accident.
사고를 설명해줄 수 있는 목격자가 없었다.

astonished
[əstániʃt, 어스타니쉬드]
형 깜짝 놀란

Everyone was astonished with the celebrity's fashion choices.
연예인의 패션 결정에 대해 모두가 깜짝 놀랐다.

humble [hʌ́mbəl, 험블]
형 겸손한, 겸허한

Be humble enough to learn from your mistakes.
너의 실수로부터 배울 만큼 충분히 겸손해져라.

motivate
[móutəvèit, 모우터베이트]
동 동기를 주다, 자극하다

My friends motivate each other to study.
나의 친구들은 공부하라고 서로에게 동기부여를 해준다.

interpret
[intə́ːrprit, 인털-프리트]
동 해석하다

The poem means different things according to how you interpret it.
그 시는 어떻게 해석하느냐에 따라서 다른 의미를 갖는다.

capacity
[kəpǽsəti, 커패서티]
명 용량, 수용력, 능력

This room has the capacity to seat 1000 people.
이 방의 수용인원은 1천 명이다.

experiment
[ikspérimənt, 익스페리먼트]
명 실험, 시험 동 실험하다

The mad scientist turned into a giant spider after his experiment went wrong.
미친 과학자의 실험이 잘못되고 나서 그는 커다란 거미로 변했다.

criteria
[kraitíəriə, 크라이티어리아]
명 표준, 기준

The criteria for the grading is on the school website.
채점 기준은 학교 홈페이지에 있습니다.

genuine
[dʒénjuin, 제뉴인]
형 진짜의

That painting is a genuine Monet.
저 작품은 모네의 진품이다.

consistency
[kənsístənsi, 컨시스턴시]
명 일관성

Your arguments have zero consistency.
당신의 주장에 일관성이 하나도 없습니다.

advocate
[ǽdvəkit, 애드버키트]
명 옹호자 동 옹호(지지)하다

Jeff is a strong advocate for free speech.
Jeff는 언론자유의 강력한 옹호자다.

fury [fjúəri, 퓨리]
명 분노, (전쟁·폭풍우 등의) 격렬, 맹위

My fury was too big to contain.
나의 분노가 너무 커서 참을 수 없었다.

evaporation
[ivæpəréiʃən, 이배퍼레이션]
명 증발

Evaporation is when a liquid changes to a vapor.
증발은 액체가 증기로 바뀌는 순간이다.

transition [trænzíʃən, 트랜지션]
명 변천, 변화, 과도기

The transition from dictatorship to democracy was rough.
독재정부에서 민주주의로의 변화는 힘들었다.

underlying
[ʌndərláiiŋ, 언덜라잉]
형 밑에 있는, 기초가 되는, 근원적인

The underlying problem is in the employees' insincerity.
근원적인 문제는 직원들의 불성실성에 있다.

extent [ikstént, 익스텐트]
명 정도, 범위, 넓이

To an extent, you are right.
당신이 어느 정도 맞습니다.

pedestrian
[pədéstriən, 퍼데스트리언]
명 보행자

Be careful of pedestrians when you drive.
운전할 때 보행자들을 조심해라.

improvement
[imprúːvmənt, 임프루-브먼트]
명 개량, 개선

There has been little improvement in sales.
판매량에 개선이 거의 없었다.

allocate [ǽləkèit, 앨러케이트]
동 할당하다

It is a dilemma how to allocate these goods.
이 제품들을 어떻게 할당할지가 고민이다.

applaud [əplɔ́ːd, 어플로-드]
동 박수갈채하다, 성원하다

Everyone in the audience applauded the opera singer.
모든 관객이 오페라 가수를 위해 박수를 쳤다.

extinct [ikstíŋkt, 익스팅트]
형 멸종된

Some zoos help prevent some animals from going extinct.
어떤 동물원들은 동물들이 멸종되는 것을 막는 데 도움이 된다.

inexcusable
[inikskjúːzəbəl, 인익스큐-저블]
형 용서할 수 없는

Your actions are inexcusable.
너의 행동들은 용서할 수 없어.

다음 문장들을 읽고 우리말 의미에 맞게 빈칸을 채우세요.

| inexcusable | interpret | capital | recruit | urge |

❶ The art center has tried to attract private _____.
예술 센터는 민간 자본을 유치하기 위해 노력해왔다.

❷ This corporation wants to _____ graduates who were majored in marketing.
이 회사는 마케팅을 전공한 졸업생을 모집하고 싶어한다.

❸ When I study all night, I try to control an _____ to go to a bed.
내가 밤을 새서 공부할 때, 나는 침대에 가고 싶은 강한 충동을 제어하기 위해 노력한다.

❹ It is hard to _____ metaphors in Shakespeare's classical literature.
셰익스피어의 고전 문학 속 비유 표현을 해석하는 것은 어렵다.

❺ The murder who killed her is an _____ person for the bereaved.
그녀를 죽인 살인자는 유가족들에게 용서할 수 없는 사람이다.

Answer ❶ capital ❷ recruit ❸ urge ❹ interpret ❺ inexcusable

DAY 45

The most difficult thing is the decision to act,
the rest is merely tenacity.
- *Amelia Earhart*

행동으로 옮기겠다는 결정을 내리는 것이 가장 어렵다.
일단 결정하면 남은 것은 오직 계속해나가는 끈기뿐이다.
– 아멜리아 에어하트

여러분은 이 책을 핌으로써 이미 영어 단어를 마스터하겠다고 결정했습니다. 이제
남은 것은 끈기겠지요? 초심을 잃지 말고 계속 나아갑시다. 45강 시작하겠습니다!

>>> DAY 45 음성 강의

avoidable
[əvɔ́idəbl, 어**보**이더블]
형 피할 수 있는

The accident was actually avoidable.
그 사고는 사실 예방할 수 있는 것이었다.

merciful
[mə́ːrsifəl, 멀―시펄]
형 자비로운

Joshua is merciful to the poor.
Joshua는 가난한 사람들에게 인정이 많다.

worn [wɔːrn, 원―]
형 닳은, 해진, 몹시 지쳐 보이는

Her sweater was old and worn.
그녀의 스웨터는 오래되고 해졌다.

bet [bet, 벳]
동 (돈 따위를) 걸다, 주장하다

The gambler bet his house in a game of poker.
갬블러는 포커에서 그의 집을 걸었다.

sensibility
[sènsəbíləti, 센서**빌**러티]
명 감성, 감수성

The poet is well-known for his sensibility.
시인은 그의 감수성으로 유명하다.

qualification
[kwàləfikéiʃən, 퀄리피**케**이션]
명 자격, 조건

He does not have enough qualifications for this job.
그에겐 이 직업을 위한 자격이 충분치 않다.

revolution
[rèvəlúːʃən, 레벌**루**―션]
명 혁명, 변혁

The French Revolution was in 1789.
프랑스 혁명은 1789년에 일어났다.

characteristic
[kæ̀riktərístik, 캐릭터**리**스틱]
명 특징

The colorful faces are a characteristic in all of his paintings.
색색의 얼굴들은 그의 모든 그림에 있는 특징이다.

bite [bait, 바이트]
명 물기, 한 입 동 물다, 물어뜯다

Can I have a bite of your pizza?
너의 피자를 한 입 먹어도 되겠니?

celebration
[sèləbréiʃən, 셀러브**레**이션]
명 기념(축하)행사, 기념(축하)

We are partying in celebration of Rob's birthday.
Rob의 생일을 축하하기 위해서 파티를 즐기고 있다.

shore [ʃɔːr, 쇼—얼]
명 바닷가, 해안

There were beautiful seashells on the shore.
바닷가에 아름다운 조개 껍데기들이 있었다.

linger [líŋgər, 링거]
동 남다, 계속되다

The shy boy lingered around the girl's desk.
부끄러움이 많은 소년은 소녀의 책상 근처에서 우물쭈물거렸다.

substantial
[səbstǽnʃəl, 섭스탠셜]
형 실질적인, 상당한

There was a substantial change in the students' behavior after the experiment.
실험 후에 학생들의 태도에 상당한 변화가 있었다.

anniversary
[æ̀nəvə́ːrsəri, 애너벌—서리]
명 기념일

November 14th is my parents' wedding anniversary.
11월 14일이 내 부모님의 결혼기념일이다.

silent
[sáilənt, 사일런트]
형 침묵하는

The room suddenly became very silent.
방이 갑자기 조용해졌다.

mount
[maunt, 마운트]
동 오르다, (일을) 벌이다

It was difficult to mount the steep hill.
가파른 언덕을 오르는 것이 어려웠다.

trade [treid, 트레이드]
명 거래, 무역
동 거래하다, 사업을 하다

I'll trade my apple for your banana.
나의 사과를 너의 바나나와 바꿔줄게.

bulb
[bʌlb, 벌브]
명 전구

Chuck still hasn't changed the light bulb.
Chuck은 아직도 전구를 바꾸지 않았다.

career
[kəríər, 커리어]
명 직업, 경력, 진로

Dan has been trying to build his career after graduating from university.
Dan은 대학을 졸업하고 나서 경력을 쌓으려고 노력해왔다.

appropriate
[əpróupriət, 어프로우프리어트]
형 적합한, 적절한

This isn't the appropriate time to discuss the problem.
지금은 그 문제를 논의하기에는 적절한 때가 아니다.

be due to
~할 예정이다

Jenny is due to give birth on November 23rd.
Jenny는 11월 23일에 출산할 예정이다.

---

reverse [rivə́:rs, 리벌—스]
형 반대의, 거꾸로의
동 뒤집다, 반전시키다

Can you sing the alphabet song in reverse?
알파벳 노래를 반대로 부를 수 있니?

---

persuasive
[pərswéisiv, 펄쉐이시브]
형 설득력 있는

It is important that salespeople be persuasive.
판매원들에게 설득력이 있는 것은 중요하다.

---

raw [rɔ:, 러—]
형 익히지 않은, 날것의, 가공하지 않은

The chef started to cook the raw fish.
요리사는 날생선을 요리하기 시작했다.

---

diabetes
[dàiəbí:tis, 다이어비—티스]
명 당뇨병

Some people with diabetes carry around candy just in case their blood sugar drops.
당뇨병이 있는 어떤 사람들은 혈당이 낮아질 것을 대비해 사탕을 들고 다닌다.

---

insult [ínsʌlt, 인설트]
명 모욕 동 모욕하다

I took his words as an insult.
나는 그의 말을 모욕으로 알아들었다.

---

permission
[pə:rmíʃən, 펄—미션]
명 허가, 면허

The director got the restaurant owner's permission to film.
감독님은 식당 주인으로부터 촬영 허가를 받았다.

---

definition
[dèfəníʃən, 데퍼니션]
명 정의, 설명

Rachel looked up the definition for 'melancholy'.
Rachel은 '멜랑콜리'의 정의를 사전에서 찾아봤다.

---

engage in
~에 종사하다,
~에 참여하게 하다

Soon, everyone was engaging in the conversation.
곧, 모두가 대화에 참여했다.

---

reproduction
[ri:prədʌ́kʃən, 리—프로덕션]
명 재생, 복제, 번식

This is a reproduction of Van Gogh's Starry Night.
이것은 반 고흐의 '별이 빛나는 밤'의 복제화입니다.

magnificent
[mægnífəsənt, 매그니퍼선트]

형 장대한, 장엄한

The view of the city at night is magnificent.
도시의 야경은 장관이다.

retiree
[ritaiərí:, 리타이어리—]

명 퇴직자, 은퇴자

A new retiree moved into the silver facility.
새로운 은퇴자가 실버 시설로 이사왔다.

take part in
참여하다

Everyone took part in the school musical.
모두가 교내 뮤지컬에 참여했다.

tendency
[téndənsi, 텐던시]

명 경향, 추세

She has a tendency of being late.
그녀는 약속 시간에 늦는 경향이 있다.

asymmetry
[eisímətri, æs, 에이시머트리]

명 불균형, 부조화

Asymmetry of information can lead to conflict.
정보의 불균형은 마찰로 이어질 수 있다.

texture
[tékstʃəːr, 텍스철—]

명 직물, 감촉, 질감

The texture of the cloth is soft.
천의 촉감은 부드럽다.

rejoice
[ridʒɔ́is, 리조이스]

통 크게 기뻐하다

Everyone yelled out in rejoice.
모두가 기뻐하며 소리 질렀다.

unfit
[ʌnfit, 언피트]

형 부적당한, 어울리지 않는

This food is unfit for eating.
이 음식은 먹기에 적합하지 않다.

habitat
[hǽbətæ̀t, 해버태트]

명 서식지

The zoo provides an environment closest to the animals' natural habitats.
동물원은 동물들의 자연 서식지에 가장 가까운 환경을 제공한다.

bough [bau, 바우]
명 큰 가지

The bird settled on a bough.
새가 나뭇가지에 앉았다.

다음 문장들을 읽고 우리말 의미에 맞게 빈칸을 채우세요.

persuasive	Revolution	habitats	insulting	avoidable

❶ These kinds of diseases are _____ by healthy diet and regular exercise.
이러한 종류의 질병은 건강한 식단과 규칙적인 운동으로 피할 수 있는 것이다.

❷ The _____ in 1968, in France destroyed the hierarchy of arts.
프랑스에서 1968년에 있었던 혁명은 예술에서의 위계질서를 무너뜨렸다.

❸ His opinion was _____, because he suggested reliable data.
그가 믿을 만한 자료를 제시했기 때문에, 그의 의견은 설득력 있었다.

❹ Children should be learned that _____ somebody due to physical traits is inexcusable.
아이들은 신체적 특징 때문에 누군가를 모욕하는 것은 용서할 수 없는 일이라고 배워야 한다.

❺ Global warming causes polar bears lose their _____, glaciers.
지구 온난화는 북극곰들이 빙하라는 그들의 서식지를 잃게 만든다.

Answer ❶ avoidable ❷ Revolution ❸ persuasive ❹ insulting ❺ habitats

DAY 46

The only person you are destined
to become is the person you decide to be.
- *Ralph Waldo Emerson*

운명이라고 생각하는 당신의 모습은
어떤 사람이 되겠다는 당신의 결정일 뿐이다.
- 랄프 왈도 에머슨

운명은 하늘이 결정하는 것이 아닙니다. 운명은 여러분의 선택이 모여서 만들어지는 것입니다. 지금 이 순간 여러분은 어떤 선택을 할 건가요? 끝까지 인내심을 잃지 않고 단어를 학습하는 선택을 해야 하겠죠?

>>> DAY 46 음성 강의

misperception
[mispərsépjən, 미쓰펄셉션]
몡 오인, 오해

McGuire said he wanted to clear some common misperceptions of American politics.
맥과이어는 미국 정치의 일반적인 오해들을 풀고 싶다고 이야기했다.

creativity
[krìːeitívəti, 크리-에이티버티]
몡 창조성, 독창력

We encourage creativity in our students in every class.
우리는 모든 수업에서 학생들의 창의력을 북돋아줍니다.

fiber [fáibər, 파이벌]
몡 섬유, 실

The police found the criminal through a coat fiber.
경찰들은 코트의 실로 범인을 찾았다.

physics [fíziks, 피직스]
몡 물리학

We learned about Albert Einstein in physics class today.
오늘 물리수업에서 알버트 아인슈타인에 대해서 배웠다.

swell [swel, 스웰]
동 부풀다

His broken wrist began to swell.
그의 부러진 팔목이 붓기 시작했다.

warranty
[wɔ́ːrənti, 워-런티]
몡 보증, 보증서

This TV has a 5-year warranty.
이 티비는 5년의 품질 보증서가 있습니다.

recess [ríːses, 리-세스]
몡 쉼, 휴식

All of the children went out to play during recess.
쉬는 시간 동안 모든 아이들이 놀러 나갔다.

quotation
[kwoutéiʃən, 코우테이션]
몡 인용, 인용구

The story started with a quotation of the Dalai Lama.
이야기는 달라이 라마의 인용구로 시작되었다.

reveal
[rivíːl, 리빌-]
동 드러내다, 알리다

The question of the math competition was finally revealed.
수학 대회의 질문이 드디어 공개되었다.

adolescence
[ædəlésəns, 애덜레선스]
몡 청년기, 사춘기

Many people go through emotionally rough times during adolescence.
많은 사람들은 사춘기 동안 감정적으로 힘든 시기를 보낸다.

costly
[kɔ́ːstli, 코-스틀리]
형 값이 비싼

The new machinery was quite costly.
새로운 기계들은 꽤 비쌌다.

organic
[ɔːrgǽnik, 올-개닉]
형 유기농의, 유기체의

She tries to buy organic products for her family.
그녀는 자신의 가족을 위해서 유기농 식품들을 사려고 노력한다.

realm
[relm, 렐름]
명 범위, 영역

The theme park looked like a magical realm.
놀이공원은 마치 마법의 영역 같아 보였다.

trait [treit, 트레잇]
명 특색, 특징

His dominant personality trait is loyalty.
그의 우수한 성격적 특징은 바로 충성심이다.

ensure [enʃúə, 인슈얼]
통 보장하다

I ensure that your child will be safe under our guidance.
당신의 아이가 우리의 지도하에 안전할 것을 보장합니다.

extreme
[ikstríːm, 익스트림-]
명 극단, 극도 형 극도의, 심한

The police were accused of using extreme violence against the protesters.
그 경찰은 시위자들에게 심한 폭력을 행사해 고소당했다.

separate
[sépərit, 세퍼릿]
형 갈라진, 분리된 통 분리하다(되다)

The girls and boys stay in separate dormitories, of course.
여자들과 남자들은 당연히 서로 다른 기숙사에서 지냅니다.

generate
[dʒénərèit, 제너레잇]
통 발생시키다, 만들어내다

This facility generates electricity through solar power.
이 시설은 태양열로 전기를 만들어냅니다.

sensitive
[sénsətiv, 센서티브]
형 민감한, 예민한

Sharon's skin is sensitive to heat.
Sharon의 피부는 열에 민감하다.

potent
[póutənt, 포우턴트]
형 강한, 유력한, 세력 있는

Farmers are still a potent political force in many countries.
농부들은 여러 나라에서 여전히 강력한 정치 세력이다.

predictor [pridíktər, 프리딕터]
명 예언자

The predictor said that I would have a new boyfriend next year.
예언자는 내년에 나에게 남자친구가 생긴다고 했다.

tension [ténʃən, 텐션]
명 긴장

There is a lot of tension between the two countries.
두 국가 간에 긴장감이 흐른다.

mass [mæs, 매스]
명 덩어리, 다량

The mountain appeared as a black mass in the distance.
그 산은 멀리서 검은 덩어리처럼 보였다.

flattery
[flǽtəri, 플래터리]
명 아첨, 치렛말

I will not fall for the salesman's flattery.
나는 판매원의 아첨에 속지 않을 것이다.

take ~ into account
~을 고려하다

The company will take your personal aptitudes into account.
그 회사는 너의 개인적인 적성을 고려할 것이다.

excess [iksés, 익세스]
명 잉여, 초과

Remove any excess cream from the top.
넘치는 크림은 닦아내주세요.

detract
[ditrǽkt, 디트랙트]
동 (주의를) 돌리다, 감하다, 손상시키다

Let's not detract from the subject of the article.
기사의 주제를 격하시키지 말자.

figuratively
[fígjərətivli, 피겨러티블리]
부 비유적으로

I'm talking figuratively to help your understanding.
너의 이해를 돕기 위해서 비유적으로 이야기하는 거야.

democracy
[dimάkrəsi, 디마크러시]
명 민주주의

The people are saying that democracy in their country has been degraded.
군중들은 자국의 민주주의가 퇴화되었다고 이야기하고 있다.

restrict
[ristríkt, 리스트릭트]
동 제한하다, 한정하다

Security had no choice but to restrict his freedom.
안전요원들은 그의 자유를 제한하는 수밖에 없었다.

fragility
[frədʒílət̬i, 프러질러티]
명 부서지기 쉬움, 허약

People tend to underestimate the fragility of the human body.
사람들은 종종 인간의 몸의 허약함을 과소평가한다.

illustration
[iləstréiʃən, 일러스트레이션]
명 삽화

The children loved the beautiful illustrations of fairies.
아이들은 요정을 그린 아름다운 삽화들을 너무 좋아했다.

assimilation
[əsiməléiʃn, 어시밀레이션]
명 동화(작용)

Social assimilation of minority groups is encouraged.
소수 집단의 사회적 동화를 장려하다.

reproduce
[ri:prədú:s, 리-프러듀스]
동 번식하다, 재생하다, 복사하다

This cell can reproduce by itself.
이 세포는 스스로 복제할 수 있습니다.

substance
[sʌ́bstəns, 섭스턴스]
명 물질, 물체

Ice and water are of the same substance.
얼음과 물은 같은 물질로 이루어진다.

polish [páliʃ, 팔리쉬]
동 닦다, 윤을 내다

The boy polished the man's shoe.
소년은 남자의 구두에 윤을 냈다.

compact
[kəmpǽkt, 컴팩트]
형 빽빽한, 소형인

Sue is looking to buy a compact car.
Sue는 소형차를 사려고 한다.

zealous [zéləs, 젤러스]
형 열심인, 열광적인

She's the most zealous worker in the company.
그녀는 회사에서 가장 열심인 직원이다.

convert [kənvə́:rt, 컨벌-트]
동 전환하다, 바꾸다

Jack converted his religion from Catholicism to Buddhism.
Jack은 그의 종교를 가톨릭교에서 불교로 바꿨다.

symptom
[símptəm, 심텀]
명 징후, 증상

Coughing is a symptom of the cold.
기침은 감기의 증상이다.

다음 문장들을 읽고 우리말 의미에 맞게 빈칸을 채우세요.

symptoms	revealing	swollen	flattery	democracy

❶ The wound in hand has been _____, it means my immune system prevented from being infected by virus.
손에 있는 상처가 부었는데, 이는 내 면역 체계가 바이러스 감염을 막아냈다는 것이다.

❷ The government has interrupted the reporter's investigation for _____ the truth about the president.
정부는 대통령에 대한 진실을 드러내려는 기자의 조사 과정을 방해해왔다.

❸ I hate a _____ because it is in itself an others' insincere attitude.
나는 아첨을 싫어하는데, 이는 그 자체로 다른 사람들에 대한 가식적인 태도이기 때문이다.

❹ What is _____? All people have a right to govern a country.
민주주의란 무엇인가? 모든 사람이 나라를 다스릴 권리를 가진 것이다.

❺ When you love someone, there would be special _____ such as 'throbbing'.
네가 누군가를 좋아하면, '마음이 욱신거리는 것' 같은 특별한 증상을 느낄 것이다.

Answer ❶ swollen ❷ revealing ❸ flattery ❹ democracy ❺ symptoms

DAY 47

The only thing that I have done that is not
mitigated by luck, diminished by good fortune,
is that I persisted, and other people gave up.
- *Harrison Ford*

운에 의해서 경감되고 행운에 의해서 줄지 않는
나의 유일한 행동은
나는 계속했고, 다른 사람들은 그러지 않았다는 것이다.
– 해리슨 포드

다른 사람들이 포기할 때, 여러분은 절대 포기하지 마세요. 바로 그 차이가 여러분을
큰 성공으로 이끌 것입니다. 우리는 포기하지 않고 해낼 수 있습니다.

>>> DAY 47 음성 강의

material
[mətíəriəl, 머티어리얼]
명 물질

There isn't enough material to make three items.
3개의 상품을 만들 수 있는 재료가 없다.

slip [slip, 슬립]
동 미끄러지다, 없어지다

Roger accidentally slipped on the ice.
Roger는 실수로 얼음에서 미끄러졌다.

volcanic [valkǽnik, 발캐닉]
형 화산의

Volcanic ashes covered the ground.
화산재가 바닥을 덮었다.

care [kɛər, 캐어]
명 돌봄, 주의, 걱정
동 상관하다, 돌보다

I chose my new laptop with great care.
나는 나의 노트북을 매우 신중하게 골랐다.

assign [əsáin, 어사인]
동 할당하다

Each teacher was assigned four students.
각 선생님마다 4명의 학생이 배정되었다.

ecological
[è:kəládʒikəl, 에-컬라지컬]
형 생태학의

Water pollution is doing serious damage to the ecological balance of the oceans.
물의 오염은 바다의 생태학적 균형에 심각한 피해를 끼치고 있다.

manufacturing
[mæ̀njəfǽktʃəriŋ, 매뉴팩쳐링]
명 제조업

A manufacturing company converts raw materials into finished goods.
제조 회사는 원자재를 완성된 상품으로 바꿉니다.

vital [váitl, 바이틀]
형 생명의, 치명적인, 지극히 중요한

This ingredient is vital to the dish.
이 재료는 요리에 필수적입니다.

responsibility
[rispànsəbílǝti, 리스판서빌러티]
명 책임, 의무

Everyone in the group was assigned their own responsibility.
모든 조원들이 각자의 책임을 맡았다.

comprehension
[kàmprihénʃən, 캄프리헨션]
명 이해

This course is beyond my comprehension.
이 강의는 내 이해력 너머에 있다.

backfire
[bǽkfàiər, 백파이얼]
통 맞불 놓다, 역효과를 낳다

The plan eventually backfired and confused everyone.
그 계획은 결국 역효과를 낳았고 모두를 당황시켰다.

population
[pæpjəléiʃən, 파퓰레이션]
명 인구, 주민

The island has a population of around 2,000.
섬의 인구는 약 2천 명이다.

continent
[kántənənt, 칸터넌트]
명 대륙

The adventurer traveled all the continents.
모험가는 모든 대륙들을 여행했다.

vibration
[vaibréiʃən, 바이브레이션]
명 진동, 동요

The phone's vibration interrupted the class.
휴대폰의 진동이 수업을 방해했다.

strict [strikt, 스트릭트]
형 엄격한, 엄한

I remember my 4th grade teacher; she was very strict.
나는 4학년 때 선생님이 기억난다. 그녀는 매우 엄격하셨다.

cue [kjuː, 큐-]
명 신호, 단서

The scene began rolling with the director's cue.
감독님이 신호를 주자 씬이 시작되었다.

neglect
[niglékt, 니글렉트]
통 방치하다, 소홀히 하다

Don't get a pet if you're going to neglect it.
애완동물을 방치할 거라면 처음부터 키우지 마라.

appearance
[əpíərəns, 어피어리언스]
명 (겉)모습, 외모, 외관, 출현

Don't judge others based on appearance.
다른 사람들을 외모로 판단하지 마라.

transcendence
[trænséndənt, 트랜센던트]
명 초월

Some believe that self-transcendence is a myth.
어떤 사람들은 자기 초월이 신화라고 믿는다.

distinguish
[distíŋgwiʃ, 디스팅귀쉬]
통 구별하다

Sally cannot distinguish colors; she is color blind.
Sally는 색맹이어서 색깔들을 구별하지 못한다.

upset [ʌpsét, 업셋]
명 혼란(상태) 형 속상한
통 속상하게 만들다

I am upset with my exam results.
나는 시험 결과에 대해서 속상하다.

dismay [disméi, 디스메이]
명 당황, 경악, 낙담

They looked at their daughter with dismay.
그들은 그들의 딸을 경악하며 보았다.

existence
[igzístəns, 이그지스턴스]
명 존재, 실재

Everyone was unaware of the car's existence until today.
오늘까지 아무도 차의 존재를 의식하지 못했다.

outage [áutidʒ, 아우티쥐]
명 정전, 단수

The power outage lasted 3 hours.
정전은 3시간 동안 지속되었다.

misleading
[mislí:diŋ, 미스리-딩]
형 오도하는, 오해하기 쉬운

Your words are rather misleading.
당신의 말에는 오해의 소지가 있습니다.

clarity [klǽrəti, 클래러티]
명 명료, 명확

There is a lack of clarity in the school rules.
교칙에는 명확성이 떨어진다.

passionate
[pǽʃənit, 패셔니트]
형 열정적인

Hannah is passionate about her music.
Hannah는 그녀의 음악에 대해서 열정적이다.

drastic [drǽstik, 드래스틱]
형 격렬한, 과감한

Drastic changes were made in the design.
디자인에는 과감한 변화가 있었다.

arbitrary
[ά:rbitrəri, 알-비트러리]
형 임의의, 멋대로의, 자의적인

The road of life you are walking is arbitrary.
네가 걷고 있는 인생의 길은 임의적이다.

ultraviolet
[ʌ̀ltrəváiəlit, 울트러바이올릿]
형 자외(선)의

These lenses block ultraviolet rays.
이 렌즈는 자외선을 막습니다.

sake [seik, 세이크]
명 위함, 이익

I'm doing this for your sake.
나는 너를 위해서 이러는 거야.

define [difáin, 디파인]
통 정의를 내리다

How does one define 'love'?
'사랑'을 어떻게 정의 내릴까?

measure
[méʒər, 메—절]
명 조치, 척도, 단위
통 재다, 측정하다

Drastic times call for drastic measures.
극단적인 시기에는 과감한 조치가 필요하다.

digestion
[daɪdʒéstʃən, 다이제스천]
명 소화

I think I'm having some digestion problems.
지금 소화가 잘 안 되는 것 같아요.

competent
[kámpətənt, 캄퍼턴트]
형 유능한, 능력 있는

She got fired because she wasn't competent.
그녀는 유능하지 못해서 해고되었다.

parent
[péərənt, 패어런트]
명 부모 통 아이를 기르다

There are no right answers to parenting.
아이를 기르는 데는 정답이 없다.

retirement
[ritáiəːrmənt, 리타이얼—먼트]
명 은퇴, 퇴직

He is planning an early retirement.
그는 조기퇴직을 하려고 계획중이다.

surpass [sərpǽs, 설패스]
통 능가하다

The athlete surpassed his own record.
운동선수는 자신의 기록을 뛰어넘었다.

versus
[vɔ́ːrsəs, 벌—서스]
전 대(對), ~와 대비해

It is Germany versus Brazil in the final round.
독일 대 브라질의 결승전입니다.

clingy
[klíŋi, 클링이]
형 들러붙는, 끈적이는

Toddlers are usually clingy.
어린 아이들은 보통 부모님과 떨어지려고 하지 않는다.

다음 문장들을 읽고 우리말 의미에 맞게 빈칸을 채우세요.

measure	care	continents	digestion	existence

❶ Every time I leave home, I always miss my parents' _____.

내가 집을 떠날 때마다, 나는 항상 부모님의 보살핌을 그리워한다.

❷ The expression 'Five _____' usually means 'the whole world'.

'다섯 대륙'이라는 표현은 종종 전 세계를 의미한다.

❸ People are likely to fear from the _____ of ghosts.

사람들은 유령의 존재에 대해 두려워하고는 한다.

❹ It is irresponsible for a leader not to take a _____, even though there is a serious problem.

심각한 문제가 있음에도 리더가 조치를 취하지 않는 것은 무책임하다.

❺ After I overeat, it feels like the _____ system stops working.

과식한 후에 내 소화계가 일을 멈춘 것 같이 느껴진다.

Answer   ❶ care   ❷ continents   ❸ existence   ❹ measure   ❺ digestion

DAY 48

The secret of health for both mind and body is not
to mourn for the past, not to worry about the future,
or not to anticipate troubles, but to live
in the present moment wisely and earnestly.
- *Buddha*

마음과 몸을 건강하게 하는 비결은
과거에 대해 슬퍼하지도, 미래에 대해 걱정하지도,
골칫거리를 예상하지도 말고,
현재를 지혜롭고 진지하게 살아가는 것이다.
– 부처

과거에 대한 미련과 미래에 대한 걱정을 버리고, 48강을 공부하려는 현재에 충실하기 바랍니다. 그런 마음가짐이 마음과 몸을 건강하게 한답니다.

>>> DAY 48 음성 강의

pretend to
~인 체하다

Jamie pretended to be angry with Mark.
Jamie는 Mark에게 화난 척을 했다.

rot [rɑt, 랏]
동 썩다, 부패하다

All of the fruit will rot if you leave it out like that.
그렇게 과일을 내놓으면 다 썩을 것이다.

vomit [vámit, 바밋]
동 토하다, 게우다

You might vomit if you catch the stomach flu.
장염에 걸리면 토할 수도 있다.

nervous [nə́:rvəs, 널—버스]
형 소심한, 겁 많은, 불안한

I always get nervous before I go up on stage.
나는 무대에 올라서기 전에 늘 긴장한다.

peninsula
[pənínsələ, 퍼닌설러]
명 반도

Kimchi is one of the most famous foods of the Korean peninsula.
김치는 한반도의 가장 유명한 음식들 중 하나다.

majority
[mədʒɔ́:rəti, 머죠—러티]
명 대부분, 대다수

The majority of students didn't want summer vacation to end.
대부분의 학생들은 여름방학이 끝나는 것을 바라지 않는다.

ubiquitous
[ju:bíkwətəs, 유—비쿼터스]
형 도처에 있는, 편재하는

Smartphones are the most ubiquitous devices in the world.
스마트폰은 세계에서 가장 널리 퍼져 있는 기기다.

awareness
[əwérnəs, 어웨얼니스]
명 인식

Awareness on global warning has increased.
지구온난화에 대한 인식이 늘었다.

density
[dénsəti, 덴서티]
명 밀도, 밀집 상태

Seoul has a high population density.
서울은 인구 밀도가 높다.

stuff [stʌf, 스터프]
명 재료, 물자

I have too much stuff to pack.
나는 싸야 하는 짐이 너무 많다.

fortune [fɔ́ːrtʃən, 폴―천]
명 운, 행운, 재산

The old lady bought good luck charms for fortune.
노부인은 행운을 위해서 행운의 부적을 샀다.

informal
[infɔ́ːrməl, 인폴―멀]
형 비공식의, 평상복

You can dress informally on sports' day.
운동회 날에는 평상복 차림을 해도 된다.

urban [ɔ́ːrbən, 얼―번]
형 도시의

London is the England's biggest urban area.
런던은 영국의 가장 큰 도시지역이다.

flesh [fleʃ, 플레쉬]
명 살, 육체

An odor came from the fish's flesh.
생선살에서 고약한 냄새가 났다.

involuntarily
[inváləntèrili, 인발런테리리]
부 무의식적으로, 모르는 사이에

Her eyes filled with tears involuntarily.
무의식적으로 그녀의 눈에 눈물이 고였다.

shelter
[ʃéltər, 셸터]
명 주거지, 피난 장소

We built a temporary shelter.
우리는 임시 피난처를 만들었다.

disability
[disəbíləti, 디서빌러티]
명 무력, 무능

This is a parking space for people with disabilities.
이 주차 공간은 장애를 가진 사람들을 위한 것이다.

personal
[pɔ́ːrsənəl, 펄―서널]
형 개인의

The CEO is looking for a new personal assistant.
CEO는 새로운 개인 비서를 찾고 있다.

advance
[ædvǽns, 애드밴스]
명 전진, 진전, 발전
형 사전의 통 증진되다

I will make sure to call you in advance.
꼭 사전에 연락드리겠습니다.

elementary
[èləméntəri, 엘러멘터리]
형 기본의, 초보의

All of my children go to elementary school.
나의 모든 자녀들은 초등학교에 다닌다.

dissolve [dizálv, 디잘브]
통 녹이나, 용해시키다

Wait until all of the sugar dissolves into the water.
설탕이 물에 완전히 녹을 때까지 기다리세요.

persistent [pəːrsístənt, 펄–시스턴트]
형 고집하는, 끊임없는

The persistent stereotypes of being a 'nerd' followed me around all through high school.
'괴짜'라는 끈질긴 고정관념이 나를 고등학교 내내 쫓아다녔다.

affirm [əfə́ːrm, 어펌–]
통 확언하다, 확인하다

The CEO affirmed that nobody would lose their jobs.
CEO는 아무도 일자리를 잃지 않을 것이라고 확언했다.

longevity [landʒévəti, 랑제버티]
명 장수, 수명

Development in the medical industry has led to greater longevity.
의학 산업의 발달은 수명 연장으로 이어졌다.

flexible [fléksəbəl, 플렉서블]
형 잘 구부러지는, 유연한

You will become more flexible if you take yoga.
요가를 배우면 몸이 더 유연해질 것이다.

empirical [empírikəl, 엠피리컬]
형 경험의, 경험적인

Where is the empirical evidence in your research?
당신의 연구에서 경험적 증거는 어디에 있나요?

communal [kəmjúːnl, 커뮤–늘]
형 자치단체의, 공공의

The family went to the communal art gallery for the afternoon.
그 가족은 오후에 지역민 화랑으로 갔다.

residential [rèzidénʃəl, 레지덴셜]
형 주거의

This neighborhood used to be a quiet residential area.
이 동네는 과거에 조용한 주거지역이었습니다.

portion [pɔ́ːrʃən, 폴–션]
명 부분, 몫

Everyone got a portion of the food.
모두가 자기 몫의 음식을 받았다.

falsify [fɔ́ːlsəfài, 폴–서파이]
통 틀렸음을 입증하다, 위조하다

This equation falsifies your theory.
이 방정식은 당신의 이론이 틀렸음을 입증합니다.

disregard
[disrigá:rd, 디스리갈-드]
图 무시하다

You can't just disregard half of the population.
인구의 절반을 무시할 수는 없어요.

restrain
[ristréin, 리스트레인]
图 제지하다, 억제하다

The people who were yelling were restrained by the police.
소리를 지르던 사람들은 경찰에 의해 제지를 당했다.

horrific [hɔ:rífik, 호-리픽]
图 무서운

The movie released on Halloween is horrific.
할로윈에 개봉한 영화는 무섭다.

charitable
[tʃǽrətəbl, 채러터블]
图 자비로운, 자선의

Jon often volunteers for charitable activities.
Jon은 종종 자선 활동에 자원한다.

comparatively
[kəmpǽrətivli, 컴패러티블리]
图 비교적

The Chinese exam was comparatively easy.
중국어 시험은 비교적 쉬웠다.

process
[práses, 프라세스]
图 과정, 절차 图 처리하다

Computers process hundreds of data at once.
컴퓨터는 수백 가지의 데이터를 한 번에 처리한다.

intake
[íntèik, 인테이크]
图 흡입(섭취)

Nate is trying to keep track of his calorie intake.
Nate는 자신의 칼로리 섭취를 기록하려고 노력중이다.

norm
[nɔ:rm, 놈-]
图 기준, 규범

Most people don't have any problems with following social norms.
대부분의 사람들은 사회적 규범을 따르는 데 별문제 없다.

become acquainted with
~와 알게 되다

I became acquainted with Eve at a school event.
나는 Eve를 학교 행사에서 알게 되었다.

leisurely
[líːʒərli, 리-절리]
图 느긋한, 유유한, 여유 있는

The two friends enjoyed a leisurely brunch.
두 친구는 느긋한 브런치를 즐겼다.

다음 문장들을 읽고 우리말 의미에 맞게 빈칸을 채우세요.

personal	portion	peninsula	fortune	flexible

❶ The Korean _____ looks like a tiger.
한반도는 호랑이를 닮았다.

❷ One of the methods of fortunetelling is a Chinese '_____ cookie'.
운을 점치는 방식 중 하나가 중국의 '포춘 쿠키'다.

❸ In 21th century, called information age, the importance of protecting
_____ information is emphasized.
정보화 시대라 불리는 21세기에, 개인 정보 보호의 중요성이 강조되고 있다.

❹ The _____ labor market means that laborers cannot pursue
the stability of work.
유연적인 노동 시장은 노동자들이 직업의 안정성을 추구할 수 없다는 것을 의미한다.

❺ A large _____ of Korean education is focused on ranking
students based on their grades.
한국 교육의 대부분은 학생들을 점수에 따라 등수를 매기는 것에 초점을 둔다.

Answer ❶ peninsula ❷ fortune ❸ personal ❹ flexible ❺ portion

DAY 49

The simple act of paying attention
can take you a long way.
- *Keanu Reeves*

단순히 집중하는 그 행동이
당신을 성공으로 이끌 수 있다.
– 키아누 리브스

공부할 때 집중하는 것만큼 중요한 것은 없습니다. 스마트폰을 멀리 하고, 컴퓨터를 끄고, 지금 이 순간 오로지 단어 암기에만 집중합시다.

>>> DAY 49 음성 강의

analogy
[ənǽlədʒi, 어낼러지]
명 유사, 유추, 비유

I used the analogy of the family to explain the role of the state.
나는 국가의 역할을 설명하기 위해서 가족의 비유를 사용했다.

locate
[lóukeit, 로우케이트]
동 위치를 정하다, 찾아내다

It is impossible to locate your lost phone.
당신의 잃어버린 휴대폰을 찾는 것은 불가능합니다.

emotional
[imóuʃənəl, 이모우셔널]
형 정서의, 감정의

Stop being so emotional and do your job.
감정을 추스르고 네가 할 일을 해.

lag [læg, 래그]
동 처지다, 뒤떨어지다

That blue car is lagging behind the others.
저 파란 자동차는 다른 차들보다 뒤떨어진다.

rectangle
[réktæŋgl, 렉탱글]
명 직사각형

Their swimming pool is in the shape of a rectangle.
그들의 수영장은 직사각형 모양이다.

breathtaking
[bréθtèikiŋ, 브레쓰테이킹]
형 (너무 아름답거나 놀라워서) 숨이 막히는

The view from the 50th floor is breathtaking.
50층에서 보는 경관은 숨이 막힐 정도로 아름답다.

stranger
[stréindʒəːr, 스트레인절-]
명 모르는 사람

Be careful not to talk to strangers.
낯선 사람과 말하지 않도록 조심해라.

overlap
[òuvərlǽp, 오우벌랩]
동 겹치다, 겹쳐지다

Some of your duties overlap Owen's.
너의 업무 중 일부는 Owen의 업무와 같아.

relevance
[réləvəns, 렐러번스]
명 관련, 적절

Your question has no relevance to the subject.
당신의 질문은 주제와 아무런 관련이 없어요.

constructive
[kənstrʌktiv, 컨스트럭티브]

형 건설적인

Take this time to give your team members some constructive criticism.

당신의 팀원들에게 건설적인 비판을 하는 시간을 가지세요.

appreciation
[əpriːʃiéiʃən, 어프리-시에이션]

명 감사, 감상, 이해

I brought you some flowers to show my appreciation.

저의 감사를 표현하기 위해서 꽃을 준비했습니다.

individuality
[ìndəvìdʒuǽləti, 인디비쥬앨러티]

명 개성, 특성

Our company ensures that employee individuality is respected.

우리 회사는 직원들의 개성이 존중받는 것을 보장해요.

suitable [súːtəbəl, 수-터블]

형 적합한, 적절한

'Buddy' seems like a suitable name for a pet dog.

'Buddy'는 애완견의 이름으로 적합한 것 같다.

chore [tʃɔːr, 쵸-얼]

명 잡일

Brad does all of the household chores.

집안일은 Brad가 다 한다.

dense [dens, 덴스]

형 밀집한, (인구가) 조밀한

We couldn't see anything through the dense forest.

빽빽한 숲 사이로 아무것도 보이지 않았다.

equal [iːkwəl, 이-퀄]

형 같은, 동등한

All the members have an equal share in the profits.

모든 회원들은 이익에서 동등한 몫을 가진다.

emergency
[imɔ́ːrdʒənsi, 이멀-전시]

명 비상(사태)

Call this number in emergency.

응급상황에는 이 번호로 전화하세요.

antique [æntíːk, 앤티-크]

형 골동품의, 고대의

My grandmother bought an antique chair.

나의 할머니께서는 골동품 의자를 구입하셨다.

enormous
[inɔ́ːrməs, 이놀-머스]

형 거대한, 막대한

The candy shop was enormous.

사탕가게는 엄청나게 컸다.

stiffen [stífən, 스티픈]

동 뻣뻣하게 하다

His back stiffened at the sound of his father's voice.

아버지의 목소리가 들리자 그의 등은 뻣뻣하게 굳었다.

loan [loun, 로운]
명 대부, 대여

Annie got a loan from the bank.
Annie는 은행으로부터 대출을 받았다.

retreat [ritríːt, 리트릿]
명 퇴각, 퇴거
동 후퇴/철수/퇴각하다

The troops retreated under the general's order.
부대들은 장군의 명령하에 퇴각했다.

emit [imít, 이밋]
동 (빛·열·냄새·소리를) 발하다, 방출하다

The lights emit an odd smell.
불들이 이상한 냄새를 발한다.

conventional
[kənvénʃənəl, 컨벤셔널]
형 전통적인, 관습적인

Conventional methods won't bring us the change we need.
관습적인 방법들은 우리에게 필요한 변화를 주지 못할 것이다.

distract [distrǽkt, 디스트랙트]
동 (주의를) 산만하게 하다

The cartoon distracted his daughter from her homework.
그 만화가 그의 딸이 숙제에 집중하지 못하게 했다.

discern [disɔ́ːrn, 디썬—]
동 분별하다, 식별하다

Sometimes it is difficult to discern between good and bad.
어떤 때는 옳고 그름을 분별하는 것이 어렵다.

distribution
[distrəbjúːʃən, 디스트러뷰—션]
명 분배, 배분

They did a study on the distribution of wealth.
그들은 부의 분배에 대한 연구를 했다.

blunder [blʌ́ndər, 블런덜]
명 큰 실수

That kind of blunder will get you fired.
그런 실수는 너를 해고당하게 할 것이다.

commonality
[kàmənǽləti, 카머낼러티]
명 공통성, 보통, 평범, 일반 시민

The two strategies share important commonalities.
두 전략에는 중요한 공통점이 있다.

miserable
[mízərəbl, 미저러블]
형 불쌍한, 비참한

Beth was miserable after she moved far away from her family.
Beth는 그녀의 가족으로부터 멀리 이사를 간 후 불행했다.

matter [mǽtər, 매털−]
명 일, 문제, 물체
동 중요하다

It doesn't matter whether you called or not.
네가 전화를 했든 안 했든 그것은 중요하지 않다.

due [du:, 듀−]
형 ~때문에, ~하기로 되어 있는, 마땅한, 적당한

Most of the problems were due carelessness.
대부분의 문제들이 부주의로 인해 일어났다.

tease [ti:z, 티−즈]
동 괴롭히다

I used to get teased about my name.
나는 이름 때문에 놀림을 받고는 했다.

predator [prédətər, 프레더털]
명 포식자, 포식 동물, 약탈자

The wildlife documentary was about the desert's predators.
야생 다큐멘터리는 사막의 포식자들에 대한 것이었다.

identical
[aidéntikəl, 아이덴티컬]
형 동일한, 똑같은

Kelly and Kate are identical twins.
Kelly와 Kate는 일란성 쌍둥이다.

compensate
[kámpənsèit, 캄펀세이트]
동 보상하다

Nothing you do can compensate for my loss.
당신이 주는 어떤 것도 제 손해를 보상할 수는 없어요.

segment
[ségmənt, 세그먼트]
명 단편, 조각, 부분

This segment of the play was arranged by David.
연극의 이 부분은 David가 각색했습니다.

equation
[ɪkwéɪʒn, 이퀘이젼]
명 같게 함, 방정식

The equation was easy to solve.
방정식은 풀기 쉬웠다.

negotiation
[nigòuʃiéiʃən, 니고우시에이션]
명 협상, 교섭

Negotiation has reached their final stage.
협상은 최종 단계에 도달했다.

endurance
[indjúərəns, 인듀어런스]
명 인내, 지구력

You need regular training to maintain endurance.
지구력을 유지하기 위해서는 정기적인 훈련이 필요하다.

다음 문장들을 읽고 우리말 의미에 맞게 빈칸을 채우세요.

| loan | distribution | miserable | emotionally | appreciation |

❶ You tend to act _____ when you meet your ex-boyfriend.
너는 너의 전 남자친구를 만나면 감정적으로 대처하는 경우가 있다.

❷ I expressed my _____ for my teachers after I entered in the university.
나는 대학에 들어간 이후에 나의 선생님에 대한 감사함을 표현했다.

❸ Since the problem of _____ in the capitalist system is serious, there have been many ways to solve it such as welfare system.
자본주의 체제에서 분배의 문제가 심각해지자, 이 문제를 해결하기 위해 복지 체제 같은 많은 방법이 있어왔다.

❹ What a _____ starving girl she is!
이 얼마나 비참하고 굶주리고 있는 소녀인가!

❺ If you are burdened to pay back a _____ because of being fired, you can extend the term of it for one time.
만약 네가 해고당해 대출을 갚는 게 부담스러우면, 너는 대출 기간을 딱 한 번 연장할 수 있다.

Answer ❶ emotionally ❷ appreciation ❸ distribution ❹ miserable ❺ loan

DAY 50

The way I see it, if you want the rainbow,
you've got to put up with the rain.
- *Dolly Parton*

제가 보기에, 무지개를 보고 싶다면
당신은 비를 견뎌내야 합니다.
– 돌리 파튼

무지개가 뜨기 위해서는 비가 와야 합니다. 목표를 이루기까지 힘든 순간이 있을 수 있습니다. 하지만 조금만 힘을 내면 무지개를 볼 수 있어요. 오늘도 힘냅시다!

>>> DAY 50 음성 강의

stretch
[stretʃ, 스트레치]
동 뻗치다, 늘이다

Stretch regularly to stay fit.
건강을 유지하기 위해 정기적으로 스트레칭을 해라.

destined
[destınd, 데스틴드]
형 ~할 운명인

He believed that he was destined to become a dancer.
그는 자신이 댄서가 될 운명이라고 믿었다.

alternate
[ɔ́:ltərnèit, 얼-털네이트]
형 대체의, 교대의
동 번갈아 일어나다, 교체하다

We alternated between the two methods.
우리는 두 방식을 교체하면서 사용했습니다.

solve [saːlv, 살-브]
동 해결하다

I will give an A$^+$ to the person who solves this question.
이 문제를 푸는 사람에게 A$^+$를 주겠습니다.

arrange
[əréindʒ, 어레인지]
동 배열하다, 정리하다, 마련하다

The desks were arranged so that no one could cheat.
컨닝을 하지 못하게끔 책상들이 배열되어 있었다.

device [diváis, 디바이스]
명 장치, 설비

The office installed new security devices.
사무실에 새로운 보안 장치들을 설치했다.

split [split, 스플릿]
동 쪼개다

We split the cookie into two.
우리는 쿠키를 두 조각으로 나눴다.

arms [aːrmz, 앎-즈]
명 무기, 병기

Police officers in this country do not usually carry arms.
이 나라의 경찰관들은 보통 무기를 들고 다니지 않는다.

sow [sou, 소우]
동 (씨를) 뿌리다

The farmer is sowing the seeds in rows.
농부들이 줄을 지어 씨를 뿌리고 있다.

session [séʃən, 세션]
명 시간(기간), 개회중, 학기, 학년, 수업(시간)

This class will consist of 9 sessions.
이 강의는 9번의 수업으로 구성될 것입니다.

construction
[kənstrʌ́kʃən, 컨스트럭션]

명 건설, 건축

The building next to my workplace is under construction.
내 일터 옆 건물은 공사중이다.

disaster
[dizǽstər, 디재스털]

명 재해, 재난, 참사

The news reported the disaster caused by Hurricane Katrina.
뉴스는 허리케인 카트리나가 일으킨 재해에 대해 보도했다.

profound
[prəfáund, 프러파운드]

형 뜻 깊은, 심오한·

The teenage boy changed after reading the profound book.
십대 소년은 심오한 책을 읽은 후 변했다.

strip
[strip, 스트립]

동 벗기다, 까다

The workers stripped the carpet from the floor.
일꾼들이 바닥에서 카펫을 벗겼다.

devastate
[dévəstèit, 데버스테이트]

동 황폐화시키다, 좌절시키다

The region was devastated by a huge earthquake.
그 지역은 큰 지진으로 황폐화되었다.

theory
[θíːəri, 씨—어리]

명 이론

The theory of relativity holds that nothing can travel faster than light.
상대성 이론에 따르면 빛보다 더 빨리 이동할 수 있는 것은 없다.

ceremony
[sérəmòuni, 세러모우니]

명 식, 의식

Mia's wedding ceremony will be in the spring.
Mia의 결혼식은 봄에 있을 것이다.

myth [miθ, 미쓰]

명 신화, 전설

It is unclear how this myth started.
이 신화가 어떻게 시작되었는지 분명치 않다.

edge [edʒ, 엣지]

명 끝, 가장자리, 모서리

The car is hanging off the edge of the cliff.
자동차가 낭떠러지 끝에 매달려 있다.

offspring
[ɔ́ːfspriŋ, 어—프스프링]

명 자식, 자녀

Parents pass on their DNA to their offspring.
부모들은 그들의 자손에게 DNA를 전달한다.

conviction

[kənvíkʃən, 컨빅션]

명 신념, 확신

Lily said, "You are wrong!" with conviction.
Lily는 확신에 차서 "너는 틀렸어!"라고 말했다.

rigid [rídʒid, 리지드]

형 엄격한

The rules of this dormitory are rigid.
이 기숙사의 규율은 엄격하다.

phenomenon

[finámənàn, 피나머난]

명 현상

People taking 'selfies' is an interesting phenomenon.
사람들이 '셀피'를 찍는 것은 흥미로운 현상이다.

scratch [skrætʃ, 스크랫취]

동 할퀴다, 긁다

My cat scratched my face.
내 고양이가 나의 얼굴을 할퀴었다.

extension [iksténʃən, 익스텐션]

명 확장, 연장, 증축

These two buildings are extensions to the hospital.
이 두 건물은 병원의 증축 건물들입니다.

enthusiasm

[enθú:ziæzm, 엔쑤−지애즘]

명 열정

Danielle's enthusiasm for learning was amazing.
Danielle의 배움에 대한 열정은 대단했다.

overvalue

[òuvərvǽljuː, 오우벌밸류−]

동 과대평가하다

So many material goods these days are overvalued.
오늘날 너무나 많은 재화들이 과대평가되고 있다.

mature [mature, 머츄얼]

형 어른스러운, 숙성된 동 성숙하다

Tony slowly became more mature as he grew older.
Tony는 나이가 들면서 천천히 성숙해졌다.

intriguing

[intrí:giŋ, 인트리−깅]

형 아주 흥미로운

Vincent Van Gogh's life was very intriguing.
빈센트 반 고흐의 인생은 매우 흥미로웠다.

deterioration

[ditiəriəréiʃən, 디티어리어레이션]

명 악화, 하락, 저하

It is a mystery to this day what brought the deterioration of his health.
무엇이 그의 건강을 악화시켰는지 오늘날까지도 모른다.

312

ventilate
[véntəlèit, 벤털레이트]
통 환기하다

Joseph opened all of the windows to ventilate the room.
Joseph은 방을 환기시키기 위해서 모든 창문들을 열었다.

be occupied with
~에 사로잡히다

The baby is occupied with the colorful balloons.
아이는 색색의 풍선들에 사로잡혔다.

nourishment
[nɔ́:riʃmənt, 너-리쉬먼트]
명 자양분, 영양분

Every living organism requires nourishment.
모든 살아있는 생물체는 영양분을 필요로 한다.

martial [má:rʃəl, 말-셜]
형 전쟁의, 군사의

He has been training in martial arts for ten years.
그는 10년간 무술을 훈련해왔다.

illusion [ilú:ʒən, 일루-젼]
명 환영, 착각

Some people claim that social mobility is an illusion.
어떤 사람들은 사회적 유동성이 환영이라고 말한다.

distortion
[distɔ́:rʃən, 디스톨-션]
명 일그러뜨림, 왜곡

The media's distortion of information is a problem.
언론의 정보왜곡은 문제다.

perceive
[pərsí:v, 펄시-브]
통 인식하다, 이해하다

His coworkers perceive him as an extrovert.
그의 동료들은 그를 외향적인 사람으로 인식한다.

multitasking
[mʌltitǽskiŋ, 멀티태스킹]
명 다중작업

Nobody is perfect at multitasking.
아무도 다중작업을 완벽하게 하지 못한다.

accumulation
[əkjù:mjuléiʃən, 어큐-뮬레이션]
명 축적, 누적

Working long periods of time can cause the accumulation of stress.
오랜 시간 동안 일하는 것은 스트레스 누적의 원인이 될 수 있다.

justify
[dʒʌ́stəfài, 져스터파이]
통 옳음을 보여주다, 정당화하다

I can't believe you are trying to justify your actions.
네가 너의 행동들을 정당화하려고 하다니 믿을 수 없어.

다음 문장들을 읽고 우리말 의미에 맞게 빈칸을 채우세요.

myth	scratch	solve	intriguing	rigid

❶ When I was young, I hated studying math because it was hard for me to
_____ math problems.
내가 어렸을 때 나는 수학 문제를 푸는 게 어려워서 수학 공부를 싫어했다.

❷ Each country has its own the birth _____ of a nation.
각각의 국가들은 그들만의 건국 신화를 가지고 있다.

❸ In North Korea, people are controlled by a _____ law.
북한에서는 사람들이 엄격한 법에 의해 통제받는다.

❹ My cat tends to _____ people who are not acquainted to her.
내 고양이는 익숙하지 않은 사람을 할퀴는 경향이 있다.

❺ Playing with clay can be _____ for children who are in the
process of development.
진흙놀이는 발달 단계에 있는 어린이에게 흥미를 줄 수 있다.

Answer ❶ solve ❷ myth ❸ rigid ❹ scratch ❺ intriguing

DAY 51

Twenty years from now you will
be more disappointed by the things that
you didn't do than by the ones you did do.
- Mark Twain

20년 후에는 당신이 한 일보다
하지 않았던 일에 대한 실망감이 더 클 것이다.
– 마크 트웨인

20년 후 여러분의 모습을 생각해 본 적이 있나요? 마크 트웨인의 말처럼 지금 한 일보다 하지 않은 일에 대한 후회가 클 것입니다. 20년 후에 후회하지 않을 만한 결정들을 내리기 바랍니다.

>>> DAY 51 음성 강의

spectrum
[spéktrəm, 스펙트럼]
명 범위

Today we are going to hear views from across the political spectrum.
오늘 우리는 정치 영역 전반에 걸쳐 의견들을 들을 것이다.

relieve
[rilíːv, 릴리ー브]
통 없애주다, 완화시키다

Focus on the present to relax your mind and relieve stress.
마음을 편안하게 하고 스트레스를 경감시키기 위해 현재에 집중하라.

complexity
[kəmpléksəti, 컴플렉서티]
명 복잡성

The complexity of the problem makes it difficult to solve.
문제의 복잡성이 문제를 풀기 어렵게 만든다.

infant [ínfənt, 인펀트]
명 유아

The infant smiled at her grandmother.
아기는 그녀의 할머니를 보고 웃었다.

modality
[moudǽləti, 모우댈러티]
명 양식, 양상

Researchers are looking for a different modality of treatment for the disease.
연구원은 그 질병에 대한 다른 치료 양식을 찾고 있다.

practical [prǽktikəl, 프랙티컬]
형 실제의, 실용적인

I want a practical gift for my birthday.
나는 실용적인 생일 선물을 원한다.

element [éləmənt, 엘러먼트]
명 요소, 성분

A negative element of this program is its high labor costs.
이 프로그램의 부정적인 요소는 인건비가 비싸다는 데 있다.

industry [índəstri, 인더스트리]
명 공업, 산업

Tyler works in the music industry.
Tyler는 음악 산업에 종사한다.

calm [kɑːm, 캄ー]
형 침착한 통 진정시키다, 달래다

The trainer tried to calm the angry kangaroo.
사육사는 화가 난 캥거루를 진정시키려고 노력했다.

creature [kríːtʃər, 크ー리철]
명 생명이 있는 존재, 생물

Owls are nocturnal creatures which have powerful claws.
부엉이는 야행성 동물로 강력한 발톱을 가졌다.

peasant [pézənt, 페전트]
図 농부, 소작농

The prince had no interest toward the peasant.
왕자는 농부들에 대한 관심이 없었다.

breath [breθ, 브레쓰]
図 숨, 호흡

She was out of breath when she arrived.
그녀가 도착했을 땐 숨이 차 있었다.

oxygen
[áksidʒən, 악시젼]
図 산소

Trees make the oxygen we breathe.
나무들은 우리가 들이쉬는 산소를 만든다.

unique
[juːníːk, 유—니—크]
형 유일무이한, 특이한

The fashion designer has a unique sense of style.
그 패션 디자이너는 유일무이한 스타일 감각을 지니고 있다.

commerce
[kámərs, 카멀스]
図 상업

Banks are the nerves of commerce.
은행은 상업 활동의 근간이다.

solitary
[sálitèri, 살리터리]
형 고독한

He was a solitary man who spent his time reading novels and drinking coffee.
그는 소설책을 읽고 커피를 마시는 고독한 남자였다.

adapt
[ədǽpt, 어댑트]
통 맞추다, 적응하다, 각색하다

Humans are good at adapting to new environments.
인간들은 새로운 환경에 적응을 잘한다.

budget [bádʒit, 버짓]
図 예산

We're already short on budget.
벌써부터 예산이 부족해요.

thorough
[θɔ́ːrou, 써—로우]
형 철저한

Sam has thorough knowledge about international relations.
Sam은 국제관계에 대해 철저한 지식을 갖고 있다.

neutrality
[njuːtrǽləti, 뉴—트랠러티]
図 중립

Switzerland maintained its neutrality during the war.
스위스는 전쟁 동안 중립을 지켰다.

botanical [bətǽnikəl, 버태니컬]
형 식물학의

We took the children to a botanical garden in the neighborhood.
우리는 아이들을 동네에 있는 식물원으로 데려갔다.

cognitive [kágnətiv, 카그너티브]
형 인식의, 인지적인

This is a puzzle that will test your cognitive skills.
이것은 당신의 인지력을 시험할 퍼즐입니다.

registration
[rèdʒəstréiʃən, 레지스트레이션]
명 등록, 가입

Registration forms are due next week.
가입 신청서는 다음 주까지 제출해야 합니다.

negligence
[néɡlidʒəns, 네글리전스]
명 부주의(함), 태만

The driver's negligence led to an accident.
운전자의 태만은 사고로 이어졌다.

stale [steil, 스테일]
형 오래된, 진부한, 김빠진

I threw away the stale bread.
나는 딱딱해진 빵을 버렸다.

assumption
[əsʌ́mpʃən, 어섬션]
명 가정, 억측

The professor taught the class under the assumption that everyone knew the basics of differential equations.
교수님은 모두가 미분 방정식의 기본을 알고 있다는 전제하에 수업을 가르치셨다.

caterpillar
[kǽtərpilər, 캐털필럴]
명 애벌레

The fat caterpillar turned into a beautiful butterfly.
뚱뚱한 애벌레가 아름다운 나비가 되었다.

ultimate [ʌ́ltimət, 알티멋]
형 최후의, 궁극적인

Her ultimate career goal is to become CEO.
그녀의 궁극적인 커리어 목표는 CEO가 되는 것이다.

facilitate
[fəsílətèit, 퍼실러테이트]
동 촉진하다, 쉽게 하다

These instructions will facilitate the use of these gadgets.
이 사용방법이 이 기기들을 사용하는 것을 쉽게 할 것입니다.

extinction
[ikstíŋkʃən, 익스팅션]
명 멸종, 소멸

Polar bears are one of the many animals facing extinction.
북극곰들은 멸종을 직면하고 있는 많은 동물들 중 하나이다.

demanding
[dimǽndiŋ, 디맨딩]
형 요구가 많은, 부담이 큰, 힘든

My new job is very demanding.
나의 새로운 직업은 매우 힘들다.

infer [infə́:r, 인펄–]
동 추리하다, 뜻하다, 암시하다

You can infer that he is a perfectionist.
그가 완벽주의자라는 것을 추론할 수 있다.

proof [pru:f, 프루–프]
명 증명, 증거

There needs to be proof for a warrant.
영장을 위해서는 증거가 필요하다.

opposite [ápəzit, 아퍼지트]
형 맞은편의, 정반대의

The penpals live on opposite sides of the world.
펜팔 친구는 지구 반대편에 산다.

probe
[proub, 프로우브]
동 캐묻다, 조사하다, 탐사하다

The private detective probed into the actor's private life.
사립탐정은 배우의 사생활을 조사했다.

sorrow
[sárou, 사로우]
명 슬픔, 비애

Bruce cried with sorrow at the news of his dog's death.
Bruce는 그의 개가 죽었다는 소식을 듣고 슬프게 울었다.

abruptly
[əbrʌ́pt, 어브럽틀리]
부 갑자기, 불쑥

The song ended abruptly.
노래가 갑자기 끊겼다.

exotic
[igzátik, 이그자틱]
형 외래의, 외국산의

People go to that country for its exotic atmosphere.
사람들은 이국적인 분위기 때문에 그 나라로 간다.

contradiction
[kàntrədíkʃən, 칸트러딕션]
명 반박, 모순

There is a contradiction in what you're saying.
네가 말한 것에는 모순이 있다.

grant
[grɑːnt, 그랜–트]
명 보조금 동 주다, 승인하다

Lee's research is being funded by a government grant.
Lee의 연구는 국가 보조금을 지원받고 있다.

다음 문장들을 읽고 우리말 의미에 맞게 빈칸을 채우세요.

demanding	grants	Relieve	assumption	solitary

❶ _____ your stress or you feel it devastating.
스트레스를 완화해라. 그렇지 않으면 파괴적일 정도로 힘들 것이다.

❷ My friend visits her _____ grandmother's house everyday.
내 친구는 매일 고독하신 할머니를 뵈러 간다.

❸ They wrote some documents to receive _____ from the state.
그들은 국가로부터의 지원금을 받기 위해 몇몇 문서를 작성했다.

❹ It is a _____ task for children to learn more than three languages.
아이들에게 3가지 이상의 언어를 배우게 하는 것은 힘든 일이다.

❺ It is just an _____, because there is no proof to prove it.
증명할 증거가 없기 때문에 그것은 그저 가정일 뿐이다.

Answer ❶ Relieve ❷ solitary ❸ grants ❹ demanding ❺ assumption

DAY 52

Until you're ready to look foolish,
you'll never have the possibility of being great.
- Cher

당신이 바보처럼 보일 준비가 되어 있지 않다면
위대해질 가능성은 없다.

– 셰어

가끔은 바보처럼 보일 정도로 공부해야 위대해질 수 있습니다. 다른 사람들의 시선을 신경쓰지 말고 해야 할 일을 묵묵히 해나가는 여러분이 되기를 바랍니다.

>>> DAY 52 음성 강의

worthless
[wɔ́:rəlis, 월-쓰리스]
형 가치 없는

Garbage is not as worthless as you may think it is.
쓰레기는 당신이 생각하는 만큼 가치 없는 것이 아니다.

outstanding
[àutstǽndiŋ, 아웃스탠딩]
형 눈에 띄는, 현저한

The student's English literature paper was outstanding.
그 학생의 영문학 과제는 눈에 띄게 잘 쓰였다.

creep [kri:p, 크립-]
동 기다, 살금살금 움직이다, 타고 오르다

I crept up the stairs, trying not to wake my parents.
나는 부모님이 깨시지 않도록 계단을 살금살금 기어서 올라갔다.

incentive
[inséntiv, 인센티브]
명 격려, 자극, 장려금

It is not always the case that people respond to financial incentives.
사람들이 늘 경제적 인센티브에 반응하는 것은 아니다.

vend [vend, 벤드]
동 팔다, 자동판매기로 팔다

There is a vending machine on the fourth floor.
4층에 자동판매기가 있다.

length [leŋθ, 렝쓰]
명 길이, 장단

The length of the rod is around three meters.
장대의 길이는 약 3m다.

rural [rúrəl, 루럴]
형 시골의, 지방의

Barbara grew up in a rural neighborhood.
Barbara는 시골 동네에서 자랐다.

urgent
[ɔ́:rdʒənt, 얼-전트]
형 긴급한, 절박한

This is an urgent matter; call 911.
긴급한 상황입니다. 911에 전화하세요.

ancestor
[ǽnsestər, 앤세스털]
명 선조, 조상

They bowed to respect their ancestors.
그들은 조상에 대한 예의를 차리기 위해서 절했다.

stimulate
[stímjəlèit, 스티뮬레이트]
동 자극하다

The scientists shook the cells to stimulate them.
과학자들은 세포들을 자극하기 위해서 그것들을 흔들었다.

adequate
[ǽdikwət, 애디큇]
형 적당한, 충분한

They do not yet have an income adequate to raise a child.
그들에겐 아직 아이를 기를 만한 적당한 수입이 없다.

division [divíʒən, 디비전]
명 분할, 분배

The division of labor is efficient.
노동의 분할은 능률적이다.

incur [inkə́ːr, 인컬-]
동 초래하다

This upgrade will incur five more dollars monthly.
이 업그레이드는 매달 5달러를 더 초래할 것입니다.

tolerate
[tálərèit, 탈러레이트]
동 참다, 견디다

I can no longer tolerate the footsteps coming from the upper floor.
나는 더이상 위층에서 들리는 발소리를 참을 수 없다.

nature
[néitʃər, 네이쳐]
명 천성, 본래의 모습

It is human nature to want to make friends.
친구를 사귀고자 하는 것은 인간의 천성이다.

infect
[infékt, 인펙트]
동 감염시키다

The bacteria spread and infected hundreds of people.
박테리아가 퍼져 수백 명을 감염시켰다.

assignment
[əsáinmənt, 어사인먼트]
명 할당, 연구 과제, 숙제

Today's assignment is to write about the U.S. civil war.
오늘의 과제는 미국 남북전쟁에 대해서 글을 써오는 것이다.

qualify
[kwάləfài, 퀄러파이]
동 자격을 주다, 한정하다

This certificate will qualify you to be a barista.
이 증명서는 당신이 바리스타를 할 자격을 줍니다.

pace
[peis, 페이스]
명 걸음걸이, 걷는 속도

My friends have fast walking paces.
나의 친구들은 걸음걸이가 빠르다.

mind
[maind, 마인드]
명 마음, 정신 동 신경 쓰다, 싫어하다

Do you mind if I sit down here?
내가 여기에 앉는다면 신경 쓰이니?

scent [sent, 센트]
명 냄새, 향기

Marla loves the scent of roses.
Marla는 장미향을 아주 좋아한다.

eliminate
[ilímənèit, 일리머네이트]
통 제거하다, 배제하다

Credit cards have eliminated the need to carry around cash.
신용카드 때문에 현금을 가지고 다닐 필요가 없다.

derive [diráiv, 디라이브]
통 끌어내다, 얻다, ~에서 비롯되다

He did not derive profit from the business.
그는 그 사업에서 이익을 얻지 못했다.

rite [rait, 라이트]
명 의례, 의식

Swimming across the river is a rite of passage here.
강을 수영해서 건너는 것이 이곳의 통과의례다.

remarkable
[rimá:rkəbəl, 리말-커블]
형 놀라운, 주목할 만한

Some birds have remarkable singing skills.
어떤 새들은 뛰어난 노래 실력을 가지고 있다.

deadly [dédli, 데들리]
형 죽음의, 치명적인

She was found carrying a deadly weapon.
그녀는 흉기를 들고 다니다 적발되었다.

sincere
[sinsíə:r, 신시얼-]
형 성실한, 진실한

Noah gave me a sincere apology.
Noah는 나에게 진실한 사과를 했다.

emission
[imíʃən, 이미션]
명 (빛·열·향기) 발산, 방출

The emission of carbon dioxide into the atmosphere is causing serious damage to the environment.
대기로 배출되는 이산화탄소는 환경에 심각한 피해를 끼치고 있다.

territory
[térətɔ̀:ri, 테러토-리]
명 지역, 영토, 영역

This land is another tribe's territory.
이 땅은 다른 부족의 영토다.

inadequately
[ɪnǽdəkwətli, 인애더쿼틀리]
부 부적절하게, 불충분하게

They are inadequately prepared for natural disasters.
그들은 자연재해에 대해서 준비가 불충분하다.

ongoing [ángòuiŋ, 안고잉]
형 진행중인

There are ongoing negotiations about relocating the firm.
회사를 이동하는 것에 대해 진행중인 협상이 있다.

congestion
[kəndʒéstʃən, 컨제스쳔]
명 혼잡, 붐빔

Traffic congestion kept me from getting to school early.
교통 혼잡 때문에 학교에 일찍 가지 못했다.

promotion
[prəmóuʃən, 프러모우션]
명 승진, 진급

Chris finally got the promotion he wanted.
Chris는 드디어 원하던 승진을 했다.

natal [néitl, 네이틀]
형 출생의

The baby suffered from a natal injury.
그 아기는 태어날 때 생긴 상처로 고통받았다.

rip [rip, 립]
동 쪼개다, 째다, 찢다

I ripped the contract into two.
나는 그 계약을 두 동강 냈다.

architecture
[ɑ́ːrkətèktʃər, 알-커텍쳐]
명 건축, 건축양식

The architecture of this building is amazing.
이 건물의 건축 양식은 놀랍다.

suppress
[səprés, 서프레스]
동 억압하다, 억누르다

He is used to suppressing his feelings.
그는 자신의 감정을 억압하는 것에 익숙해져 있다.

approximate
[əpráksəmèit, 어프락서메이트]
형 가까운, 근접한 동 가까워지다

The total cost will approximate $13 million.
총 비용은 1,300만 달러 가까이 될 것이다.

dissent [disént, 디센트]
명 반대, 불찬성

Dissent from the norm is not always a bad thing.
규범에 대한 반대가 늘 나쁜 것만은 아니다.

eternal
[itə́ːrnəl, 이털-널]
형 영원한, 끊임없는

Some people are obsessed with the notion of eternal life.
어떤 사람들은 영생이라는 개념에 대해서 집착한다.

다음 문장들을 읽고 우리말 의미에 맞게 빈칸을 채우세요.

urgent	derived	outstanding	worthless	territories

❶ Festival of Lights is _____ from the tradition of Lyon.
빛축제는 리옹의 전통으로부터 유래됐다.

❷ In the past, there were many wars to protect their _____.
과거에 그들의 영토를 지키기 위한 많은 전쟁이 있었다.

❸ It seems _____ in terms of economy, but it keeps its own integrity.
경제적 관점에서는 가치가 없어 보이지만, 이것은 그것의 고결성을 간직하고 있다.

❹ His achievement is _____ in the field of robots science.
로봇 과학 분야에서 그의 성취는 눈에 띈다.

❺ She called me more than 10 times, because she was on an _____ business.
그녀에게 긴급한 용무가 있어, 그녀는 내게 10번도 넘게 전화했다.

Answer ❶ derived ❷ territories ❸ worthless ❹ outstanding ❺ urgent

DAY 53

Whatever the mind of man can conceive and believe,
it can achieve.
- Napoleon Hill

인간이 무엇이든 상상하고 믿는다면,
그 일은 이룰 수 있다.
– 나폴레온 힐

60일까지 끝낼 수 있다고 상상하고 믿는다면 충분히 이룰 수 있습니다! 물론 노력이
함께 동반되어야 하겠죠. 그럼 53강을 시작할까요?

>>> DAY 53 음성 강의

supervise

[súːpərvàiz, 수-펄바이즈]

동 관리하다, 감독하다

The director supervised our work.
감독관은 우리의 작업을 관리했다.

loyal [lɔ́iəl, 로열]

형 충성스러운

Janet is loyal to the company she works for.
Janet은 그녀가 일하는 회사에 충성스럽다.

multiple

[mʌ́ltəpəl, 멀티플]

형 다양한, 복잡한

I made multiple of the document just in case.
나는 만약의 경우를 대비해 서류를 여러 장 복사했다.

qualified

[kwáləfàid, 콸러파이드]

형 자격 있는, 적임의

They decided Ryan wasn't qualified for the job.
그들은 Ryan이 그 직업을 가질 자격이 없다고 판단했다.

confirmation

[kànfərméiʃən, 컨퍼메이션]

명 확정, 확인

A confirmation letter was sent to me by the school.
학교로부터 확인서가 왔다.

former

[fɔ́ːrməːr, 폴-멀-]

형 과거의, 전자의, 전임의

He met his wife at his former job.
그는 그의 아내를 이전의 직장에서 만났다.

calculation

[kælkjəléiʃən, 캘큘레이션]

명 계산

The calculations are too complicated to make.
계산을 하기에는 너무 복잡하다.

dawn [dɔːn, 도운-]

명 새벽, 동틀 녘

The alarm woke Katie up at dawn.
알람시계는 Katie를 새벽에 깨웠다.

figure [figjər, 피결]

명 숫자, 모양, 인물

Recent unemployment figures have risen.
최근 실업의 수치가 늘었다.

The statue is in the figure of a dog.
동상은 개의 모양이었다.

She is a central figure in this story.
그녀는 이 이야기에서 중심적인 인물이다.

accountable
[əkáuntəbəl, 어카운터블]
형 책임 있는

Parents must be accountable for their children.
부모들은 자녀들에 대해서 책임을 가져야 한다.

conception
[kənsépʃən, 컨셉션]
명 개념

Our conception of how language relates to reality is limited.
언어가 현실에 어떻게 부합하는지에 대한 우리의 개념은 제한적이다.

destruction
[distrʌkʃən, 디스트럭션]
명 파괴, 분쇄

The fire caused the total destruction of the forest.
화재로 인해 숲이 전소되었다.

principle [prínsəpəl, 프린서펄]
명 원리, 원칙

I agree with you in principle.
원칙적으로는 나도 네 말에 동의해.

entire [intáiər, 인타이얼]
형 전체의

She slept through the entire class.
그녀는 수업 내내 잤다.

imprint [imprínt, 임프린트]
명 날인, 자국, 흔적

The memories of that day are imprinted in my mind.
그 날의 기억들은 내 마음에 각인을 남겼다.

height [hait, 하이트]
명 높음, 높이, 최고조

The model's height is 186cm.
모델의 키는 186cm다.

temperate
[témpərit, 템퍼리트]
형 (기후·계절이) 온화한

The weather this time of year is temperate.
이 시기의 날씨는 온화하다.

pursue [pərsú:, 펄수—]
동 뒤쫓다, 추구하다

In the end, everyone is pursuing happiness.
결국 모두는 행복을 추구하고 있다.

string [striŋ, 스팅]
명 끈, 줄

The pictures were hanging from a long string.
사진들은 긴 끈에 매달려 있었다.

estimate
[éstəmit, 에스터미트]
명 평가, 견적 동 추정(추산)하다

I can give you a rough estimate of how much this would cost.
이것의 가격에 대한 대략적인 견적을 드릴 수 있어요.

excessive [iksésiv, 익세시브]
형 과도한, 과대한, 과다한

It is unhealthy to eat an excessive amount of food.
과도한 양의 음식을 먹는 것은 건강에 나쁘다.

friction [fríkʃən, 프릭션]
명 마찰

The campers learned how to make a fire by friction.
야영객들은 마찰로 불을 피우는 방법을 배웠다.

elastic [ilǽstik, 일래스틱]
형 탄력 있는

I tied my hair with an elastic rubber band.
나는 내 머리카락을 탄력성이 있는 고무줄로 묶었다.

respect
[rispékt, 리스펙트]
명 존경, 측면 동 존경하다, 준수하다

We are very lucky in this respect.
이런 점에 있어서 우리는 아주 운이 좋다.

extraordinary
[ikstrɔ́ːrdənèri, 익스트러–올디네리]
형 대단한, 비범한

The archaeologists made an extraordinary discovery.
고고학자들이 대단한 것을 발견했다.

content [kántent, 칸텐트]
명 내용(물), 함유량 형 만족하는

The contents of her purse were on the table.
그녀의 지갑 안에 있던 물건들이 테이블 위에 있었다.

invaluable
[invǽljuəbəl, 인밸류어블]
형 매우 귀중한

Sandy the spy is an invaluable source of information.
스파이인 Sandy는 매우 중요한 정보원이다.

aspiration
[æ̀spəréiʃən, 애스퍼레이션]
명 열망, 포부

Caspar has always had aspirations to become CEO.
Caspar는 CEO가 되고자 하는 열망이 늘 있었다.

conduction
[kəndʌ́kʃən, 컨덕션]
명 전도

Heat conduction is the movement of heat from one solid to another.
열전도는 한 고체에서 다른 고체로 열이 이동하는 현상이다.

intervene
[intərvíːn, 인털빈–]
동 개입하다

The police had to intervene to restore order.
질서를 회복하기 위해서 경찰이 개입해야 했다.

aggressive
[əgrésiv, 어그레시브]
형 공격적인, 호전적인

These animals can be aggressive at times.
이 동물들은 가끔씩 공격적이기도 합니다.

swallow [swáːlou, 스왈-로우]
동 삼키다

The big pills were difficult to swallow.
큰 알약들은 삼키기 어려웠다.

deceptive
[diséptiv, 디셉티브]
형 기만적인, 사기의

Don't believe that deceptive advertisement.
그 기만적인 광고를 믿지 마라.

blunt [blʌnt, 블런트]
형 무딘, 퉁명스러운

This pencil is too blunt.
이 연필은 너무 뭉툭하다.

identification
[aidèntəfikéiʃən, 아이덴터피케이션]
명 신원 확인

You can use your passport for identification.
신원확인을 위해서 여권을 사용해도 됩니다.

mandatory
[mǽndətɔ̀ːri, 맨더토-리]
형 명령의, 의무적인

This course is mandatory for all students in this university.
이 수업은 이 대학교의 모든 학생들에게 의무적이다.

impractical
[imprǽktikəl, 임프랙티컬]
형 비실용적인

Connor's new jacket is so impractical.
Connor의 새로운 자켓은 너무 비실용적이다.

fraction
[frǽkʃən, 프랙션]
명 파편, 소량

A small fraction of the population voted against the proposed law.
일부의 사람들은 제안된 법에 반대투표를 했다.

deserve [dizə́ːrv, 디절-브]
동 ~을 받을 만하다, ~(당)해야 마땅하다

You deserve this promotion.
너는 승진할 자격이 있다.

instrument
[ínstrəmənt, 인스트러먼트]
명 악기, 기구, 도구

I want to learn how to play a new instrument.
나는 새로운 악기를 배우고 싶다.

다음 문장들을 읽고 우리말 의미에 맞게 빈칸을 채우세요.

conceptions	instrument	impractical	multiple	deserve

❶ It is hard to decide where to go among _____ restaurants.
여러 개의 식당 중 어디를 가야 할지 결정하는 것은 어렵다.

❷ When parents teach their children a language, it is important to explain abstract _____ accurately.
부모가 아이에게 언어를 가르칠 때, 추상적인 개념을 정확히 설명하는 것은 중요하다.

❸ It is an _____ decision to take a bus to go 200m.
200m를 가기 위해 버스를 타는 것은 비실용적인 결정이다.

❹ You _____ the first prize, since you have done your best.
너는 그동안 최선을 다했기에, 1등을 할 만해.

❺ My drunken sister broke my precious _____, violin.
술에 취한 언니가 나의 소중한 악기인 바이올린을 부쉈다.

DAY 54

Whatever you can do, or dream you can, begin it.
Boldness has genius, power and magic in it.
- Johann Wolfgang von Goethe

당신이 무엇을 할 수 있거나, 할 수 있을 것이라는
꿈을 꾸고 있다면 그 일을 시작하라.
대담함 속에는 천재성과 힘, 그리고 마법이 있다.
– 요한 볼프강 폰 괴테

용기를 가지세요. 괴테의 말처럼 대담함 속에서 그동안 여러분 안에 내재되어 있던
힘이 숨겨져 있습니다. 용기가 여러분에게 마법 같은 힘을 부여할 것입니다.

⟫ DAY 54 음성 강의

primary
[práimeri, 프라이메리]
형 첫째의, 주요한

The primary reason why I am moving is because of my job.
내가 이사를 가는 주요한 이유는 나의 직업에 있다.

mutation
[mju:téiʃən, 뮤-테이션]
명 돌연변이, 변화

One in 200 British children born each year has a genetic mutation.
매년 태어나는 200명의 영국 아이들 중 한 명은 유전적인 돌연변이를 가지고 있다.

apparent [əpǽrənt, 어패런트]
형 분명한

There is no apparent damage to the vehicle.
자동차에 분명하게 보이는 피해는 없습니다.

trial [tráiəl, 트라이얼]
명 재판, 시도, 시험(실험)

The suspected woman was detained without trial.
용의자인 여성은 재판 없이 구금당했다.

bury [béri, 베리]
동 숨기다, 묻다

Harry wishes to bury his past.
Harry는 자신의 과거가 숨겨지길 원했다.
The pirates buried the gold under the sand.
해적들은 금을 모래 밑에 묻었다.

seemingly
[síːmiŋli, 시-밍리]
부 표면적으로, 외관상

The Andersons seemingly don't have any problems with the flood.
겉보기에 앤더슨 가족은 홍수로 인한 문제가 없는 것 같았다.

vessel [vésəl, 베셀]
명 관, 용기

This vessel holds a lot of fuel.
이 용기는 많은 양의 연료를 담는다.

conform [kənfɔ́ːrm, 컨펌-]
동 적합하게 하다, 순응하다

He refused to conform himself to the ways of the world.
그는 세상의 방식에 따르는 것을 거부했다.

spiritual
[spíritʃuəl, 스피리츄-얼]
형 정신의, 정신적인

Zoe became very spiritually strong after traveling around Asia.
Zoe는 아시아를 여행하고 나서 정신적으로 강해졌다.

aptitude [ǽptitùːd, 앱티튜-드]
명 적성

Karen has a remarkable aptitude for learning languages.
Karen은 언어를 잘 익히는 놀라운 적성을 가지고 있다.

| bond [bɑnd, 반드]
명 묶는 것, 유대 | The two boys formed a natural bond.
두 소년 사이에는 자연스러운 유대감이 형성되었다. |

| lasting [lǽstiŋ, 래스팅]
형 영속하는, 지속적인 | The performers left a lasting impression.
공연자들은 깊은 인상을 남겼다. |

| woeful
[wóufəl, 오우펄]
형 슬픈, 비참한 | The current situation looks woeful.
현재 상황이 비참해 보인다. |

| innovation
[inouvéiʃən, 이노우베이션]
명 (기술)혁신 | The innovation of the internet has brought many changes into our lives.
인터넷의 혁신은 우리 삶에 많은 변화를 가져왔다. |

| product
[prɑ́dəkt, 프라덕트]
명 생산품 | The new product is a big hit.
새로운 상품은 인기가 아주 많다. |

| punishment
[pʌ́niʃmən, 퍼니쉬먼트]
명 처벌 | I had to wash the chalkboard as a punishment.
나는 처벌로 칠판을 닦아야 했다. |

| construct
[kənstrʌ́kt, 컨스트럭트]
명 구성체, 건축물
동 건설하다, 구성하다 | Are masculinity and feminity social constructs?
남성성과 여성성은 사회적으로 구성된 것일까? |

| oblige [əbláidʒ, 어블라이쥐]
동 강요하다, 의무를 지우다 | His job obliges him to meet new people.
그의 직업은 그가 새로운 사람을 만나는 것을 필요로 한다. |

| pottery
[pɑ́təri, 파터리]
명 도기 | Amy is interested in pottery.
Amy는 도기에 관심이 있다. |

| beside
[bisáid, 비사이드]
전 ~옆에, ~를 벗어나 | What you're saying is beside the point.
네가 이야기하는 것은 주제에서 벗어난 말이야. |

loom [lu:m, 루-움]
동 어렴풋이 보이다(나타나다)

A dark shadow loomed up ahead of us.
어두운 그림자 하나가 우리 앞에 흐릿하게 나타났다.

assert [əsə́:rt, 어설-트]
동 단언하다, 주장하다

He asserted that there were spies in the company.
그는 회사 내에 스파이들이 있다고 주장했다.

grind [graind, 그라인드]
동 갈다, 연마하다

Grind the grind and salt together.
마늘과 소금을 같이 가세요.

misconception
[mìskənsépʃən, 미스컨셉션]
명 오해

People used to have a misconception about the Earth's shape.
사람들은 지구의 모양에 대해서 오해를 했었다.

hybrid [háibrid, 하이브리드]
형 잡종의, 혼혈의

The bird is a hybrid of a goose and a swan.
그 새는 거위와 백조의 잡종이다.

integral
[íntigrəl, 인티그럴]
형 필수의, 완전한

Rice is an integral part of the Asian diet.
쌀은 아시아인의 식단에 있어 필수적인 부분이다.

explosion
[iksplóuʒən, 익스플로우전]
명 폭발, 폭파

Everyone could hear the explosion.
모두가 폭발음을 들을 수 있었다.

contribute
[kəntríbjuːt, 컨트리뷰-트]
동 ~의 원인이 되다, 기여하다

I didn't really contribute much to the game in the second half.
나는 후반전에는 게임에 그리 많이 기여하지 못했다.

disposable
[dispóuzəbəl, 디스포우저블]
형 처분할 수 있는

Try to use less disposable cups.
일회용 컵의 사용을 줄이려고 노력해라.

dwelling
[dwéliŋ, 드웰링]
명 집, 주거

The man lives in an old dwelling in the outskirts of town.
그 남자는 시내 변두리에 있는 오래된 집에서 산다.

behalf [bihǽf, 비해프]
명 편, 이익

I speak on behalf of all students of this school.
저는 이 학교의 모든 학생들의 편에 서서 이야기합니다.

disgusted
[disgʌ́stid, 디스거스티드]
형 정떨어진, 혐오하는

Judy was disgusted at his dirty home.
Judy는 그의 더러운 집을 역겨워 했다.

impair [impέər, 임페얼]
동 손상하다, 해치다

Drinking too much alcohol can impair judgement.
술을 너무 많이 마시면 판단력이 흐려진다.

coincide
[kòuinsáid, 코우인사이드]
동 일치하다, ~에 상당하다

My father's birthday coincides with the day of our family trip.
내 아버지의 생일은 가족 여행을 가는 날과 일치한다.

approval
[əprúːvəl, 어프루–벌]
명 승인, 찬성

We have yet received the approval of the board.
우리는 아직 이사회의 승인을 받지 못했다.

take advantage of
이용하다

I'm going to take advantage of the sale and do some shopping.
나는 세일을 이용해 쇼핑할 것이다.

respiration
[rèspəréiʃən, 레스퍼레이션]
명 호흡

The nurse recorded the patient's respiration.
간호사는 환자의 호흡을 기록했다.

gloomy
[glúːmi, 글루–미]
형 울적한, 침울한, 우울한

The weather today is making me gloomy.
오늘 날씨가 나를 우울하게 만든다.

bothersome
[báðərsəm, 바덜–섬]
형 성가신, 귀찮은

She is annoying me by asking so many bothersome questions.
그녀는 내게 귀찮은 질문들을 많이 해서 나를 짜증나게 한다.

imprudent
[imprúːdənt, 임프루–던트]
형 경솔한, 무분별한

He must be crazy to do such an imprudent thing!
그런 경솔한 짓을 하다니 그 사람 미쳤나봐!

다음 문장들을 읽고 우리말 의미에 맞게 빈칸을 채우세요.

behalf	contributed	obliged	conform	seemingly

❶ Humanities is _____ useless, but it is a base of all fields of study.

인문학은 쓸모없이 보이지만 다른 모든 학문의 기반이 된다.

❷ Students easily _____ to scary teachers' order.

학생들은 무서운 선생님들의 명령에 쉽게 순응한다.

❸ Korean men are _____ to serve in the army.

한국 남성들에게는 병역의 의무가 있다.

❹ His high-fat diet has _____ to high blood pressure.

그의 고지방 식단은 고혈압의 원인이 되었다.

❺ On _____ of my class, the class leader required students in upstairs not to be noisy.

우리 반을 대표해서, 반장은 위층에 있는 학생들에게 조용히 하라고 요구했다.

Answer ❶ seemingly ❷ conform ❸ obliged ❹ contributed ❺ behalf

DAY 55

Winning isn't everything,
but wanting to win is.
- *Vince Lombardi*

이기는 것이 전부가 아니라
이기고 싶어 하는 것이 전부다.
— 빈스 롬바디

여러분이 여기까지 왔다면 영어 공부에서 이기는 쪽이 되고 싶어 한다는 것에는 의심의 여지가 없습니다. 조금만 더 가면 그 목표를 이룰 수 있습니다. 그럼 55강을 시작해 볼까요?

>>> **DAY** 55 음성 강의

mental [méntl, 멘틀]
형 마음의, 정신의

Her mental state has become weak.
그녀의 정신상태가 약해졌다.

inherit [inhérit, 인헤리트]
동 물려받다

I have inherited two properties from my father.
나는 아버지로부터 2가지 자질을 물려받았다.

massive [mǽsiv, 매시브]
형 대량의

A massive rock is rolling our way.
커다란 바위가 우리 쪽으로 굴러오고 있다.

induce [indjúːs, 인듀—스]
동 설득하다, 유도하다, 유발하다

That kind of shock can induce a heart attack.
그러한 충격은 심장마비를 유발할 수도 있다.

burst [bəːrst, 벌—스트]
명 (갑자기) 한바탕 ~을 함, 파열
동 터지다, 파열하다, 불쑥 ~하다

That balloon will burst if you blow it up any more.
좀더 불면 그 풍선은 터질 거야.

effective
[iféktiv, 이펙티브]
형 효과적인, 시행되는

It's a simple but effective technique.
그것은 간단하지만 효과적인 방법이다.

install
[instɔ́ːl, 인스톨—]
동 설치(설비)하다

We hired someone to install new software into our computers.
우리는 컴퓨터에 새로운 소프트웨어를 설치할 사람을 고용했다.

oval [óuvəl, 오우벌]
형 달걀 모양의, 타원형의

The table has an oval shape.
테이블은 타원형의 모양을 가졌다.

religious
[rilídʒəs, 릴리져스]
형 종교의, 종교적인

John's parents are very religious.
John의 부모님은 굉장히 종교적이시다.

bliss
[blis, 블리스]
명 더없는 행복

Norah and Nick are in a state of bliss.
Norah와 Nick은 더없는 기쁨에 젖어 있다.

flour [flauər, 플라우얼]
명 밀가루, 분말

She bought 4kg of flour.
그녀는 밀가루 4kg을 샀다.

mixture
[míkstʃə:r, 믹스철-]
명 혼합, 혼합물

Add two eggs into the mixture.
혼합물에 달걀 2개를 넣어주세요.

exploration
[èkspləréiʃən, 엑스플러레이션]
명 탐험, 탐사

The rocket was built for the purpose of space exploration.
로켓은 우주 탐험의 목적으로 만들어졌다.

mere [mɪr, 미얼]
형 겨우 ～의, 단지 ～한

Her comments are mere opinion, not fact.
그녀의 의견은 사실이 아니라 단지 의견이다.

simplify
[símpləfài, 심플러파이]
동 단순화하다

Immigration procedures have been simplified.
입국 수송이 간단해졌다.

favor [féivər, 페이벌]
명 호의, 친절

Can I ask you a favor?
부탁을 좀 드려도 될까요?

stillness
[stílnis, 스틸니스]
명 고요, 정적

The sound of children's laughter broke the stillness.
아이들의 웃음소리가 정적을 깨뜨렸다.

spot [spɑt, 스팟]
명 반점, 점

The family named their new dog 'Spot', because he had a black spot on his back.
그 가족은 새로운 개의 등에 점이 있어서 이름을 'Spot'이라고 지어주었다.

altitude
[ǽltətjùːd, 앨터튜-드]
명 (산의) 높이, 고도

The air temperature differs according to altitude.
공기의 온도는 고도에 따라 달라진다.

isolation
[àisəléiʃən, 아이설레이]
명 격리, 분리, 고립

Isolation is not healthy for the human soul.
고립은 사람의 마음에 좋지 않다.

provoke [prəvóuk, 프러보우크]
图 (감정 따위를) 일으키다

The professor likes provoking debate.
교수님은 토론을 유발하는 것을 좋아하신다.

ethical [éθikəl, 에씨컬]
图 도덕상의, 윤리적인

Some doctors feel that euthanasia is not medically ethical.
어떤 의사들은 안락사가 의학적으로 윤리적이지 않다고 생각한다.

gradual [grǽdʒuəl, 그래쥬얼]
图 단계적인, 점진적인

Losing weight is a relatively gradual process.
체중을 줄이는 것은 대체적으로 점진적인 과정이다.

suspicious
[səspíʃəs, 서스피셔스]
图 의심스러운

A suspicious person is waiting by my car.
의심스러운 사람이 내 차 근처에서 기다리고 있다.

tremendous
[triméndəs, 트리멘더스]
图 굉장한

This is a tremendous step in science.
이것은 과학의 굉장한 진보입니다.

deliberately
[dilíbəritli, 딜리버리틀리]
图 고의로, 의도적으로, 신중히

I didn't deliberately spill coffee on you.
나는 당신에게 커피를 일부러 쏟지 않았습니다.

empathetic
[èmpəθétik, 엠퍼쎄틱]
图 공감할 수 있는

He felt empathetic towards the refugees.
그는 난민들과 공감할 수 있다.

burden [bə́:rdn, 벌―든]
图 무거운 짐, 부담

Beth carries the burden of supporting her 10 brothers and sisters.
Beth는 자신의 10명의 형제자매를 돌보는 부담을 갖고 있다.

supreme
[səprí:m, 수프림―]
图 최고의

She made the supreme sacrifice.
그녀는 최고의 희생을 했다.

metabolism
[mətǽbəlizəm, 머태벌리즘]
图 물질(신진)대사

Young people tend to have a fast metabolism.
젊은 사람들은 신진대사가 활발한 편이다.

regress [rigrés, 리그레스]
통 되돌아가다, 퇴보하다

We don't want to regress and lose those rights.
우리는 퇴보해서 그러한 권리들을 잃고 싶지 않습니다.

moral [mɔ́ːrəl, 모-럴]
형 도덕(상)의, 윤리(상)의

Each story in the book teaches an important moral lesson.
그 책에 있는 모든 이야기들이 중요한 도덕적 교훈을 가르친다.

organize [ɔ́ːrɡənàiz, 얼-거나이즈]
통 조직하다

The teachers organized the students into four groups.
선생님은 학생들을 4개의 조로 조직했다.

contract [kɑntrǽkt, 컨트랙트]
명 계약
통 계약하다, 수축하다, (병에) 걸리다

Hailey contracted the virus from a patient.
Hailey는 환자로부터 바이러스에 걸렸다.

archaeological [ὰːrkiəlɑ́dʒikəl, 알-키얼라지컬]
형 고고학의

The students will go on archaeological tours in the trip.
학생들은 여행에서 고고학적 탐방을 할 것이다.

inhibit [inhíbit, 인히비트]
통 금하다, 방해하다

Don't allow the fear of failure to inhibit you.
실패에 대한 두려움이 너를 방해하지 못하게 하라.

severance [sévərəns, 세버런스]
명 단절, 고용 계약 해지, 해고

The foreign affairs minister announced the severance of aid to the country.
외교부 장관은 그 나라에 대한 원조 중단을 발표했다.

persistence [pəːrsístəns, 펄-시스턴스]
명 고집, 집요함, 인내력

Persistence always pays off in the end.
끈기는 항상 결국 성과를 거두게 한다.

curiosity [kjùəriɑ́səti, 큐리오서티]
명 호기심

Seth went to the party out of curiosity.
Seth는 호기심으로 파티에 갔다.

refundable [rifʌ́ndəbl, 리펀더블]
형 환불가능한

This is not a refundable product.
이것은 환불가능한 품목이 아닙니다.

다음 문장들을 읽고 우리말 의미에 맞게 빈칸을 채우세요.

tremendous	massive	religious	burden	supreme

❶ Sometimes, _____ conflicts lead to an armed conflict.

종종, 종교적인 갈등은 무력 충돌을 일으킨다.

❷ The executives monitor the fluctuations of stock price after _____

investment to the other companies.

이사단은 다른 기업에 대량 투자를 한 이후 주가 급락을 주시한다.

❸ Nice Carnival is considered as a _____ festival.

니스 카니발은 굉장한 축제라고 여겨진다.

❹ I think it is a _____ for him to marry her.

나는 그가 그녀와 결혼하는 것에 부담을 느낀다고 생각한다.

❺ The _____ court has the greatest authority in the legal circles.

대법원은 법조계에서 최고의 권위를 가지고 있다.

DAY 56

You can never cross the ocean
until you have the courage to lose sight of the shore.
- Christopher Columbus

해안가가 보이지 않아도
겁먹지 않는 용기를 가지고 난 후에야
비로소 대양을 건널 수 있다.
– 크리스토퍼 콜럼버스

이제 대양을 거의 다 건넜습니다. 여러분은 자기가 떠나온 육지가 보이지 않아도 겁먹지 않고 바다를 건널 용기가 있어 56강까지 온 것입니다. 끝까지 용기를 잃지 맙시다.

>>> DAY 56 음성 강의

rational [rǽʃənl, 래셔널]
형 이성적인, 합리적인

It is difficult to make rational decisions when you are angry.
화가 났을 때 이성적인 결정을 내리기 힘들다.

release [rilíːs, 릴리-스]
동 풀어놓다, 방출하다

The prisoner was released after 40 years in jail.
죄수는 감옥에서 40년 동안 있다가 풀려났다.

species [spíːʃiːz, 스피-시즈]
명 종

There are over 500 species of animals in this zoo.
이 동물원에는 500종이 넘는 동물들이 있습니다.

objection
[əbdʒékʃən, 어브젝션]
명 반대, 이의, 반론

Are there any objections to this decision?
이 결정에 대한 이의가 있나요?

judgement
[dʒʌ́dʒmənt, 저쥐먼트]
명 판단(력)

He is a man of fair judgement.
그는 판단력이 좋은 사람이다.

dependence
[dipéndəns, 디펜던스]
명 의지함, 의존

Leo has great dependence on his friends.
Leo는 그의 친구에 대한 의존도가 높다.

charge [tʃɑːrdʒ, 찰-쥐]
명 요금, 기소, 고발, 책임
동 청구하다, 기소하다, 돌격하다

If you checkout late, there is a charge of $20.
늦게 체크아웃한다면 20달러가 추가로 부과됩니다.

autograph
[ɔ́ːtəgræf, 오-터그래프]
명 자필, 친필, 서명

She stood in line to get the singer's autograph.
그녀는 가수의 사인을 받기 위해서 줄을 섰다.

utility
[juːtíləti, 유-틸러티]
명 쓸모 있음, 유용

Ron believes that everything has its own utility.
Ron은 모든 것이 자신만의 용도가 있다고 믿는다.

peer [piər, 피얼]
명 동료, 동등한 사람
동 유심히 보다

Peer evaluation will take up 10% of the grade.
동료평가가 성적의 10%를 차지할 것입니다.

destination
[dèstənéiʃən, 데스터네이션]

명 목적지

This flight's destination is Paris, France.
이 비행의 목적지는 프랑스 파리입니다.

auditory
[ɔ́ːditɔ̀ːri, 어-디터리]

형 청각의, 청각기관의

The patient's auditory nerve is damaged.
환자의 청각 신경이 훼손되었다.

orphan [ɔ́ːrfən, 올-펀]

명 고아

The orphan lived with his grandparents.
고아는 그의 조부모님과 함께 살았다.

pot [pɑt, 팟]

명 단지, 항아리, 병, 통

The pot is filled with seeds.
통은 씨앗들로 가득 찼다.

sturdy
[stɔ́ːrdi, 스털-디]

형 억센, 튼튼한

Nobody thought that the sturdy table would break.
아무도 튼튼한 테이블이 부서질 것이라고 생각하지 않았다.

model [mádl, 마들]

명 모형, 본보기
동 모형을 만들다, ~을 본뜨다

This program will model a website for you.
이 프로그램은 당신을 위해서 홈페이지 견본을 만들 수 있습니다.

component
[kəmpóunənt, 컴포우넌트]

명 성분, 구성요소

Tommy sells spare computer components.
Tommy는 남는 컴퓨터 부품들을 판다.

influence
[ínfluəns, 인플루언스]

명 영향, 영향력 동 영향을 주다

The media has a strong influence on people's political views.
미디어는 사람들의 정치적 입장에 큰 영향을 미친다.

agricultural
[æ̀grikʌ́ltʃərəl, 애그리컬츄럴]

형 농업의

The amount of agricultural products has decreased.
농산물의 양이 감소했다.

legend
[lédʒənd, 레전드]

명 전설

Legend says that humans used to share bodies with their soul mates.
전설에 따르면 인간은 자신의 소울메이트와 몸을 나눴었다고 한다.

grief [gri:f, 그리-프]
몡 비탄, 슬픔

He tried to hide his grief with a smile.
그는 미소로 자신의 슬픔을 감추려고 했다.

accomplishment
[əkámpliʃmənt, 어캄플리쉬먼트]
몡 성취, 업적

2017 was a year of accomplishments.
2017년은 성취의 해였습니다.

possession [pəzéʃən, 퍼제션]
몡 소유물, 소지품

Please put all of your possessions in a locker.
모든 소지품들을 라커 안에 넣어주세요.

wander [wɑ:ndər, 완-더]
동 거닐다, 헤매다

The curious girl wandered around the city.
호기심이 많은 소녀는 도시를 거닐었다.

transportation
[trænspɔ:rtéiʃən, 트랜스펄-테이션]
몡 운송, 수송

Transportation costs are more expensive than usual.
운송비가 평소보다 더 비싸다.

kin [kin, 킨]
몡 친족, 친척

The next of kin must sign these papers.
최근친이 이 서류들을 서명해야 합니다.

practice [præktis, 프랙티스]
몡 실행, 실제, 관행, 연습
동 연습하다, 실행하다

Spending Christmas with family is a common western practice.
크리스마스를 가족과 함께 보내는 것은 흔한 서양의 관례다.
Practice makes perfect.
연습이 완벽을 만든다.

institute [ínstətjù:t, 인스터튜-트]
몡 연구소, 기관

An institute for research into the causes of mental illness was founded.
정신적 질환의 원인을 조사하는 연구소가 설립되었다.

insulate
[ínsəlèit, 인설레이트]
동 절연/단열/방음 처리를 하다

Home owners should insulate their homes to save energy.
주택 소유주들은 에너지 절약을 위해 단열 장치를 하는 것이 좋다.

emerging
[imə́:rdʒiŋ, 이멀-징]
형 신생의, 새로 생겨난

All eyes are on this emerging technology.
모두가 이 신흥 기술을 지켜보고 있다.

comprehensive
[kàmprihénsiv, 캄프리헨시브]

형 포괄적인

You will have to read a comprehensive overview of the French Revolution by tomorrow.
내일까지 프랑스 혁명에 대한 종합적인 개요를 읽어오셔야 합니다.

equipment
[ikwípmənt, 이큅먼트]

명 장비, 도구

We don't have the proper equipment to fix the engine.
우리에겐 엔진을 고칠 적합한 장비들이 없다.

mouthful
[máuθful, 마우쓰풀]

명 한 입

Rick enjoyed every mouthful of the meal.
Rick은 식사를 한 입 한 입 음미하며 먹었다.

injured [indʒərd, 인절드]

형 상처 입은

The injured soldier was carried out on a stretcher.
상처 입은 군인은 들것에 실려나갔다.

commission
[kəmíʃən, 커미션]

명 임무, 위탁

I have a commission to paint a portrait of the queen.
나는 여왕의 초상화를 그리라는 주문을 받았다.

afflict [əflíkt, 어플릭트]

통 괴롭히다

Do not be afflicted with such trivial matters.
사소한 일로 괴로워하지 마라.

flutter
[flʌ́tə:r, 플러털-]

통 펄럭이다, 훨훨 날다

Flags fluttered in the breeze.
깃발들이 미풍에 펄럭였다.

barrier
[bǽriər, 배리얼]

명 장벽, 장애물

It was difficult to overcome the language barrier when I moved to Japan.
내가 일본으로 이사 갔을 때 언어 장벽을 극복하는 것은 어려웠다.

insist
[insíst, 인시스트]

통 주장하다, 고집하다

My mom insisted that we stay at a hotel.
그녀는 우리가 호텔에 머물러야 한다고 주장했다.

deliberate
[dilíbərit, 딜리버리트]

형 계획적인, 고의의, 신중한

He spoke in a slow and deliberate manner.
그는 천천히 신중한 태도로 이야기했다.

다음 문장들을 읽고 우리말 의미에 맞게 빈칸을 채우세요.

charge	autograph	possession	emerging	wandered

❶ Love is not a concept about _____ but about respect.
사랑은 소유에 대한 개념이 아니라 존중에 대한 개념이다.

❷ Since they lost the map, they _____ around the forest.
그들은 지도를 잃어버렸기 때문에 숲속을 돌아다녔다.

❸ This _____ idol group is really popular among girls, because the members of it are handsome.
새로 나온 아이돌 그룹이 소녀들 사이에서 인기가 많은데, 그들이 잘생겼기 때문이다.

❹ When you buy a product through Internet, some companies require you to pay for a delivery _____.
네가 인터넷을 통해 상품을 구매할 때, 몇몇 회사는 너에게 배송비를 지불하게 할 수 있다.

❺ There is a long line of people who want to receive an _____ of him.
그의 사인을 받고자 하는 사람들이 만든 아주 긴 줄이 있다.

Answer ❶ possession ❷ wandered ❸ emerging ❹ charge ❺ autograph

DAY 57

You can't make an omelet
without breaking a few eggs.
- *Unknown*

달걀을 깨트리지 않으면
오믈렛을 만들 수 없다.
– 미상

달걀을 깨트리지 않으면 오믈렛을 만들 수 없듯이 조금의 고생도 없이 좋은 성과가
있을 수 없습니다. 달걀을 깨트릴 수 있는 여러분이 되기를 바랍니다.

>>> **DAY 57** 음성 강의

prior [práiər, 프라이얼]
형 앞의, 사전의

I do not have any prior knowledge on this subject.
저는 이 주제에 대한 사전 지식이 없습니다.

shelf [ʃelf, 셸프]
명 선반

There are four books on the shelf.
책꽂이에는 4개의 책이 있다.

overall [óuvərɔ̀ːl, 오우버롤]
형 종합적인, 전반적인

The overall opinion is that the party was a success.
종합적인 의견은 파티가 성공적이었다는 것이다.

liberal [líbərəl, 리버럴]
형 자유주의의, 진보적인

Most of this neighborhood holds liberal political views.
이 동네의 대부분은 정치적으로 진보적 입장을 가지고 있다.

complex
[kəmpléks, 컴플렉스]
명 단지 형 복잡한

The puzzle was so complex that nobody could solve it.
퍼즐이 너무 복잡해서 아무도 해결할 수 없었다.

senior [síːnjər, 시-니얼]
형 손위의, 연상의

George is five years my senior.
George는 나보다 나이가 5살이 많다.

feature
[fíːtʃər, 피-철]
명 특징, 특색 통 특징으로 삼다

This year's model includes several new features.
올해 모델은 몇 가지 새로운 기능을 포함한다.

gene
[dʒiːn, 진-]
명 유전자

Recent studies show that humans are born with what is called a 'happy gene'.
최근 연구에 따르면, 인간은 소위 '행복 유전자'라는 것을 갖고 태어난다고 한다.

combine
[kəmbáin, 컴바인]
통 결합시키다, 섞다

Slowly combine the sugar into the eggs.
설탕을 달걀에 천천히 합쳐주세요.

diversity
[daivə́ːrsəti, 다이벌-서티]
명 다양성, 차이점

This facility values cultural diversity.
이 기관은 문화적 다양성의 가치를 중요시합니다.

layer [léiə:r, 레이얼-]
명 층, 겹

The Christmas cake had 4 layers.
크리스마스 케이크는 4개의 층을 가졌다.

countless
[káuntlis, 카운트리스]
형 무수한

Countless threats exist in our society.
우리 사회에는 수많은 위협들이 존재한다.

shape [ʃeip, 셰이프]
명 모양, 형태 **동** 모양 짓다

The sculptor shaped the clay into a bird.
조각가는 찰흙을 새의 모양으로 만들었다.

confirm [kənfə́:rm, 컨펌-]
동 확인하다

I'm calling to confirm your order.
당신의 주문을 확인하기 위해서 전화했습니다.

wholehearted
[hóulhá:rtid, 호-울할티드]
형 성심성의의, 진심의, 전폭적인

The novel received wholehearted praise from critics.
그 소설은 비평가들로부터 진심 어린 호평을 받았다.

vague
[veig, 베이그]
형 희미한, 멍청한

My travel plans are still vague.
나의 여행 계획은 아직 뚜렷하지 않다.

vast
[væst, 배스트]
형 광대한, 거대한

Amy has vast knowledge on the subject of time travel.
Amy는 시간 여행에 대한 방대한 지식을 가지고 있다.

empty
[émpti, 엠티]
형 빈, 공허한

All of the tables were empty.
모든 테이블이 비어 있었다.

confuse
[kənfjú:z, 컨퓨-즈]
동 혼란시키다, 혼동하다

The new evidence only confused the detectives even more.
새로운 증거는 형사들을 더욱더 혼란스럽게 했다.

breeze
[bri:z, 브리-즈]
명 산들바람, 미풍

The soft spring breeze made everyone smile.
부드러운 봄바람은 모두를 미소 짓게 만들었다.

geographical
[ʤìːəgrǽfikəl, 지-어그래피컬]
형 지리적인

The geographical conditions make it unlikely to snow.
지리적인 특성들이 눈이 올 확률을 줄인다.

nibble [níbl, 니블]
동 조금씩 물어뜯다

A little girl is nibbling on a cookie.
어린 소녀가 쿠키를 조금씩 먹고 있다.

intuition [ìntjuíʃən, 인투이션]
명 직관, 직관적 통찰

My intuition told me that there was someone behind me.
나의 직관이 내 뒤에 누군가가 있다는 것을 알려주었다.

decline [dikláin, 디클라인]
명 감소, 하락 동 감소하다

There is a steady decline in world poverty rates.
세계 빈곤률이 꾸준하게 감소하고 있다.

hierarchy
[háiərɑ̀ːrki, 하이어랄-키]
명 계급, 계층, 계층제도

Every society has a form of hierarchy.
모든 사회에는 어떠한 형식의 계급제도가 있다.

regarding [rigɑːrdiŋ, 리갈-딩]
전 ~에 관해

She has said nothing so far regarding your question.
그녀가 당신의 질문에 대해서는 아직 아무 말이 없었어요.

trivial [tríviəl, 트리비얼]
형 하찮은, 대단치 않은, 평범한

I shouldn't get so upset about trivial matters.
하찮은 일에 대해 화를 내지 말아야 할 텐데.

overwhelming
[òuvərhwélmiŋ, 오우벌웰밍]
형 압도적인

The evidence against the murder suspect was overwhelming.
살인 혐의자에게 불리한 증거가 압도적이었다.

compatibility
[kəmpætəbɪləti, 컴패터빌러티]
명 양립(공존)가능성

Two people with compatible personalities are likely to be friends.
성격이 잘 맞는 두 사람은 친구가 될 확률이 높다.

distribute
[distríbjuːt, 디스트리뷰-트]
동 분배하다

The school distributes its limited scholarship money so that more students can benefit.
학교는 더 많은 학생들이 이익을 볼 수 있도록 제한된 장학금을 분배한다.

gravity [ɡrǽvəti, 그래버티]
명 중력, 중대성

I wonder what it's like to walk in zero gravity.
무중력 상태로 걷는 것이 어떤 느낌일지 궁금하다.

glare [ɡlɛər, 글래어]
명 번쩍이는 빛, 눈부신 빛

The glare of the sun hurt my eyes.
태양의 눈부신 빛이 나의 눈을 아프게 했다.

elaborate
[ilǽbərit, 일래버리트]
형 공들인, 정교한

There are elaborate paintings on all four walls.
사방의 벽에 정교한 그림들이 있다.

tackle [tǽkl, 태클]
통 처리하다, 다루다

The government is determined to tackle drug issues.
정부가 마약문제와 씨름을 벌일 각오를 하고 있다.

compile
[kəmpáil, 컴파일]
통 편집하다, 수집하다

Matt compiled a book of poems.
Matt은 시집을 수집했다.

complementary
[kàmpləméntəri, 캄플러멘터리]
형 보완적인

Classes and exams are complementary processes.
수업과 시험은 서로 보완하는 과정들이다.

terrific
[tərífik, 터리픽]
형 아주 좋은, 멋진, 훌륭한

The rock band's concert was terrific.
록밴드의 콘서트는 대단했다.

resolve
[rizálv, 리잘브]
통 (문제·곤란 따위를) 풀다, 해결하다

The two sisters finally resolved their conflict.
두 자매는 드디어 그들의 갈등을 풀었다.

exceed
[iksíːd, 익시─드]
통 (수량·정도를) 넘다, 초과하다

Make sure your luggage does not exceed 20kg.
네 짐이 20kg이 넘지 않도록 해라.

forecast
[fɔ́ːrkæst, 포─캐스트]
명 예측, 예보 통 예측(예보)하다

The weather forecast said that it would rain today.
일기예보에서는 오늘 비가 올 것이라고 했다.

다음 문장들을 읽고 우리말 의미에 맞게 빈칸을 채우세요.

| hierarchy | distributes | liberal | gene | exceed |

❶ During French Revolution, people insisted to disrupt the _____
in the society.
프랑스 대혁명 동안, 사람들은 사회에 내재된 계급제를 무너뜨리자고 주장했다.

❷ A teacher _____ pens to students for one to have one.
선생님은 아이들에게 한 사람당 하나씩 갖도록 펜을 나눠준다.

❸ The world is interested in whether China can _____ the
economic standard of U.S.
전 세계는 중국이 미국의 경제 수준을 뛰어넘을 수 있을지에 관심이 있다.

❹ Philosophers has emphasized the importance of _____ arts.
철학자들은 자유 교양 과목 교육의 중요성을 강조해왔다.

❺ You received the half from your mother and other half from your father of
information in the _____.
너는 유전자에 있는 정보의 반을 엄마로부터, 나머지 반을 아빠로부터 받았다.

Answer ❶ hierarchy ❷ distributes ❸ exceed ❹ liberal ❺ gene

DAY 58

You learn you can do your best even when it's hard,
even when you're tired and maybe hurting a little bit.
It feels good to show some courage.
- *Joe Namath*

당신은 어렵고 지치고, 어쩌면 조금 아플 때조차도
최선을 다할 수 있다는 것을 알게 됩니다.
그 조금의 용기가 기분을 좋게 만듭니다.
— 조 나마스

이 과정이 어렵고 지치고 어쩌면 조금은 아플 수도 있습니다. 하지만 여러분들은 지금
까지 최선을 다해 여기까지 달려올 수 있었습니다. 스스로 뿌듯해 하기를 바랍니다.

≫ DAY 58 음성 강의

panic [pǽnik, 패닉]
명 극심한 공포, 공황
동 공황 상태에 빠지다

There is no need to panic; stay calm.
겁먹을 필요 없습니다. 진정하세요.

expense [ikspéns, 익스펜스]
명 비용, 지출

A new house is our major expense.
새집이 우리의 주된 지출이다.

consult [kənsʌ́lt, 컨설트]
동 의견을 듣다, 진찰을 받다

She consulted her friends on the pressing matter.
그녀는 긴급한 문제에 대해 친구들의 의견을 들었다.

conscious
[kánʃəs, 칸셔스]
형 의식적인, 자각하는

The patient is still conscious!
환자에게 아직 의식이 있습니다!

misunderstanding
[mɪsʌndərstǽndɪŋ, 미스언덜스탠딩]
명 오해, 착오

I think there has been a misunderstanding.
오해가 있는 모양이에요.

malnutrition
[mælnjuːtríʃən, 맬뉴-트리션]
명 영양실조

More people are suffering from malnutrition than you think.
생각보다 많은 사람들이 영양실조에 시달리고 있다.

sunken [sʌ́ŋkən, 성큰]
형 가라앉은, 물 속의

It was impossible to find the sunken necklace.
물에 빠진 목걸이를 찾는 것은 불가능했다.

means [miːnz, 민-즈]
명 수단, 방법

The internet is an effective means of communication.
인터넷은 효율적인 의사전달 수단이다.

harmful
[háːrmfəl, 함-풀]
형 해가 되는

Eating too much sugar is harmful to your health.
지나친 양의 설탕을 먹는 것은 건강에 해롭습니다.

appreciate
[əpríːʃièit, 어프리-시에이트]
동 평가하다, 진가를 알아보다, 이해하다, 감상하다, 감사하다

I appreciate your offer, but I'm going to have to say no.
제안은 감사하지만 거절해야 할 것 같아요.

correction

[kərékʃən, 커렉션]

명 정정, 교정

You can make any corrections by Thursday.
목요일까지 정정하면 됩니다.

story [stɔ́:ri, 스토-리]

명 이야기, 층, 계층

The second story is occupied by an advertising company.
2층에는 광고회사가 있습니다.

regardless of

～에 관계없이

Regardless of what you think, not all of them are evil.
네 생각과 상관없이 그들 모두 사악한 것은 아니다.

tiny [táini, 타이니]

형 아주 작은(적은)

There are tiny elves making toys.
작은 요정들이 장난감을 만들고 있다.

atmosphere

[ǽtməsfiər, 앳머스피어]

명 대기, 분위기

I really like the atmosphere of this restaurant.
나는 이 식당의 분위기가 마음에 든다.

chemical

[kémikəl, 케미컬]

형 화학의, 화학상의

People use chemical agents for cleaning.
사람들은 청소할 때 화학약품을 사용한다.

copper

[kápər, 카펄]

명 구리, 동

Bronze consists primarily of copper and tin.
청동은 주로 구리와 주석으로 이루어져 있다.

cargo

[ká:rgou, 칼-고우]

명 뱃짐, 화물

They're still loading the cargo onto the plane.
그들은 아직도 비행기에 화물을 싣고 있습니다.

precision

[prisíʒən, 프리시전]

명 정밀성

The precision of the calculations is astonishing.
계산의 정밀함에 놀랐다.

origin

[ɔ́:rədʒin, 어-리진]

명 기원, 유래

The origin of that story is unknown.
그 이야기의 유래는 알지 못한다.

corrupt [kərʌ́pt, 커럽트]
형 부패한, 타락한
동 부패시키다, 오염(변질)시키다

The temptation of money tends to corrupt people.
돈의 유혹은 사람들을 타락시키는 경향이 있다.

lament [ləmént, 러멘트]
동 슬퍼하다, 비탄하다

The author lamented the poor use of written English.
작가는 잘못된 영어 글쓰기에 대해서 비탄했다.

treatment [tríːtmənt, 트리-트먼트]
명 치료, 처치, 대우

It will take another week for my treatment to end.
나의 치료가 끝나려면 일주일이 더 걸릴 것이다.

intelligence [intélədʒəns, 인텔러전스]
명 지성, 지능

Standardized exams do not test intelligence.
표준화된 시험들은 지성을 시험하지 않는다.

maintain [meintéin, 메인테인]
동 유지하다

The two countries have maintained close relations.
그 두 나라는 긴밀한 관계를 유지해왔다.

unanimously [juːnǽnəməsli, 유-내너머슬리]
부 만장일치로

The bill was passed unanimously.
그 법안은 만장일치로 가결되었다.

fabulous [fǽbjələs, 패뷸러스]
형 엄청난, 굉장한

The lady's big hat is fabulous.
그 여인의 큰 모자는 엄청났다.

expel [ikspél, 익스펠]
동 쫓아내다, 추방하다

The thief was expelled from the land.
그 도둑은 추방되었다.

expand [ikspǽnd, 익스팬딩]
동 넓히다, 확장하다

We're learning about when Alexander the Great was expanding his territory.
우리는 알렉산더 대왕이 자신의 영토를 확장했던 시절에 대해서 배우고 있다.

demand [dimǽnd, 디맨드]
명 요구, 수요 동 요구하다

Supply is unable to meet demand.
공급이 수요를 맞추지 못한다.

take charge of
떠맡다

The substitute teacher took charge of the class.
대리교사는 반을 떠맡았다.

advent
[ǽdvent, 애드벤트]
명 도래, 출현

The advent of laundry machines decreased the significant amount of time spent on dirty clothes.
세탁기의 출현은 더러운 옷에 사용되던 많은 양의 시간을 줄였다.

venture
[véntʃər, 벤철]
명 모험, 모험적 사업
동 (위험을 무릅쓰고)하다, 모험하다

The dogs never venture far from home.
개들은 절대로 집에서 멀리 떠나지 않는다.
A disastrous business venture lost Ross a large amount of money.
크게 실패한 사업상의 모험으로 Ross는 많은 양의 돈을 잃었다.

semester [siméstər, 시메스털]
명 학기

I am so happy that this semester is over.
이번 학기가 끝나서 너무 기쁘다.

fertile [fə́ːrtl, 펄—틀]
형 비옥한

Frank the farmer had fertile land to plant his crops.
농부 Frank는 자신의 곡식을 심을 비옥한 땅을 가지고 있었다.

laboratory
[lǽbərətɔ̀ːri, 래버러토—리]
명 실험실, 연구소

Nobody knew what was going on inside that laboratory.
아무도 그 실험실 안에서 어떤 일이 벌어지고 있는지 몰랐다.

halt [hɔːlt, 홀—트]
동 멈추게 하다

Police officers are halting speeding drivers.
경찰관들이 속도를 위반하는 운전자들을 멈추게 하고 있다.

respondent
[rispándənt, 리스판던트]
명 응답자

The survey asked the respondents their age and gender.
설문지는 응답자들의 나이와 성별을 물어보았다.

dictatorship
[díkteitərʃip, 딕테이털쉽]
명 독재 정부, 독재 정권

These songs were forbidden during the dictatorship.
이 노래들은 독재 기간 동안에는 금지되었다.

vanguard
[vǽngɑ̀ːrd, 밴갈—드]
명 선두, 선봉, 선발대

General Lee stood in the vanguard and led the soldiers.
Lee 장군은 선봉에 서서 군사들을 이끌었다.

다음 문장들을 읽고 우리말 의미에 맞게 빈칸을 채우세요.

| malnutrition | intelligence | origin | semesters | correction |

❶ _____ is a main factor of causing a disease.
영양실조(부족)는 질병을 일으키는 주요한 요인이다.

❷ My English teacher requires students to submit their essays
for _____.
영어 선생님께서는 교정을 위해 학생들에게 에세이를 내라고 요구하신다.

❸ The _____ of Nice Carnival is on Lent.
니스 카니발의 기원은 사순절(부활절 이전 금식 및 금욕 기간)에 있다.

❹ Humans should not think that they achieved superiority over animals
because of humans' _____.
사람들은 그들의 지능 때문에 동물보다 우위에 있다고 생각해서는 안 된다.

❺ Students wait for vacations between two _____.
두 학기 사이에 있는 방학을 학생들은 기다린다.

Answer ❶ malnutrition ❷ correction ❸ origin ❹ intelligence ❺ semesters

DAY 59

It is always darkest just before the dawn.
- *Thomas Fuller*

동트기 직전이 가장 어둡다.
– 토마스 풀러

동트기 직전이 가장 어두운 것처럼 지금 이 순간 그 어느 때보다 책장을 넘기는 것이
어려울 수도 있습니다. 하지만 곧 동이 틀 것입니다. 마지막까지 힘냅시다!

>>> DAY 59 음성 강의

response [rispáns, 리스판스]
명 응답, 대답

I will be waiting for your response.
당신의 응답을 기다리겠습니다.

decade [dékeid, 데케이드]
명 10년

She hadn't gone skiing for over a decade.
그녀는 10년 이상 스키를 타지 않았다.

applicant
[ǽplikənt, 애플리컨트]
명 응모자, 지원자

The applicant did not submit her resume.
지원자가 자신의 이력서를 보내지 않았습니다.

common [kámən, 카먼]
형 공통의, 공동의, 일반의

The most common criticism was that he was always late.
가장 흔한 비판은 그가 항상 늦는다는 것이었다.

appeal [əpíːl, 어필—]
명 호소, 매력
통 관심을 끌다, 호소하다

At present your documentary has not much emotional appeal.
현재 당신의 다큐멘터리는 사람의 마음을 움직일 힘이 없습니다.

coral [kɔ́ːrəl, 코—럴]
명 산호

Tiny fish are swimming among the coral.
작은 물고기들이 산호 사이에서 수영하고 있다.

prosperity
[prɑːspérəti, 프라—스페러티]
명 번영, 번성, 번창

The king promised a new era of peace and prosperity.
왕은 평화와 번영의 새 시대를 약속했다.

depiction
[dipíkʃən, 디픽션]
명 묘사, 서술

The depiction of the former president in the movie is superb.
영화에서 전(前)대통령의 묘사가 뛰어났다.

installment
[instɔ́ːlmənt, 인스톨—먼트]
명 할부, 월부

I will pay you back on the installment plan.
저는 할부로 돈을 갚을 것입니다.

cowardly [káuərdli, 카우얼들리]
형 겁 많은, 소심한

The cowardly man couldn't even apologize.
비겁한 남자는 사과조차 할 수 없었다.

sufficiency
[səfíʃənsi, 서피션시]
📖 충분(한 상태/양)

There is a sufficiency of food to last a month.
한 달을 버틸 충분한 양의 음식이 있다.

harsh [hɑːrʃ, 할-쉬]
📖 거친, 모진, 가혹한

Don't be so harsh on the kids.
아이들에게 너무 엄하게 하지 마세요.

impatience
[impéiʃəns, 임페이션스]
📖 성급함, 초조함

Her impatience was visible.
그녀의 초조함이 눈에 보였다.

commercial
[kəmɔ́ːrʃəl, 커멀-셜]
📖 상업의 📖 광고(방송)

This art is too commercial.
이 예술은 너무 상업적이야.

launch
[lɔːntʃ, 런-치]
📖 시작하다, 출시하다, 발사하다

We are launching the new project today.
우리는 오늘부터 새로운 프로젝트를 시작할 것이다.

folk [fouk, 포우크]
📖 민속의, 민간의

The townspeople are singing folk songs.
동네 사람들이 민속 노래를 부르고 있다.

paradox
[pǽrədàks, 패러닥스]
📖 역설

Your story is full of paradoxes!
너의 이야기는 역설투성이야!

steady
[stédi, 스테디]
📖 꾸준한, 변함없는, 안정된

All I want is a steady job.
내가 원하는 것은 안정적인 직장일 뿐이야.

devoted
[divóutid, 디보우티드]
📖 충실한, 헌신적인

Joanne is fully devoted to her writing.
Joanna은 글쓰기에 헌신적이다.

aspect
[ǽspekt, 애스펙트]
📖 측면, 견해

What aspect of school life do you enjoy the most?
너는 학교 생활의 어떤 측면이 가장 좋니?

genetic [dʒinétik, 지네틱]
형 유전의, 유전학의

George is interested in genetic engineering.
George는 유전공학에 관심이 있다.

security [sikjúəriti, 시큐러티]
명 보안, 보장, 안도감

There is bad security in that neighborhood.
그 동네는 보안이 나쁘다.

implementation
[impləməntéiʃən, 임플러먼테이션]
명 이행, 수행

The art director supervised the implementation of the project.
예술 감독이 프로젝트의 이행을 지휘했다.

likely [láikli, 라이클리]
형 ~할 것 같은 부 아마

Houses by the beach are likely to be humid.
바다 근처에 있는 집들은 습할 확률이 높다.

plain [plein, 플레인]
형 평범한

The tablecloth has a plain pattern.
식탁보에는 평범한 문양이 있다.

composition
[kàmpəzíʃən, 캄퍼지션]
명 구성(요소), 작곡, 작문, 구도

The two forms have the same chemical composition.
두 형태는 같은 화학적 구성을 가지고 있다.

narration
[næréiʃən, 내레이션]
명 서술, 이야기하기

A famous actor did the narration for the documentary about penguins.
유명한 배우가 펭귄에 대한 다큐멘터리를 이야기했다.

retain [ritéin, 리테인]
동 유지하다, 보유하다

We try to retain some old customs.
우리는 오래된 관습을 지키려고 노력한다.

barbarous
[báːr bərəs, 발－버러스]
형 야만스러운, 상스러운, 잔인한

Their barbarous actions mortified me.
그들의 야만스러운 행동들이 나를 당황하게 했다.

naive
[nɑːíːv, 나－이－브]
형 천진난만한, 순진한

Daisy has a naive view on the world.
Daisy는 세상에 대한 순진한 입장을 가지고 있다.

366

plague [pleig, 플레이그]
통 애태우다, 괴롭히다

Political problems are plaguing the country.
정치적인 문제들이 국가를 괴롭히고 있다.

priceless
[práislis, 프라이스리스]
형 대단히 귀중한

These antiques are priceless.
이 골동품들은 대단히 귀중합니다.

infinite
[ínfənit, 인퍼니트]
형 무한한, 무수한

There are an infinite number of possibilities.
무한개의 가능성들이 있습니다.

compassion
[kəmpǽʃən, 컴패션]
명 동정(심)

She felt compassion for the poor child.
그녀는 가난한 아이를 측은히 여겼다.

obscure
[əbskjúər, 업스큐얼]
통 보기 어렵게 하다, 모호하게 하다

The fog obscured the view.
안개가 시야를 가렸다.

consciously
[kánʃəsli, 칸셔스리]
형 의식적으로

John consciously avoided running into Jenny.
John은 의식적으로 Jenny와 마주치는 것을 피했다.

reserve [rizə́ːrv, 리절—브]
명 비축, 예비, 매장량 통 예약하다

The world's largest oil reserves are in Venezuela.
세계에서 석유 매장량이 가장 많은 곳은 베네수엘라다.

mediate
[míːdièit, 미—디에이트]
통 조정하다

The town's elder mediated the dispute.
마을의 어르신이 분쟁을 조정했다.

exhaustion
[igzɔ́ːstʃən, 이그저—스쳔]
명 탈진, 기진맥진, 고갈

There needs to be more consideration about the exhaustion of natural resources.
천연 자원 고갈에 대한 더 많은 심사숙고가 필요하다.

seek
[siːk, 시—크]
통 구하다, 추구하다

What do you seek in life?
당신은 인생에서 무엇을 추구하나요?

다음 문장들을 읽고 우리말 의미에 맞게 빈칸을 채우세요.

security	seek	priceless	appeal	common

❶ My sister and I share many _____ features such as opening our mouths when we concentrate.

나와 내 여동생은 집중할 때 입을 벌리는 등 공통적인 특징을 많이 공유한다.

❷ A woman is more likely to be good at emotional _____ than a man.

여자는 남자보다 감정에 호소하는 것을 잘하고는 한다.

❸ Recently, since there have been many violent crimes, _____ becomes important.

최근 강력범죄가 많아져서 보안이 중요해졌다.

❹ Children are _____ for parents.

아이들은 부모에게 대단히 귀중하다.

❺ I like this statement from my parents, "We will find a way, we always _____."

나는 부모님의 "우리는 길을 찾을 것이고, 우리는 늘 그 길을 추구한다."라는 말을 좋아한다.

DAY 60

You only live once,
but if you do it right, once is enough.
- *Mae West*

한 번뿐인 인생이지만
제대로 산다면 한 번으로도 충분하다.
– 메이 웨스트

완강까지 온 여러분은 한 번뿐인 삶을 정말 멋지고 보람 있게 살고 있습니다. 그 어떤 누구의 삶보다 진취적인 삶을 살고 있는 여러분을 진심으로 응원합니다. 완강까지 정말 고생 많았고, 진심으로 축하합니다!

>>> DAY 60 음성 강의

simulate [símjəlèit, 시뮬레이트]
동 모의실험을 하다

Computer software are sometimes used to simulate conditions on the seabed.
해저의 상황을 시뮬레이션하는 데 컴퓨터 소프트웨어를 이용할 수도 있다.

authority
[əθɔ́:riti, 어쎠-리티]
명 권위, 권력

With authority comes responsibility.
권력에는 책임이 따른다.

wonder
[wʌ́ndəːr, 원덜-]
명 경탄, 경이 동 궁금해하다, 놀라다

The girl gazed down in wonder at the ocean spread in front of her.
소녀는 자기 앞으로 펼쳐진 바다를 경탄하며 내려다보았다.

celebrity
[səlébrəti, 설레브러티]
명 유명인, 명사

There were many celebrities at the red carpet.
레드카펫에는 많은 유명 인사들이 있었다.

paw [pɔː, 포-]
명 (발톱 있는 동물의) 발

My dog Buddy can walk on two paws.
나의 개 Buddy는 두 발로 걸을 수 있다.

distinct [distíŋkt, 디스팅트]
명 뚜렷한, 분명한

Each flower has its own distinct scent.
꽃들은 각자 뚜렷한 향기를 가지고 있다.

sociable [sóuʃəbl, 소우셔블]
형 사교적인

Mary is a sociable child who loves meeting new people.
Mary는 새로운 사람을 만나기 좋아하는 사교적인 아이다.

athlete [ǽθliːt, 애쓸리-트]
명 운동 선수

The athlete trained for four hours straight.
운동선수는 4시간 연속 훈련했다.

desire [dizáiər, 디자이얼]
명 욕구, 갈망 동 바라다, 원하다

She has a strong desire to travel.
그녀는 여행을 가고 싶은 강한 갈망이 있다.

concentrate
[kánsəntrèit, 칸선트레이트]
동 집중하다, 농축하다

It is difficult to concentrate on the movie with you talking like that.
네가 그렇게 이야기하느라 영화에 집중하기가 힘들다.

lack [læk, 랙]
- 명 부족, 결핍
- 동 ~이 없다, 부족하다

Due to the lack of time, I will end today's class here.
시간의 부족으로 오늘 수업은 여기서 끝내겠습니다.

migrate
[máigreit́, 마이그레이트]
- 동 이주하다, 이동하다

Those birds must be migrating south for the winter.
저 새들은 겨울 동안 남쪽으로 이동하는 것이 틀림없다.

refer to
언급하다, 말하다

In your next paper, refer to more academic sources.
다음 페이퍼에서는 더 많은 학술적인 출처를 언급하세요.

vine
[vain, 바인]
- 명 덩굴, 포도나무

The vines covered all of the walls.
덩굴들이 벽 전체를 덮었다.

round-the-clock
24시간 내내, 쉬지 않고

The convenience store is open round-the-clock.
편의점은 24시간 동안 영업한다.

frustrated
[frʌ́streitid, 프러스트레이티드]
- 형 실망한, 좌절된

The everlasting traffic frustrated the driver.
지속된 교통체증이 운전자를 좌절시켰다.

mindless
[máindlis, 마인드리스]
- 형 부주의한, 분별없는

The film is being criticized for its mindless violence.
영화는 분별없는 폭력으로 비판받고 있다.

float
[flout, 플로우트]
- 동 뜨다, 떠다니다

Logs were floating around in the lake.
호수에는 통나무가 떠다니고 있었다.

veil [veil, 베일]
- 동 베일, 면사포
- 동 베일로 가리다, 감추다

The thick fog veiled the sky.
두꺼운 안개가 하늘을 덮었다.

frequency
[fríːkwənsi, 프리-퀀시]
- 명 횟수, 빈도

Errors in the program are occurring with increasing frequency.
프로그램의 오류가 일어나는 빈도가 증가하고 있다.

furnish [fə́:rniʃ, 펄니쉬]
동 (기구를) 비치하다, 제공하다

Don will be able to furnish you with more details.
Don이 세부적인 내용을 더 제공해 줄 수 있을 것입니다.

merit [mérit, 메리트]
명 가치, 우수함, 장점

Her argument has considerable merit.
그녀의 주장에는 상당한 가치가 있다.

negative [négətiv, 네거티브]
형 부정의, 부인의

Try not to have such a negative view on life.
인생을 부정적으로 생각하지 않도록 노력해봐.

masculine
[mǽskjəlin, 매스컬린]
형 남성의, 남자다운

Frank is very masculine.
Frank는 굉장히 남자답다.

capability
[kèipəbíləti, 케이퍼빌러티]
명 가능성, 능력

The device has the capability of blending food.
기기는 음식을 섞을 수 있는 능력을 가지고 있다.

evolve [ivάlv, 이발브]
동 발전하다, 진화하다

The education system needs to evolve.
교육시스템은 발전해야 한다.

resentment
[rizéntmənt, 리젠트먼트]
명 분함, 억울함, 분개

She felt resentment towards her parents.
그녀는 그녀의 부모님에 대해 분노를 느꼈다.

certificate
[sərtífəkit, 설티퍼키트]
명 증서, 증명서, 자격증

They give you a certificate if you finish the whole course.
모든 과정을 마치면 증명서를 준다.

transmit
[trænsmít, 트랜스미트]
동 보내다, 발송하다

Isn't it interesting that information can be transmitted online?
인터넷으로 정보를 보낼 수 있는 것이 신기하지 않습니까?

foster [fɔ́(:) stə:r, 포—스털—]
동 기르다, 조장하다

The program's goal is to foster relations in the local community.
그 프로그램의 목적은 지역 사회 내에 관계를 조성하는 것이다.

contemporary
[kəntémpərèri, 컨템퍼레리]
형 동시대의

Contemporary art confuses me a little.
현대미술은 나를 조금 혼란스럽게 한다.

current [kɔ́:rənt, 커-런트]
명 흐름, 해류, 기류 형 현재의, 지금의

My current employer is a content creating company.
현재 저를 고용한 회사는 콘텐츠 제작 회사입니다.

curb [kə:rb, 컬-브]
통 억제(제한)하다

He cannot curb his temper.
그는 자신의 분노를 억제하지 못한다.

routine [ru:tí:n, 루-틴-]
명 판에 박힌 일, 일상과정

Diane likes to stick to routines.
Diane는 판에 박힌 일상을 따르는 것을 좋아한다.

intact
[intǽkt, 인택트]
형 온전한, 전혀 다치지 않은

Fortunately, most of the cargo was left intact after the explosion.
다행히, 폭발 후에 대부분의 화물들은 온전하게 남아 있었다.

abstract
[ǽbstrǽkt, 앱스트랙트]
형 추상적인

It is difficult to express abstract emotions with words.
말로 추상적인 감정을 표현하는 것은 어렵다.

undermine
[ʌ̀ndərmáin, 언덜마인]
통 약화시키다

That might undermine the democratic process.
그것은 민주적 절차를 약화시킬 수도 있어.

ethnic
[éθnik, 에쓰닉]
형 민족의

The people have come to embrace ethnic differences.
사람들은 민족적 차이들을 받아들이게 되었다.

possess
[pəzés, 퍼제스]
통 소유하다, 보유하다

You must possess a drivers licence to drive.
운전을 하려면 면허증을 소유해야 한다.

meditation
[mèdətéiʃən, 메더테이션]
명 묵상, 명상

She found peace through meditation.
그녀는 명상을 통해 평화를 찾았다.

다음 문장들을 읽고 우리말 의미에 맞게 빈칸을 채우세요.

| transmit | merit | distinct | negative | routine |

❶ Let your children understand themselves as priceless by acknowledging their _____.
아이들의 장점을 인정해줌으로써 아이들이 스스로를 귀중하게 여기도록 해라.

❷ Politicians suspected of receiving bribe have a _____ attitude about the suspicion.
뇌물을 받았다고 의심받는 정치인들은 그 혐의에 대해 부정적인 태도를 갖고 있다.

❸ In the past, we used telephone to _____ our words, but now we use cellphones.
과거에 우리는 우리의 말을 전달하기 위해 전화를 사용했지만 요즘은 휴대전화를 이용한다.

❹ If you want to be good at studying, follow the _____ of the top student.
공부를 잘하고 싶다면, 전교 1등의 일상을 따라 해라.

❺ Each of humans has their own _____ features.
인간 개개인은 그들만의 뚜렷한 특징을 갖고 있다.

중간에 계획이 무너졌다고 해도,
다시 한 번 마음을 다잡고
재출발할 수 있는 지혜가 필요합니다!

『60일 만에 마스터하는 수능 필수 영단어 1200』
저자와의 인터뷰

Q 『60일 만에 마스터하는 수능 필수 영단어 1200』을 소개해주시고, 이 책을 통해 독자들에게 전하고 싶은 메시지가 무엇인지 말씀해주세요.

A 수능 영어는 여전히 많은 학생들에게 큰 장벽입니다. 현재 수많은 학생들이 높은 수능 영어의 벽에 가로막혀, 흔히 말하는 영포자(영어를 포기한 사람)의 길을 걷고 있는데요, 이 학생들에게 용기를 줄 수 있는 책을 만들고 싶었습니다. 그래서 수능 영어로 고통받는 수험생들에게 희망을 줄 수 있는 학습서를 만들었습니다.

Q 『60일 만에 마스터하는 수능 필수 영단어 1200』만의 특징 혹은 차별점이 있다면 무엇인가요?

A 이 책은 1994년부터 수능 영어에 출제된 기출 단어들로 이루어졌습니다. 처음에 기출 단어를 모았을 때는 1,200개가 아닌 훨씬 많은 수의 단어가 모였습니다. 그리고 그 중에서 저의 경험과 지식을 이용해 빈출되는 1,200개의 단어만을 선정했습니다. 학생들에게 꼭 필요한 단어들을 직접 하나하나 선정했다는 점이 다른 도서들과의 차이라고 생각합니다. 또한 학생들이 짧은 시간에 공부에 질리지 않고 집중할 수 있도

록 최대한 배려했습니다. 문장이 아닌 단어와 가장 밀접하게 붙어서 쓰이는 덩어리, 즉 콜로케이션으로 암기할 수 있도록 해서 학습의 부담을 줄였고 의미 있게 공부할 수 있도록 했습니다.

Q 이 책을 더 효과적으로 활용할 수있는 방법이 있다면 무엇인가요?

A 이 책은 60일까지의 과정을 마치면 1,200개의 단어를 2회 복습하도록 구성되어 있습니다. 학생들은 짜여진 1일부터 60일까지의 과정을 끝까지 마치는 것을 목표로 삼으면 됩니다. 매일 공부를 시작하기 전에 영어 명언과 함께 격려의 말을 볼 수 있습니다. 명언을 읽으면서 용기와 힘을 얻고 정해진 분량의 공부를 해내면 됩니다. 그리고 이 책에 나오는 모든 표현들은 수능에 나왔던 것들이기 때문에 '그 해 내가 수능을 봤다면 과연 이 표현을 이해할 수 있었을까?'라는 식으로 감정을 이입해 공부한다면 훨씬 더 흥미롭게 다가갈 수 있을 것입니다. 60일이라는 긴 호흡을 유지하기 위해서는 다양한 방식의 학습이 필요한데, QR코드를 통한 음성강의도 좋은 방법이 될 것입니다.

Q 아직도 학교에는 영어를 잘하는 학생보다는 영어를 어려워하거나 영어 과목 자체를 포기하는 학생들이 훨씬 많습니다. 무엇이 문제일까요?

A 개인적으로는 공부를 할 수 있는 수단이나 방법이 많아진 것이 오히려 문제가 되었다고 생각합니다. 예전에는 단어책 한 권, 문법책 한 권이면 충분했습니다. 그래서 그 책들을 닳도록 공부했었는데, 사실 이것이 참 좋은 방법입니다. 기억은 반복이 중요하기 때문이죠. 그런데 요즘의 아이들은 너무나 다양한 경로를 통해서 영어를 접하고 배웁니다. 학원과 과외, 인터넷 강의, 학교에서 영어를 배우고 있으며 관련 문제집의 수는 셀 수 없을 만큼 많습니다. 그래서 요즘 학생들은 조금만 어려워도 쉽게 포기하고, 더 편한 공부법을 찾습니다. 정작 공부라는 것을 끈기 있게 오랜 시간 동안 공들여 하지 않습니다. 영어는 특히 단어가 중요하고, 단어는 특히 끈기와 노력이 필요합니다. 제대로 된 공부를 할 수가 없는 것이죠. '풍요 속의 빈곤'이 요즘 학생들에게 가장 알맞은 표현이라고 생각합니다.

Q 영어 단어는 혼자 공부해야 하는데요, 어떻게 하면 쉽게 외울 수 있나요?

A 일단 단어를 쉽게 외울 수 있다는 생각 자체를 버려야 합니다. 요즘 학생들은 쉽고 편한 방법만을 찾는데, 그런 방법이 정말 존재한다면 이미 모두가 그 방법을 통해서 영어를 쉽게 정복할 수 있었겠죠. 하지만 여전히 영어를 정복하는 것은 우리 모두에게 먼 목표입니다. 쉽고 편한 길은 없습니다. 영어 단어를 외우고 싶다면 매일 꾸준히 외우면 됩니다. 굉장히 간단합니다. 하지만 매일 단어를 외운다는 것은 매우 어려운 일이죠. 그럴 때는 선생님의 음성 강의를 이용하는 등 평소와는 조금 색다른 방식으로 접근해 공부의 흥미를 유지하면 좋습니다. 재미있는 영화나 애니메이션, 드라마를 영어로 보면서 영어 자체에 대한 흥미를 높이는 방법도 참 좋겠죠.

Q 영어 단어 암기를 할 때 유의해야 할 것이 있다면 무엇이 있을까요?

A 매일 꾸준히 외우려고 최대한 노력하는 것이 일단 제일 중요합니다. 그리고 중간에 부득이한 일로 인해서 계획이 틀어졌을 때는 실망하지 말고, 다시 암기를 시작하는 것이 중요합니다. 보통 처음에는 멋지게 계획을 세우고 기세 좋게 단어 암기를 시작하는데 당연히 중간에 흐지부지되는 경우가 많습니다. 중간중간 고비를 넘겨야 하고 중간에 계획이 무너졌다고 해도, 다시 한 번 마음을 다잡고 재출발할 수 있는 지혜가 필요합니다.

Q 꾸준히 영어 단어를 공부하기가 쉽지 않습니다. 이를 극복할 수 있는 좋은 방법이 있다면 소개해주세요.

A 원래 몸에 좋은 것이 입에 쓰고 지키기도 어렵습니다. 적게 먹고, 매일 운동하면 누구나 건강해집니다. 하지만 이걸 매일 지키는 사람은 소수입니다. 대부분의 사람들이 많이 먹고, 운동은 안 하고, 기분에 따라 몸에 안 좋은 패스트푸드를 먹습니다. 건강해질 수가 없죠. 영어 단어 공부도 매일 해야 한다는 것을 알면서도 대부분의 학생들이 이를 지키지 못합니다. 그런데 이때 남의 탓을 하면 안 됩니다. 많은 학생들이 더 쉽고 편한 교재나 방법을 찾지 못해서 공부에 실패했다고 생각하는데, 사실 문제는

자기 자신에게 있습니다. 강한 마음의 힘을 통해 최대한 하루하루 목표한 바를 외울 수 있도록 스스로 노력해야 합니다.

Q 영어 단어를 많이 외우고 있어도 독해가 되지 않는 경우가 있는데요. 그 이유는 무엇인가요?

A 단어만으로는 당연히 문장 해석이 어렵습니다. 문장 해석을 위해서는 최소한의 문법 지식이 있어야 합니다. 단어와 문법을 이용해서 문장 해석을 연습하는 것을 영어에서는 '구문'이라고 합니다. 영어 단어를 어느 정도 외웠다면 구문이라는 이름이 들어간 교재나 강의를 통해 문장을 해석하는 연습이 필요합니다. 단어 공부가 선행되어 실력이 탄탄하다면 즐겁게 공부할 수 있을 겁니다.

Q 영어 공부의 기본인 단어와 숙어는 어떤 관계가 있으며, 어떻게 활용해야 하나요?

A 단어와 숙어는 모두 외워야 하는 대상이죠. 둘의 공통점은 외우지 않으면 이해할 수 없다는 것입니다. 단어를 알면 문장의 의미는 대략 추측해서라도 알아낼 수 있습니다. 하지만 모르는 단어와 숙어의 의미는 아무리 노려봐도 알 수가 없습니다. 그렇기 때문에 무조건 암기가 선행되어야 합니다. 그런 면에서 단어와 숙어 암기는 영어 공부에서 굉장히 중요합니다.

Q 영어 단어 공부를 잘하고 싶어 하는 학생들에게 꼭 해주고 싶은 이야기가 있다면 한 말씀 부탁드립니다.

A 영어 단어 공부는 영어 공부의 첫걸음입니다. 그런데 이 과정이 가장 어렵고 힘들기도 합니다. 개인의 강한 의지가 없다면 시중의 어떤 강의나 책도 도움이 되지 않습니다. 이제는 더 편한 방법을 찾지 말고 스스로의 힘으로 극복해 나갔으면 합니다. 하고자 하는 의지만 있다면 이 책만으로도 수능 영단어의 기초를 완성할 수 있습니다. 비록 힘든 과정이겠지만 이 책 한 권을 마쳤을 때는 다른 친구들보다 영어만큼은 훨씬 앞서 있을 수 있을 것입니다. 60일 뒤에 멋진 나비가 되어서 날아오를 모습을 기대하면서 하루하루 힘든 과정을 잘 헤쳐 나가기를 기원합니다.

문법과 숙어를 동시에 잡는 일석이조의 암기책

한 권으로 영포자를 탈출하는 중학 필수 영숙어 1200

정승익 지음 | 값 15,000원

영어를 가장 영어답게 암기하는 콜로케이션을 활용한 영숙어 학습서다. 이 책은 총 60일 차로 구성되어 있으며 중학 영숙어 600개와 고등 영숙어 600개, 이렇게 총 1,200개의 영숙어를 한 권에 담아 중·고등학교 영어 내신에 대비할 수 있게 했다. 또한 각 일차마다 중학생이라면 꼭 알아야 할 핵심 영문법을 꼼꼼히 정리해 숙어와 문법을 한 번에 익힐 수 있다. 영숙어를 암기하면서 영어 공부의 재미를 느끼고 싶다면 이 책을 읽어보자.

기억에 2배로 오래 남는 영단어 암기비법

60일 만에 마스터하는 중학 필수 영단어 1200

정승익 지음 | 값 15,000원

중학생이라면 꼭 알아야 할 영단어를 60일이면 효과적으로 외울 수 있는 단어 학습서다. 30일까지의 단어를 31일부터 60일까지 다시 한 번 반복해서 자연스럽게 같은 단어를 2번 외울 수 있도록 구성했다. 책으로만 공부하기 힘들다면 QR코드로 제공하는 10년 차 영어 교사인 저자의 무료 음성 강의를 들으면 된다. 몇 번 읽는 것만으로도 단어가 기억에 남는 이 책으로 중학교 영단어를 정복해보자.

세상에서 가장 재미있는 예비 중학생 영문법 이야기

예비 중학생이라면 꼭 알아야 할 영문법

전나리 지음 | 값 14,000원

이 책은 예비 중학생들을 비롯해 기초 영문법의 개념을 잡고 싶은 학생들을 위해 가장 기본이 되는 핵심 문법을 설명해주는 영어 학습서다. 이제 막 중학교 영어 공부를 시작하는 학생들이 영문법의 기본기를 탄탄히 다질 수 있도록 꼭 알아야 할 영문법의 기본 개념을 쉽고 재미있게 설명한다. 영문법 혹은 영어 자체에 대해 막연한 두려움을 가졌거나 좌절했던 학생들이 이 책과 함께 영문법의 기초를 잡아가고, 영어 공부에 재미를 느낄 수 있기를 바란다.

세상에서 가장 재미있는 중학교 영어 이야기

중학생이라면 꼭 알아야 할 교과서 영어

박병률 지음 | 값 16,000원

이 책은 중학생이라면 꼭 알아야 할 개념을 담은 중학교 영어 학습서다. 이 책에는 현재 중학교 교육과정을 반영해 실제 중학교 영어 교과서에 수록된 모든 내용들이 담겨 있다. 따라서 학생들은 이 책을 학교 수업과 병행해 사용할 수 있다. 또한 저자는 학생들을 위해 본문에 다채로운 일러스트를 넣고 마치 옆에서 직접 가르쳐주는 듯한 입말로 내용을 설명한다. 현직 교사가 집필한 이 책으로 멀고 먼 영어공부의 첫발을 가볍게 내딛어보자.

세상에서 가장 재미있는 중학교 국어 이야기
중학생이라면 꼭 알아야 할 교과서 국어
송은영 지음 | 값 14,000원

모든 과목의 기초 체력인 국어 과목을 탄탄하게 다져줄 영역별 필수 개념을 엄선해 정리한 중학교 국어 학습서다. 이 책에는 최근에 개정된 교육 과정을 반영해 중학생이라면 꼭 알아야 할 국어 개념을 모두 담았다. 친숙한 예시와 재미있는 맥락 속에서 즐겁게 필수 국어 개념을 익히고 나면 국어 교과서에서 만나게 되는 구체적인 제재들을 더욱 빠르게 자신의 것으로 만들 수 있을 것이다. 이 책과 함께 국어의 기초 체력을 쑥쑥 키워보자.

세상에서 가장 재미있는 중학교 수학 이야기
중학생이라면 꼭 알아야 할 교과서 수학
조규범 지음 | 값 14,000원

이 책은 중학교 1학년부터 3학년까지 꼭 알아야 할 수학의 기초 개념을 담은 학습서다. 수학은 개념 이해부터 문제 풀이까지 차근차근 공부해나가야 그 내용을 완전히 이해할 수 있다. 이 책에서 제시한 대로 꼭 알아두어야 할 용어를 정리한 후 기본 개념을 이해하고 문제 풀이과정을 보면서 공부하다 보면 개념을 확실하게 터득할 수 있다. 풍부한 도해와 다양한 예시를 바탕으로 친절하게 설명한 이 책으로 수학을 공부해보자.

세상에서 가장 재미있는 중학교 사회 이야기
중학생이라면 꼭 알아야 할 교과서 사회
유소진 지음 | 값 15,000원

중학생이라면 꼭 알아야 할 사회 개념을 담은 이번 책은 현재의 사회 과목 교육 과정을 반영해 지리, 사회·문화, 경제, 법과 정치 등 4개 영역으로 나누어 설명한다. 쉽게 접할 수 있는 다양한 생활 속 사례들과 다양한 일러스트가 실린 이 책을 읽으며 개념들을 쉽고 재미있게 이해해보자. 또한 각 글의 마지막에 '함께 생각해보자'를 넣어 최근 이슈가 되고 있는 정보들을 알려주며, 학생들은 이를 통해 직접 생각해보는 시간을 가질 수 있을 것이다.

세상에서 가장 재미있는 중학교 과학 이야기
중학생이라면 꼭 알아야 할 교과서 과학
전형구 지음 | 값 15,000원

어렵다고 느꼈던 과학을 풍부한 비유와 예시로 쉽고 재미있게 배울 수 있는 중학교 과학 학습서다. 이 책에서는 중학교 1학년부터 3학년까지의 교육과정에 나오는 내용들을 물리, 화학, 생물, 지구과학의 영역으로 나누어 꼭 알아야 할 주요 개념을 설명한다. 또한 각 글의 마지막에 '1분 과학 포인트'를 넣어 과학사에 중요한 업적을 남긴 과학자들과 과학 관련 상식을 알려주어 주요 개념뿐만 아니라 과학 상식도 함께 키울 수 있다.

내신에 바로 활용하는 한자 공부법
30일 만에 마스터하는 중학 필수 한자 900
김아미 지음 | 값 15,000원

이 책은 한자를 따분하고 어렵다고 생각하는 중학생들에게 한자가 만들어진 원리를 알려주면서 더욱 쉽고 재미있게 공부할 수 있는 방법을 알려주는 한자 학습서다. EBS프리미엄, 수박씨닷컴 등 많은 학습 사이트에서 인기 강사로 활동한 저자는 한자를 배우면 국어뿐만 아니라 다른 과목도 잘할 수 있는 힘이 길러진다고 말한다. 중학교 필수 한자를 담은 이 책만 제대로 공부한다면 한자뿐만 아니라 모든 과목을 잘할 수 있게 될 것이다.

세상에서 가장 재미있는 중학교 한문 이야기
중학생이라면 꼭 알아야 할 교과서 한문
김아미 지음 | 값 14,000원

한자 학습에 어려움을 겪는 중학생들이 재미있게 공부할 수 있는 책이다. 이 책은 학교마다 각기 다른 한문 교과서를 쓰고 있다는 점을 고려해 각 교과서에 나오는 공통된 내용을 담아 함께 공부할 수 있도록 했다. 한자·한자어·한문·한시 등으로 영역을 나누어 각 영역에서 집중해야 할 부분들을 정리했으며, 예문들 역시 쉽고 익숙한 교과서 중심의 문장들을 활용해 내신과도 연결될 수 있도록 했다.

세상에서 가장 재미있는 중학교 국어 어휘 이야기
중학생이라면 꼭 알아야 할 필수 국어 어휘 500
송호순 지음 | 값 15,000원

부족한 어휘력으로 고생하고 있는 중학생들이 어휘를 재미있게 공부할 수 있는 책이다. 이 책은 중학교 1·2·3학년 국어 교과서에 나오는 한자어 중에 이해하기 힘든 핵심 개념어들을 엄선해 담았다. 어렵게만 느껴지는 한자어이지만 상위권이 되려면 결코 포기해서는 안 된다. 재미있게 공부하고 싶다면 한자가 가지고 있는 본뜻을 바탕으로 쉽게 개념어를 설명하고 어휘력을 키울 수 있는 이 책과 함께하자.

그 비밀을 배우는 데 60분이면 충분하다
성적이 오르는 학생들의 1% 공부 비밀
이병훈 지음 | 값 14,000원

이 책은 성적을 올리고 싶은 학생들을 위한 공부 지침서다. 학습법 및 자기주도학습 전문가인 이병훈 저자는 '마인드' '태도' '기술'이라는 3가지 측면에서 공부 잘하는 아이들이 공통적으로 가지고 있는 특성을 33가지로 정리해 이 책에 담았다. 또한 올바른 공부습관을 형성할 수 있는 구체적인 방법도 함께 다루었다. 이 책을 통해 공부 잘하는 아이들의 공부습관, 태도, 공부법을 배워보자. 공부에 임하는 마음가짐이 달라질 것이다.

청소년이라면 꼭 알아야 할 인문·경제·사회 이야기

10대, 꿈을 이루고 싶다면 생각의 근육을 키워라

권재원 지음 | 값 14,000원

다양한 용어들을 이정표 삼아 학습에 도움이 되는 지식을 습득할 수 있는 청소년 교양서다. 급속도로 발전하는 세상에 발맞춰 시야를 넓히려는 청소년에게 권하고 싶은 책이다. '나'라는 존재와 타인인 상대방을 이해하고, 지식과 정보를 활용해 내 인생을 주도적으로 살아가는 방법을 배워보자. 합리적이고 효율적으로 살아가기 위해 필요한 개념들을 활용해 사고의 범위를 넓히고 마음의 힘인 역량을 키우는 것을 목표로 삼도록 하자.

유대인 아버지들의 특별한 자녀교육법

아버지라면 유대인처럼

박기현 지음 | 값 15,000원

이 책은 아버지 없는 사회, 이른바 파더리스 소사이어티 속에 살아가고 있는 모든 아버지들을 위한 책이다. 저자는 가정에서, 자녀교육에서 아버지가 점차 소외되고 있음을 지적하고 아버지의 권위와 역할을 다시 세울 수 있는 방법으로 유대인 아버지의 교육법을 제시한다. 이 책은 자녀교육에서 아버지의 역할이 얼마나 중요한지, 가정에서 아버지가 권위를 되찾기 위해 어떤 노력을 기울여야 하는지를 알려줄 것이다.

자녀교육을 위한 최고의 교과서!

지혜로운 부모가 행복한 아이를 만든다

박경애 지음 | 값 15,000원

가족 상담과 청소년 상담, 자녀교육 등 상담학자와 교육자로서 한길만을 걸어온 자녀 교육의 멘토 박경애 교수가 한국의 부모들에게 현명하게 아이를 기르는 법에 대해 알려준다. 단순히 이론만을 늘어놓는 것이 아니라 저자의 상담 사례와 실제 경험 등을 바탕으로 했기 때문에 신뢰와 설득력을 더하는 이 책은 '자녀교육의 교과서'라고 해도 과언이 아니다. 이 책을 통해 좋은 부모가 되기 위해서는 어떤 노력을 기울여야 하는지 깨닫게 될 것이다.

스마트폰에서 이 QR코드를 읽으면
'원앤원에듀 도서목록'과 바로 연결됩니다.

독자 여러분의
소중한 원고를 기다립니다

원앤원에듀는 독자 여러분의 소중한 원고를 기다리고 있습니다. 집필을 끝냈거나 혹은 집필중인 원고가 있으신 분은 khg0109@hanmail.net으로 원고의 간단한 기획 의도와 개요, 연락처 등과 함께 보내주시면 최대한 빨리 검토한 후에 연락드리겠습니다. 머뭇거리지 마시고 언제라도 원앤원에듀의 문을 두드리시면 반갑게 맞이하겠습니다.